见识城邦

更 新 知 识 地 图　　拓 展 认 知 边 界

100件
宝物中的古埃及文明
The Story of Ancient Egypt in 100 Objects

图坦卡蒙
的号角

Toby
Wilkinson
［英］
托比·威尔金森
著

朱敬文
译

TRUMPET

中信出版集团 | 北京

图书在版编目（CIP）数据

图坦卡蒙的号角：100件宝物中的古埃及文明 /
（英）托比·威尔金森著；朱敬文译 . -- 北京：中信出
版社，2024.1
书名原文：Tutankhamun's Trumpet:The Story of
Ancient Egypt in 100 Objects
ISBN 978-7-5217-5962-4

Ⅰ . ①图… Ⅱ . ①托… ②朱… Ⅲ . ①文物－埃及－
古代－普及读物 Ⅳ . ① K884.11-49

中国国家版本馆 CIP 数据核字 (2023) 第 162015 号

图坦卡蒙的号角——100 件宝物中的古埃及文明
著者： ［英］托比·威尔金森
译者： 朱敬文
出版发行：中信出版集团股份有限公司
（北京市朝阳区东三环北路 27 号嘉铭中心 邮编 100020）
承印者： 北京盛通印刷股份有限公司

开本：787mm×1092mm 1/16 插页：8
印张：29.75 字数：344 千字
版次：2024 年 1 月第 1 版 印次：2024 年 1 月第 1 次印刷
京权图字：01-2022-7016 书号：ISBN 978-7-5217-5962-4
审图号：GS（2023）4215 号（本书地图系原书插附地图）
定价：128.00 元

献给

过去、现在和未来的埃及人民

目录

埃及历史年代

注：公元前 664 年以前的年代均为近似值

年代	时期	重要历史事件
前 70 万—前 5000	旧石器时代	人类最早出现在尼罗河谷
前 5000—前 2950	前王朝 （新石器）时代	
前 2950—前 2575	早王朝时期 （第一至三王朝）	埃及统一
前 2575—前 2125	古王国或 金字塔时代 （第四至八王朝）	吉萨金字塔和狮身人面像
前 2125—前 2010	第一中间期 （第九至十一王朝）	内战
前 2010—前 1630	中王国时期 （第十一至十三王朝）	兼并努比亚

年代	时期	重要历史事件	（续）
前 1630—前 1539	第二中间期 （第十四至十七王朝）	被外国占领 （希克索斯人）	
前 1539—前 1069	新王国时期	埃及帝国	
	第十八王朝 前 1539—前 1292		
	图特摩斯三世 前 1479—前 1425	米吉多之战 前 1458 年 4 月	
	哈特谢普苏特 前 1473—前 1458		
	阿蒙霍特普三世 前 1390—前 1353		
	阿蒙霍特普四世 前 1353—前 1336	阿马尔那（又译阿玛纳） 建城 前 1349 年	
	奈费尔内费鲁阿吞 前 1336—前 1332		
	图坦卡蒙 前 1332—前 1322		
	阿伊 前 1322—前 1319		
	霍伦赫布 前 1319—前 1292		

年代	时期	重要历史事件 （续）
	第十九王朝 前 1292—前 1190	卡叠什（又译卡迭石）之战 前 1274 年 5 月
	第二十王朝 前 1190—前 1069	盗墓开始
前 1069—前 657	第三中间期 （第二十一至二十五 王朝）	
前 664—前 332	晚期 （第二十六至三十一 王朝）	
前 332—前 309	马其顿王朝	亚历山大大帝征服埃及
前 309—前 30	托勒密时期	克娄巴特拉七世统治期
前 30—公元 395	罗马时期	公元 394 年，最晚的象形文字
395—639	拜占庭统治	
639—1517	伊斯兰统治	
1517—1914	奥斯曼统治	1822 年，成功破译象形文字
1914—1922	英国保护国	
1922—1953	埃及王国	1922 年 11 月，发现图坦卡蒙陵墓
1953—	共和国	2011 年，"阿拉伯之春"

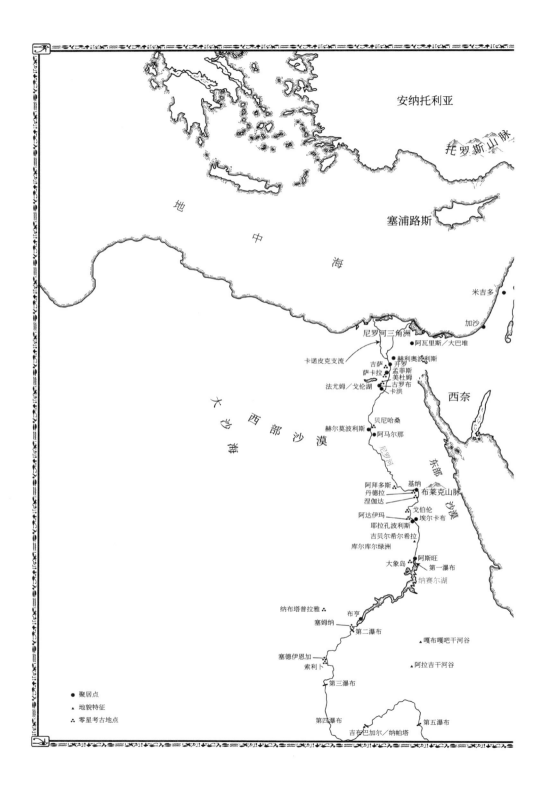

安纳托利亚

托罗斯山脉

塞浦路斯

地
中
海

尼罗河三角洲

米吉多

加沙

阿瓦里斯/大巴堆

赫利奥波利斯

卡诺皮克支流
吉萨　　开罗
萨卡拉　　孟菲斯
　　　　美杜姆
法尤姆/戈伦湖　古罗布
　　　　卡洪

西奈

大
西
部
沙
漠

贝尼哈桑

赫尔莫波利斯
阿马尔那

阿拜多斯　　基纳
丹德拉
涅伽达　　戈伯伦
阿达伊玛　　埃尔卡布
耶拉孔波利斯
吉贝尔希尔希拉
库尔库尔绿洲

布莱克山脉

东
部
沙
漠

阿斯旺
大象岛　　第一瀑布
纳赛尔湖

纳布塔普拉雅
布亨
塞姆纳　　第二瀑布

嘎布嘎吧干河谷

塞德伊恩加
索利卜

阿拉吉干河谷

第三瀑布

第四瀑布　　第五瀑布
吉布巴加尔/纳帕塔

● 聚居点
▲ 地貌特征
⚜ 零星考古地点

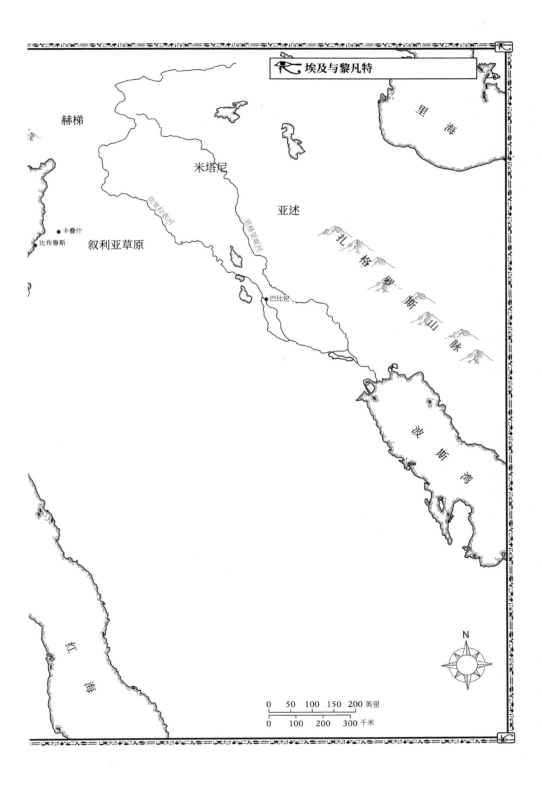

埃及与黎凡特

里海

赫梯

米塔尼

亚述

幼发拉底河

底格里斯河

卡叠什
比布鲁斯

叙利亚草原

扎格罗斯山脉

巴比伦

波斯湾

红海

N

| 0 | 50 | 100 | 150 | 200 英里 |
| 0 | 100 | 200 | 300 千米 |

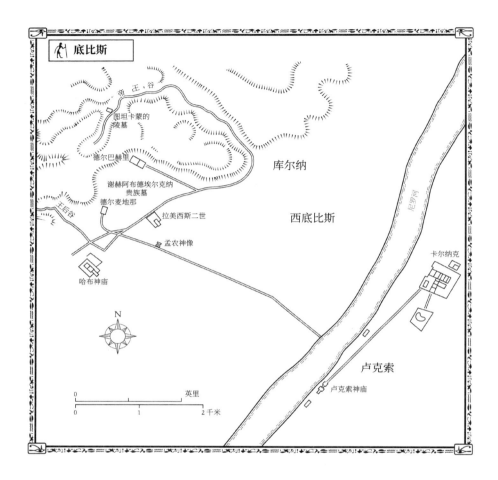

底比斯

帝王谷
图坦卡蒙的陵墓
德尔巴赫里
谢赫阿布德埃尔克纳贵族墓
德尔麦地那
拉美西斯二世
王后谷
孟农神像
哈布神庙

库尔纳

西底比斯

尼罗河

卡尔纳克

N

0   英里
0   1   2 千米

卢克索

卢克索神庙

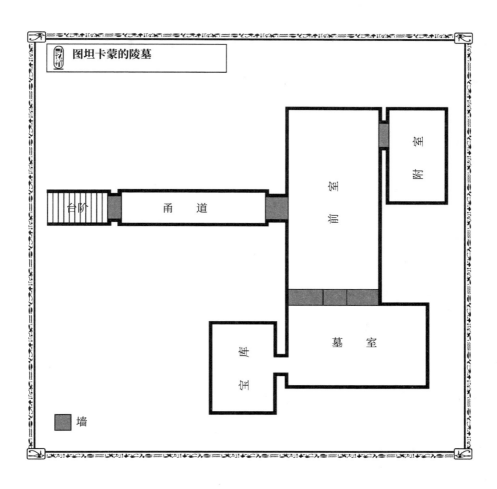

图坦卡蒙的陵墓

台阶

甬　道

前　室

附　室

宝　库

墓　室

墙

前言

　　1922 年 11 月 5 日，在英国考古学家霍华德·卡特的指导下，埃及工人在帝王谷发现了一系列深入谷底的台阶。几个小时后，清理人员发现了一段下行台阶，台阶的尽头是一扇挡住了去路的残破封门。为了这一刻，卡特和他的赞助人卡尔纳冯勋爵已经在烈日与尘土中坚持了 15 年。卡特立即给远在 2 500 英里[1]之外英格兰南部庄园海克利尔城堡的卡尔纳冯发了一封电报："终于在帝王谷有了了不起的发现——一座完全未被扰动的陵墓。已将其封存等候您的到来。恭喜。"卡尔纳冯于 17 天后抵达卢克索，他与卡特随即开始清理封门及其背后的甬道。11 月 26 日，他们终于得以进入王陵。借助烛光往暗处观看，卡特发现眼前的一切难以置信。卡尔纳冯按捺不住好奇心，问："看到什么了吗？"卡特的

---

1. 1 英里约合 1.6 千米。——译者注

回答此后成为名言。"看到了，看到了，美妙万物！"

　　称卡特和卡尔纳冯的发现是"宝藏"绝对不为过，因为其中藏有大量与法老身份相符的珍贵物件。与少年法老一起埋葬在墓中的文物共有5 000多件，这是埃及考古史上最伟大的发现之一。用卡尔纳冯自己的话说，它们"足以填满大英博物馆楼上埃及馆的整个空间"。有一般物件（少年法老的缠腰布、剃须用具、急救包），也有具有高度象征性的物件（法老的豹皮披风、前往来生用的木划桨和一个状似埃及象形文字"生命"字样的仪式用烛台）。有蕴含个人家族意义的物件（法老死产胎儿的木乃伊以及法老祖母的一缕发丝），有供来世享用的饮食（鹰嘴豆、小扁豆、连骨肉、一篮枣子、皇家葡萄园酿的酒）。与武器（弓与箭、作战用棍棒、半月形弯刀、皮制铠甲、法老的珍贵战车）一起下葬的还有不少实用工具（一个书写调色板、腕尺量杆、凿子）。这些宝物（亚麻手套、一个蓝色的玻璃头枕、金银权杖等）展示了古埃及人的品位和精湛的工艺，而来自远方带有异域风情的舶来品（努比亚的乌木和象牙制品，以及由古代陨石撞击形成的利比亚沙漠玻璃制成的首饰）则说明埃及贸易活跃和外交网络地域广阔。日常生活用品（棋类游戏、油灯、化妆品、家具、篮筐和凉鞋）也将3 000多年前尼罗河谷的生活状况刻画得栩栩如生。

　　自这次闻名遐迩的考古大发现以来的一百年里，图坦卡蒙已成为古埃及最有名的统治者。他墓葬中的几件物品也享誉世界：用金打造的精美面具，一般人都认为它是法老文明的象征，或其独一无二的象征。他的金棺和御座经常在讲述考古学和古埃及的书籍中出现。然而，与他一起埋葬在帝王谷的其他物件大多仍鲜为人知，无人讲述它们的故事。

为纪念卡特和卡尔纳冯大发现一百周年，本书将通过聚焦这位少年法老的陪葬物件来重点讲述古埃及的地理、历史、文化以及其对后人的影响。法老陵墓中的 100 样物件按主题分为 10 类，为创造它们的文明做见证。图坦卡蒙的宝藏让我们能够直面法老文化、它不平凡的发展经历及其长远的影响。

＊　＊　＊

1922 年之前，世人对图坦卡蒙几乎一无所知。大多数欧洲学者所依赖的古典学家对埃及历史的描述都没有提过图坦卡蒙，公元前 3 世纪编写王表的埃及祭司曼涅托也未将他列入。直到 1822年，让-弗朗索瓦·商博良破译埃及象形文字，让众人得以直接阅读古埃及铭文后，埃及古文物研究者才注意到，铭文中偶尔会提及一位鲜为人知、王名为"奈布克佩鲁拉"（Nebkheperura，又译勒凯普鲁那）、出生时名为"图坦卡吞"的法老。19 世纪 20 年代末，英国古物学家约翰·加德纳·威尔金森在前往偏远的东部沙漠探险时，发现了一块铭文大石头。1828 年，他在底比斯西部的山体发现了一座墓葬，其铭文记载，它由图坦卡蒙统治时期的一位高官所建。

另一位英国探险家普鲁杜勋爵在上努比亚探险时，在古代宗教之都吉布巴加尔发现了两尊精美卧狮石雕，两者都是用一整块红色花岗岩雕出。它们原先是由第十八王朝法老阿蒙霍特普三世所雕，但后来被挪作他用并改写了铭文，其中一个写着图坦卡蒙改献的字样。1835年，普鲁杜将这两尊狮雕交给了大英博物馆，成为其初建成的埃及馆收藏的首批物件。

19世纪50年代，法国考古学家奥古斯特·马里耶特在萨卡拉的挖掘中发现了更多关于图坦卡蒙的证据。在人称"塞拉比尤姆"的神牛墓穴丛中，有一处正是这位默默无闻的法老王统治期间所准备的。19世纪末，马里耶特的同胞埃米尔·阿美利努在上埃及阿拜多斯发现了一件写着图坦卡蒙名字的镀金木匣。不过，真正的突破是"埃及考古学之父"弗林德斯·皮特里于1891—1892年冬在阿马尔那进行的挖掘，当时他发现了由"异端"法老奥克亨那坦（又译阿肯纳顿，或埃赫那吞）建造的城市。众多带有铭文的物件，包括大量记载外交信函的泥板，都提到了图坦卡蒙，并明确表示此人就是奥克亨那坦的儿子兼继承人。

进入20世纪，图坦卡蒙的名字开始频繁出现。1905年，在对卡尔纳克神庙进行发掘时发现了一块石碑，其上载有他统治初期回归正统的铭文，而由美国金融大亨西奥多·戴维斯资助的帝王谷探险队也发现了一个写着奈布克佩鲁拉的彩陶小杯。两年后，戴维斯发现了一处有大量皇家墓葬遗留下来的防腐材料的坑室；象形文字铭文再次提到图坦卡蒙，这似乎将他的陵墓指向帝王谷的某处。戴维斯后来又发现了一个没有装饰的小房间,内藏更多载有国王名字的物件——一件小型石雕、马鞍配件和几块金箔碎片——他以为这就是王陵所在。于是他发表了自己的发现"图坦卡蒙努(他笔下法老的名字比别人都长)墓葬",并于两年后放弃了他的挖掘许可,声称"帝王谷陵墓已全部挖掘完毕"。

* * *

等在一旁想证明戴维斯犯了大错的是十年前与他共事过的霍华德·卡特。到 1914 年,卡特已是埃及挖掘经验最丰富的考古学家之一。他是艺术家,一开始给多个考古队的陵墓和物件做记录,包括皮特里在阿马尔那的考古队。后来他在西底比斯工作,正式成为考察队的绘图员。经过六个季节在山间、谷地、河湾等游走,他练就了觉察潜在考古遗址的敏锐的眼光,对底比斯,包括帝王谷在内的各墓葬群,了如指掌。1900 年,他终于被任命为上埃及遗址探索总监,得以为多名富有的赞助人在帝王谷进行挖掘工作。但他 1904 年未被提升为下埃及遗址探索总监,与一群游客发生口角导致他辞职。回到卢克索后,他重拾丢弃多年的画笔,以兜售水彩画给富有的游客为生。就这样,他在 1907 年结识了一位新赞助人——第五世卡尔纳冯勋爵。卡尔纳冯的财力和卡特的专长相匹配,于是两人决定联手,并由此建立了合作关系,终于在 15 年以后成就了旷世考古大发现。

戴维斯一放弃他在帝王谷的特许权，卡尔纳冯便立即将其拿下，这绝对是整个埃及最令人艳羡的挖掘遗址。1915 年 2 月，卡特开始工作。经过仔细甄别，他从早先挖掘残留中拯救出了不少被忽略的文物。借助戴维斯先前发现的线索，卡特深信有朝一日图坦卡蒙的最终陵墓或将显露真容，于是开始缜密搜寻。此后五年，他对帝王谷未挖掘部分进行了系统性清理，可是这番辛苦且所费不赀的劳作却没有大的收获，只有寥寥几件文物，依然不见王陵。卡尔纳冯的信心和兴趣随之丧失。1922 年夏，卡尔纳冯决定打退堂鼓，但卡特仍坚信自己这条路没有选错，恳求再给他一次机会。卡尔纳冯勉强同意。

1922 年 10 月 28 日，卡特抵达卢克索，几天后挖掘工作继续。仅用了三天时间，他们就发现了第一个台阶。24 小时之后，一溜长达十二级的下行阶梯展现了出来，阶梯尽头是一堵灰石封门，门上有古埃及大墓葬特有的封印。卡特通过电报将这个消息告诉了赞助人卡尔纳冯并等候他的到来。11 月 24 日，两人一起看着阶梯被清理干净，露出了整面灰石封门。此时，他们的发现已不容置疑：

封门下半部的封印很清晰，我们毫不费力就看到了好几处图坦卡蒙的名字。[1]

封门被小心翼翼地拆除后，露出一个斜坡甬道，甬道从上到下堆满了石灰岩碎粒。工人在尘土飞扬的狭小甬道里清理时，又发现了第二道封门，上面同样满是书写着图坦卡蒙名字的封印。卡特赫然发现，第二道封门与第一道封门一样，有被人强行进入的痕迹。显然此墓遭盗墓贼光顾过。问题是，他们留下了什么东西没有？

11 月 26 日下午 4 点，甬道已全部清理干净。在卡特的赞助人卡尔纳冯、卡尔纳冯的女儿伊夫琳·赫伯特夫人以及一位名叫亚瑟·卡伦德的英国工程师的注视下，卡特撬掉了第二道封门上端的几块石头。他在日记中对接下来的一幕记载如下：

> 我们买了蜡烛——当开启地下古墓葬时，最重要的是有难闻气体溢出——我将缺口处弄大，借助烛光往里看，勋爵、夫人、卡伦德及工头等都在焦急等待。最初，我什么都看不见，墓中蹿出来的热气让烛光摇曳，等眼睛对光线适应后，室内的细节才逐步显现，只见其间堆满了各种珍奇、非凡、美丽

---

1. Carter and Mace (1923): 79.

的物件，似真似幻。[1]

他们的发现绝对称得上是"宝藏"。但很快，他就意识到这是一次前所未有的发现。卡特事后回忆：

> 我想我们从来都没有在内心有过具体的期待或希望，但可以肯定的是，谁也没想到竟然会是这样一屋子、似乎能摆满整个博物馆的物件。[2]

的确，看似数不清的物品总共有 5 398 件，分散在四个房间——前室、附室、墓室和宝库。卡特与一组专家花了十年时间才将所有物品编目并妥善保存。

* * *

图坦卡蒙墓葬中堆积如山的珍贵物品"有些比较熟悉，也有些从未见过"[3]。不少堪称独一无二,乃其他古埃及遗址物件无可比

---

1. 引自 Collins and McNamara (2014): 28–32。

2. Carter and Mace (1923): 86.

3. Carter and Mace (1923): 86.

拟。幸运的是，到 1922 年，埃及学已相当发达，卡特及其助手已经能够认识到他们的发现有多重要。

整个 19 世纪上半叶，古物爱好者在尼罗河谷寻宝，使数千物件变成了欧洲的收藏，被人当作古董、艺术珍品来欣赏，但对埃及古物的适当诠释直到商博良破译埃及象形文字后才真正开始。读懂象形文字才能对古埃及文化进行独立自主的研究。同时，威尔金森小心翼翼的实地观察也带来了认识上的突破。他认识到，吉萨金字塔是第四王朝国王的墓葬。他借助底比斯贵族墓葬壁画，准确地描绘出古埃及人的生活状况，从而丰富了法老文化的真实感。

据此，19 世纪的学者有了更明确的古埃及研究重点，他们阐明了埃及悠久历史所经历的不同时期，厘清了其艺术与建筑风格发展的脉络。普鲁士学者理查德·列普修斯的努力给法老文明增添了质感和神韵：它不再是一个单一的无形的实体，而是一系列独特时期——古王国、中王国、新王国——的延续。列普修斯不但解答了许多突出的历史问题，还首次翻译出了古埃及文中的句子，而不只是名字和称号。

随着 19 世纪 50 年代文物服务局的成立，新的发现纷至沓来。金字塔时代耀眼地呈现在众人面前，从真人大小的皇家雕塑到世界上最老的宗教著作，不一而足。从 19 世纪 80 年代开始，皮特里坚持挖掘时必须一丝不苟、按部就班，因此才发现、记录并研究了一些难能可贵的易损残片。他对细节的重视让我们看到了古埃及久远的史前文明，跨越时间长河后璀璨的希腊-埃及文化，以及其间的一切。

随着知识的累积，19世纪晚期和20世纪早期的发现更为这段文明增添了色彩，补充了细节：中王国时期令人叹为观止的珠宝工艺、埃及早王国的物质遗留，以及每个时期的日常生活场景。所以，等到卡特和卡尔纳冯开始在帝王谷进行挖掘时，古埃及已不再是一堆杂乱无章的古籍记载或深奥难懂的无稽传说，而是一个有真人生活其中、复杂而充满生机的文明了。

即便如此，图坦卡蒙宝藏的规模和范围需要一个多学科的团队来研究，这在埃及学史上是前所未有的，与国王一起埋葬的大量文物也得到了不同寻常的关注和研究。众人的研究在大发现一百年以后的今天仍在进一步完善、分析，其研究所得的精彩程度或已超出卡特的想象。从下文大家能看到，这些物件大大增进了我们对古埃及各个方面的了解。它们不只是一组珍贵文物，也是产生它们的文化的万花筒般的反映。其中最值得一提的或许就是能唤起一段已为人忘却的过往的物品：图坦卡蒙的银制号角。乐器本身保存了下来，但它曾经奏出的音乐和它的演奏场合却永远失传了。围绕这位法老的世界已然消逝，只余下往日的回响，有待我们解释、再解释。但通过他的随葬品，我们还是可以让他的世界以及他作为埃及法老所代表的埃及文明重现生机。

第 **1** 章

地 理

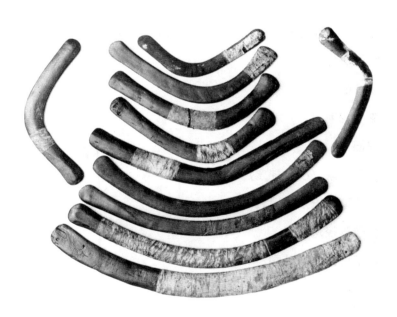

图1 掷棍

1. 方铅石、孔雀石、氧化铅和锡、雌黄、黄赭石

2. 绿玻璃胸饰

3. 陨铁凿子

4. 鸵鸟羽毛扇

5. 掷棍

6. 猎鸟场景（小金神龛）

7. 灯芯草和纸莎草凉鞋

8. 纸莎草轻舟模型

9. 冥王奥西里斯苗圃

10. 仪式用镰刀

每一种文化都是环境的产物，古埃及文明的形成也有赖于尼罗河谷及其周边沙漠的独特地理条件。要了解埃及法老时期的丰富内涵及复杂性，有必要从对埃及地理环境的了解开始。尼罗河谷东西邻接的沙漠像是一种保护，相形之下河流的洪泛平原更显肥沃。沙漠看似不宜居，但并非不能穿越。证据显示，不少人曾赴沙漠探险；沙漠还提供了各种资源，如矿砂和颜料、（名贵）宝石和半（名贵）宝石以及猎物。所以对知情人而言，沙漠与尼罗河河岸一样有价值。不过，孕育埃及生命的还是河流，古埃及人认为，在沙石间蜿蜒穿行的狭长而肥沃的冲积土是上天的赐予。尼罗河河岸提供了充足的粮食和材料，河水一年一度定期泛滥使土地变得肥沃，支撑起了埃及的农业经济。图坦卡蒙陵墓中的物件所反映和述说的是古埃及不同的地理环境，我们因此得以走进在这一独特自然环境中成长的人们的世界。

正如古希腊历史学家希罗多德所说，"埃及是尼罗河的赠礼"[1]。他的话暗指一个事实——在今天就像数千年前一样——没有尼罗河就没有埃及。当然，没有这条河，人们就无法在非洲东北角定居，也就不会催生文明。有了尼罗河，生命才得以在干旱无垠的撒哈拉沙漠茁壮生长；这狭长一弯绿水的两侧即尼罗河谷，孤寂的平沙一路往远处延伸。

沿河的灌溉土地面积只占埃及目前土地面积的二十分之一，却养育着埃及96%以上的人口。其实，在古埃及语中，"黑（冲积）土地"也是"埃及"的意思。从表面上看，我们很容易同意罗马地理学家斯特拉波的话，他说，"埃及只包括沿河土地"[2]，或同意后来的旅行家塞缪尔·考克斯的言论，他写道："埃及就是尼罗河……尼罗河给埃及划了界。"[3]但如果同意这些话就等于忽略了占埃及土地95%的沙漠在埃及地理与古文明形成中发挥的至关重要的作用。

法老时期的埃及或许扎根于尼罗河谷并得到河水养育，但其深受四周沙漠的影响。19世纪末考古学者发现史前埃及人的墓葬时，就被来自埃及干旱内地文化影响的大量遗存所吸引：与努比

---

1. Herodotus (2004): 279–81.

2. Strabo (1949): 1.4.

3. 引自 Manley and Abdel-Hakim (eds) (2004): 9。

亚遗留器物风格雷同的陶器、来自干旱稀树草原的鸵鸟蛋、来自遥远沙漠的矿物颜料。乍一看，这些墓中物件十分陌生，以至于被认为是由东方进入尼罗河谷的入侵"新族群"遗留的。但随后的挖掘和研究证明，这些史前（"前王朝"时期，即王朝历史开始之前的时期）埃及人一直都在该地生活。

如果我们回到 7 000 年前埃及文明萌芽的时候，这个国家应该与今日很不一样。尼罗河谷两侧的土地并非沙漠，而是每年有夏雨滋养的干旱草原。除了今天这类生态环境常见的野生动物，如鸵鸟、大象、长颈鹿、羚羊外，大草原上还有跟随季节逐水草而居的成群牧民。法老文化的种子就是在这些草原牧民中开始生根的。当北非的气候在公元前四千纪开始变干旱时，牧民被迫退居最近的恒久水源——尼罗河，并在尼罗河附近定居，为伟大文明的出现铺平了道路。

如同古埃及的许多符号词汇可追溯到前王朝时期一样，许多根深蒂固的文化传统亦然。对人身装饰，尤其是对化妆品的喜爱就是一例。人身装饰是游牧社会的一个标志，在游牧社会中，在没有永久性结构的情况下，人们大多通过自己的身体来展示财富和地位。前王朝时期墓葬中最早、最具特色的发现是化妆品调色板，通常是被雕成几何或动物形状的扁平石块，用来研磨矿物颜料以便化妆。偶尔，石板上还带有颜料残留：深绿色的孔雀石、红黄赭石、白色的氧化锡和黑色的方铅石。早期埃及人在尼罗河定居后，很长一段时间仍延续其昔日面部化妆的习俗。整个法老时期，只要有古埃及人的形象出现——比如墓葬壁画上的人像——必定有眼影（深色的彩妆线环绕着眼睛，以"鱼尾线"收尾）。

面部化妆品的原材料——同样原料也可以用于绘画和书写——不禁让人想起后来演变为撒哈拉干旱土地上的古老生活方式；它们来源于沙漠矿藏和采石场，进而加强了"红土地"作为埃及地理和属性的关键组成部分的重要性。埃及人在尼罗河畔定居后，很长时间还在继续开发沙漠里的资源，他们或许比他们的现代后人更熟悉河谷东西两侧的土地。多次远行肯定会定期带回各种矿物颜料：来自红海丘陵的氧化铅和锡、努比亚沙漠和西奈半岛的孔雀石、来自第一瀑布低地沙漠的赭石。

作为有一定身份地位的埃及人，图坦卡蒙的随葬品也有各式各样的矿物化妆颜料，让他来生仍能保持美貌，并一展他的书法和艺术所长。他墓葬附室的亚麻袋里就有好几块捆绑在一起的方铅石。墓中还出土了孔雀石块、一小片铅石、氧化锡残片、雌黄和赭石。这一切都在提醒我们，对古埃及的起源和昌盛而言，沙漠与尼罗河一样功不可没。

* * *

沙漠给古埃及人提供了搽脸和涂墙的颜料；尼罗河谷两侧的沙丘和干谷还有取之不尽的岩石、矿石，这些可用于建筑、雕塑，也可以用于珠宝。图坦卡蒙陵墓里的珠宝并非法老时期最优质的，但它们是最华丽的。这位少年法老的戒指、手镯、项圈、吊坠和胸饰用料多样，足以说明古埃及文明的富足、深远和精致。就罕见程度和异域情调而言，有一样东西特别突出；它的真正重要性直到 20 年前才充分显露。

许多图坦卡蒙珍贵的首饰都封存在被考古学家称作"宝库"的盒子里。房间北边的一个棺材里摆放着一件绝世珍宝：一只圣甲虫形状的胸甲，虫身部分用的是天青石，其他部分则镶嵌了红玉髓、绿松石和彩色玻璃；还有一部分呈猎鹰形，羽翼用细腻的嵌金属丝花纹工艺展示；胸饰外围更厚重，上面有各种雕刻和镶嵌的宗教符号图案——月盘、圣眼、太阳船、带翅的圣甲虫、莲花和纸莎草植物、昂首眼镜蛇、水果和花卉——错综复杂、尽显奢华。中央圣甲虫的身躯是用一整块浅绿石块打造而成的，一开始大家以为那是半宝石玉髓，但真实情况更令人吃惊。

在埃及与利比亚接壤的西部沙漠，有人称"大沙海"的大片沙丘，北起锡瓦绿洲，南至吉勒夫高原；面积达 7.2 万平方千米，其中有不少绵延 100 多千米、高 100 米的沙丘。与地球上任何遥远、人迹罕至、条件恶劣、环境险恶的地方并无二致。近代，也只有几名大胆的探险者前往一探究竟。第一位是 1874 年前去测绘地形的德国冒险家格哈德·罗尔夫斯。他险些死于脱水，后因一次偶然的暴风雨而保住了性命。在匆匆打道回府之前，他在当地用石堆做了一个记号，并在日记中写道："还会有人到此一游吗？"[1]

　　大沙海有众多神奇之处，其一就是不时会裸露出一块块浅绿色玻璃，有小石头，有巨石，散落在相对比较小的沙漠表面。欧洲人在 20 世纪 30 年代首次发现这种天然玻璃，为了确定其成分和来源进行过十多次地理探险。火山活动会产生天然玻璃，但大沙海并没有火山。将沙粒熔制成玻璃需要极高温和超高压，所以另一个可能的解释就是陨石撞击。卫星图像找到了一个可能的陨石坑——科比拉陨石坑；这个坑最宽处直径有 20 英里，肯定是一个相当大的陨石撞击坑。不过，该陨石坑离沙漠玻璃的发现地点有约 50 英里的距离。线索虽耐人寻味，但至今未有定论。

　　1998 年，一位意大利地质学家获得了检验图坦卡蒙陵墓中出土的"玉髓"胸饰的许可，结果他发现圣甲虫身躯的材料是在自然作用下形成的硅玻璃。这一发现影响之深远令人始料未及。3 300 年前，古埃及人一定已经知道在大沙海里蕴藏着天然玻璃。他们显然能够通过与沙漠游牧民远途贸易或更可能的是自己直接开发取得玻璃，因为他们也去过其他偏远地点探险。古埃及人肯定惊讶，在这么荒凉的地方竟然有天然玻璃。图坦卡蒙皇家工坊的首饰工匠选择这种神奇的材料来做圣甲虫的身躯，是希望这个象征旭日和再生神明的魔法能帮助法老复活。

1.　引自 Vivian (2000): 376。

尤其是，这件绿玻璃胸饰告诉我们，埃及的先民比任何人，包括他们的后人，都更了解他们的国家。古埃及人在寻找昂贵而奇特的材料来打扮他们的统治者、祈愿他们来生幸福时，确实是长途跋涉且不辞辛劳。

＊　＊　＊

　　在法老统治的大部分历史中，埃及是青铜时代的文化。到图坦卡蒙时期，炼铁工艺在其他王国——如中部安纳托利亚的赫梯帝国——已日臻完善，然而保守的埃及人还是坚持用久经考验的青铜来制造武器和工具。他们认为铁是个新鲜玩意儿：奇幻而神秘，但无法取代他们的工匠已沿用了 1 500 年之久的金属。再说，与制作青铜需要的铜与锡不同，附近并没有易得的铁矿；最近的铁矿藏不是南边上努比亚的偏远地带就是北边的巴勒斯坦。埃及境内唯一自然存在的铁就是陨铁，西部沙漠陨石坑附近有零散分布。与绿色硅玻璃、红玉髓和众多其他珍贵和半珍贵矿物一样，陨铁块偶尔也会被采矿人员带回并做成珍品。

　　图坦卡蒙的随葬品有各式各样的礼器和实用工具。有镰刀、锄头，有锛子、刀，有锤子、凿子，别以为这位少年法老会花时间在工艺品或农耕上：这些工具被列入陪葬品中，以确保他来生的农产品和制品的供应。最贵重的工具，像最珍贵的首饰一样，都放在陵墓的宝库中。有一个工具箱里放了 16 把凿子，都是用一

块或好几块陨铁制作而成的，总重量不超过 4 克。即便是在知道
如何利用沙漠自然资源的时代，陨铁仍属稀缺品。

其实，古埃及人称"铁"为 biayt，这个词也有"奇迹"或
"神奇"的意思。不过有证据显示，好奇的古埃及人对陨铁的来
源也曾寻根问底。在图坦卡蒙之前的 1 000 年，埃及祭司们编写
过一套现存最早的宗教典籍；书写在王陵墓室的墙上，今人称作
金字塔文献。文献中有协助法老飞升加入星辰行列的祷文，有帮
助法老化为星辰的魔咒，还有庆祝法老转化成功的赞歌。文中臆
想法老的来生将与星辰为伍，还提到引人遐思的有关星星成分的
内容，说它们的成分是 biayt。公元前三千纪的埃及祭司怎么可能
知道星星的成分是铁呢，除非他们知道天上掉下来的铁是陨落的
星星。

从金字塔时代开始，古埃及最庄重的葬礼仪式就是"开口"。

图2　陨铁凿子

图坦卡蒙墓室墙上开口仪式的壁画位置显眼，负责开口的是法老的继承人阿伊。该仪式寓意木乃伊躯体开口后因呼吸而复活。按照传统，仪式中使用的工具乃由陨铁制成。根据古埃及的宗教理念，为确保法老复活能进入来生，最好的办法莫过于使用来自天上的工具让他恢复呼吸。

陨石与宗教之间的最后一个联系在图坦卡蒙生活的时代特别鲜明。埃及法老时期最早的祭司头衔是"最伟大的先知"，属太阳神大祭司"拉"所有，赫利奥波利斯太阳神崇拜中心的祭祀大典就由他主持。这个头衔或许早于对太阳神的崇拜，原先可能是赋予观察星象以卜吉凶的圣人。而放在赫利奥波利斯神庙内最神圣的"拉"的象征，是一块名叫 Benben 的石头，这很可能并非巧合。这块石头至今下落不明，对它的性质有不少猜测。一说它是陨石：一块来自天上的神奇馈赠。图坦卡蒙的父亲奥克亨那坦的宗教革命是，试图重回创始时期，他对这块石头特别崇拜，甚至在首都——图坦卡蒙在此出生并度过童年——标志性神庙的中心也安放了一块类似的石头。

从流星和神石到陨石和铁的来源，这 16 把凿子是对法老时期宗教思想的启发和领悟的最佳说明。看来，天地万物都是古埃及哲学的冥想对象。

* * *

埃及的沙漠除了有丰富的矿产资源，也因其野生动物而知名。在法老最早的祖先游牧时代，尼罗河谷东西两岸一望无垠的大草原上充满着种类繁多的动物。撒哈拉各地发现了不少描绘野生动物的史前岩画。前王朝时期的陶器、石制器皿、牙雕刀柄上也描绘了食蚁兽、蜜獾等动物，以及猎人与追杀这些猎物的猎犬。但到公元前四千纪中期，气候变化导致稀树草原干旱化，许多大型动物南迁；至金字塔时代，大象和长颈鹿在埃及已绝迹，狮子不多见，鸵鸟的数量也在萎缩。

然而，沙漠狩猎依然是一种十分流行的休闲方式，也是埃及统治阶层彰显地位的有力手段。图坦卡蒙在吉萨高原狮身人面像附近建了一个狩猎休憩所，以便玩累了有个休息的地方。狩猎故事也是向宾客们炫耀的谈资；图坦卡蒙的祖父阿蒙霍特普三世甚至还为成功猎狮和猎捕野公牛一事发行过纪念性圣甲虫。当时与今天一样，带回来的战利品会摆放在家中或宗教场所供人观赏，许多猎物也是统治者孔武有力的象征。比如，国王在短裙腰部悬挂野公牛的牛尾，显示他有战胜自然的威力。壁画中图坦卡蒙的继任阿伊在主持开口仪式时穿戴着豹皮，豹皮非常珍贵，能传达祭司的权威。

谈到最具卖弄成分的狩猎战利品，当推鸵鸟蛋和鸵鸟羽毛。鸵鸟被人赞叹为珍禽异兽是有原因的。还有耐人寻味的证据显示它颇受尊敬，或起码有神奇的地位：东部沙漠曾发现一块史前岩雕，显示一只鸵鸟登上了一艘船，或许表达的是前往来生之旅。从前王朝时期开始，鸵鸟蛋就享有特殊地位。对史前居民来说，它是宝贵的蛋白质来源，蛋壳还可用来做盛水器。西部沙漠各古营地散落着蛋壳碎片，证明这一自然资源一度十分丰富。一座史前墓葬竟然还出土了一个完好无损、其上绘有野羚羊的鸵鸟蛋，其他同期的墓葬里也有用黏土制成的鸵鸟蛋模型。真东西无法到手，有个替代品也不错。

鸵鸟羽毛也被赋予很高的价值，作为身份的象征被广泛佩戴。图坦卡蒙时代的陵墓壁画上，典型的努比亚酋长头上一定佩戴鸵鸟羽毛。600年以后出现了逆转，一位努比亚法老轻蔑地称其埃及对手为"下埃及佩戴羽毛的酋长"。埃及人和努比亚人都认为，鸵鸟羽毛是值得一争的东西。

拥有一根鸵鸟羽毛就表示你地位不凡，能有足够的鸵鸟羽毛做扇子则是王室专利。在最早的王权遗物石雕狼牙棒杖头上，国王身旁就站着摇扇人。"立在国王右手边的摇扇人"是赐给最钟爱朝臣的尊号。图坦卡蒙的葬具中至少有8把扇子。1把能旋转的象牙手扇有自己的收藏盒。其他7把都是长柄扇，供仆人在国王面前轻摇。

最精致的扇子汇集了财富和地位的多种象征，是图坦卡蒙陵墓中最美丽的物品之一。它总长1米多，被放置在法老墓室内保护外棺的第三与第四镀金神龛的中间。扇把和羽毛插入呈半圆

"棕榈叶"形状的扇骨部分都有金箔覆盖,并镂刻了图像和铭文。一面绘制了图坦卡蒙站在狩猎战车上向一对鸵鸟猛射,鸵鸟后面还有猎犬追逐。另一面则是法老凯旋的图像。扇把上的铭文称,扇子上的羽毛(原来有 42 根,白褐两色羽毛相间排列)"皆系国王在赫利奥波利斯以东的沙漠狩猎所得"。图坦卡蒙的鸵鸟羽毛扇是王权地位的有力象征,它也提醒我们,这里的沙漠曾一度富饶。

* * *

埃及位处沙漠边缘带来的最后一个好处是提供了保护:历史悠久的埃及大部分时候都因为有难以跨越的边界而得享安宁。四周的沙漠将埃及与外面的世界隔绝,也对入侵的外敌起到了强大的震慑作用。但其终究无法完全逃脱邻人对尼罗河谷的垂涎。洪泛平原的沃土是埃及人民之福,但西、东、南三面不那么幸运的居民——利比亚人、亚洲人和努比亚人——欣羡之余可就坐不住了。河流的丰厚馈赠让族人和先进的文化得以在两岸茁壮成长,然而自然条件恶劣的埃及沙漠边缘就没有这样的机会。在撒哈拉边缘和西奈半岛,半游牧民族只能逐水草而居,生活条件也受恶劣环境的束缚。尼罗河谷的富饶使埃及成为争夺对象;自史前时代开始,埃及与邻国便经常有边界小冲突。只要看到埃及积弱或有机可乘,沙漠边缘的人们总想试试自己的运气。

西部沙漠的部落人民以鬈发、好战和善战著称,他们是今利比亚人的祖先，也是埃及人的眼中钉。自埃及有史以来，那些人就不断试探这个年轻文明的防卫能力，侵扰西部绿洲和尼罗河西岸。此类遭遇的最早记录出现在一个仪式用化妆品调色板上，调色板已被测定为埃及统一前几十年的文物。战争场景中出现了大量战利品，绝大部分是绵羊、山羊，根据旁边象形文字的解释，它们都是利比亚的贡品，古埃及文里称利比亚的土地及其人民为"泰赫努"(Tjehenu)。它的书写有掷棍图像，或为说明利比亚人使用的是原始武器。

掷棍也许原始，但近距离抛掷仍可致命。图坦卡蒙的一些随葬品，包括弹弓、棍棒、回旋镖、弓箭等，均为彰显国王毕生的赫赫战功，希望能为他来生的战斗助一臂之力。掷棍也有非军事用途，在沼泽地用以猎取水鸟。第十八王朝底比斯墓葬里有一景，墓主内巴蒙在纸莎草丛中正高举掷棍猎鸟，他的掷棍就被雕成昂首的蛇形。图坦卡蒙陵墓附室地上也发现了两件与之完全相同的武器。

最早记载的与泰赫努人的战争以入侵者失败告终，但泰赫努人并不死心，而是继续尝试。最终，在埃及新王国日暮途穷之际——图坦卡蒙之后250年——他们成功突破了埃及防线，并在埃及社会站稳了脚跟。他们能征善战的本事颇受埃及赏识，许多利比亚人在埃及军中担任要职。最后，乘新王国瓦解之机，利比亚将军成功夺权，拿下了埃及王座。掷棍人当上了法老。

埃及东边也有个同样不怎么安分的邻居，一直在打埃及的主意。在埃及第一王朝中期登（Den）统治期间出土的一块小象牙标签上，绘制有国王在一座沙山前痛打敌人的图像。据说，受害人是个来自亚洲部落的"东方人"，该部落居住在从巴勒斯坦到西奈半岛的长条领土内。与这帮被埃及人称为"沙居人"的征战，持续了好几个世纪。埃及人从来没有输过，但也从来没有完胜，对方一次次后撤到沙漠小丘去养伤，等待卷土重来之日。他们也曾风光一时：公元前 17 世纪，即图坦卡蒙之前约 300 年，他们乘埃及积弱，建立了自己的王朝——希克索斯王朝（这个名字是古埃及文"异域统治者"希腊化后的变体），统治尼罗河谷约一个世纪。

古埃及文中称"亚洲人"为 Aamu，这个词的象形文字的书写也有"掷棍"图像。这与"泰赫努"含义一样，暗示这些人原始、不文明，不如埃及人优越，但生性强悍。在埃及疆界周边出没的"掷棍"异族提醒了尼罗河谷的居民自己的地理条件的确优越，这更加强了后者的优越感。

* * *

"红土地"让埃及有了一定程度的安全，与法老文明成了同义词的却是"黑土地"——尼罗河的洪泛平原。诚如希罗多德所说，河流是孕育伟大文明的必要条件，不过吸引各地人民不远千里而来的并非水道本身，而是它植被丰茂的沿岸。即便在史前时期，当每年夏季的雨水让沙漠变绿，让浅湖满水的时候，尼罗河也因其流量稳定和沿岸肥沃而出现了半永久居民区。到公元前五千纪，一群半游牧民族——考古学称之为巴达里人——每年冬天开始将兽群从稀树草原赶到这里放牧，以尼罗河沿岸为家。他们一边放牧一边种植可以快速生长的作物，他们建立简易临时居所，聚集成小村落。

巴达里人的季节性聚居点显示出多年来重复使用的迹象，但只留下很少的痕迹。每样东西都是可以随身携带的，每当冬季结束他们打包离去后，只能从坑和灶台看出他们来过。倒是在河谷逝世者的墓葬成了永久的纪念，很可能是为了将某一家族与某一段河岸联系起来。墓中的物件显示巴达里人喜爱装扮，与远人有交易，并逐渐形成了等级社会。墓葬中有来自沙漠的物件，也有在河岸生活的遗留，如冲积黏土制作的容器和铜制小鱼钩。

对狩猎-采集者来说，河流与岸边提供了可善加利用的丰富生态系统。不用说，鱼的种类繁多，从潜伏在浅水区的鲇鱼到经常在深水区活动的美味尼罗河鲈鱼。等黄昏时分野牛来喝水，在岸上也能狩猎。特别是两岸的纸莎草丛中水鸟众多，有朱鹭、白鹭、鸬鹚、苍鹭、鸭、鹅等。每当小船在其中行走触碰到芦苇时，鸟群就从巢中纷飞而起，守候在旁的猎者不费吹灰之力就能捕食美味。从巴达里人时期到约 4 000 年后古埃及文明终结，在湿地捕猎水鸟都是尼罗河谷日常生活的一部分，是富人和穷人都喜欢的活动，不论是作为休闲娱乐还是以此为生。也难怪埃及象形文字里有十几种水鸟符号，鹅是大地之神盖布的符号，被埃及新王国时期国家之神阿蒙—拉视为神物。

从金字塔时代到图坦卡蒙时代，在埃及文明每个时期，都可以从墓葬里发现猎鸟场景。少年法老本人喜欢在沙漠里驾驶战车，但显然也同样喜欢在芦苇丛中游乐。在他墓中出土的小金神龛——原来摆放国王雕像的一个雅致的镀金神柜——镀金的装饰画就有他在芦苇丛中游乐的场景。图坦卡蒙坐在岸边，手中拿着弓和箭。这里并没有特别的王座，而是一把折叠凳，上面有一个厚厚的绣花椅垫。法老最宠爱的幼狮站在一旁。图坦卡蒙年轻的妻子坐在地上，手指着芦苇丛，另一只手正递给丈夫一支箭。国王手中的箭正蓄势待发，一群鸭子飞出芦苇丛，离开了有鸭蛋及刚孵化出小鸭的巢。

这幅迷人的图景反映了远离繁忙政务的休闲时刻，少年法老夫妻彼此相伴，徜徉在尼罗河谷大自然的怀抱中。但其中更有深意。古埃及的"射"与"射精"相通。鸭子不只是猎物，也是生育符号。所以，青年男子射鸭，妻子递箭给他就有性交和繁衍的隐喻。据此，图坦卡蒙小金神龛上的描绘既可理解为夫妻生活和祈求王室血脉延续的牧歌，也可以理解为无忧无虑的狩猎出行。两者都凸显了尼罗河芦苇沿岸的肥沃多产，是埃及人享受大自然丰厚赐予的安乐窝。

* * *

古埃及人把自己的国家比作纸莎草植物，狭长的尼罗河谷就像它高昂挺拔的茎，而三角洲则像其花冠。说起来这象征意义确实贴切，法老文明有赖于中央对经济的控制，搞好控制就需书面记录，而恰恰有纸莎草提供无尽、方便、便携的书写媒介。不知道埃及人是什么时候发现纸莎草的茎髓——把茎切成长条，两层垂直编排，用木槌将其中的纤维打出，再将两层缝起放到太阳下晒干，最后用石头打磨——就是上好的书写材料的。最早的纸莎草纸卷轴是在公元前 2850 年第一王朝中期的一位官员墓葬中发现的，卷轴上竟然是一片耐人寻味的空白。不久，土地所有权、税收评估、法律法规都开始使用纸莎草纸记录了。所以，纸莎草芦苇既是埃及国土的隐喻，也是其技术支撑的隐喻。

直到不久前，尼罗河沿岸还是一片片浓密的芦苇荡。如今在人类活动不多的河段——埃及中部某些地区，阿斯旺附近的尼罗河第一瀑布以及努比亚的偏远地带——仍可见到它们的身影。埃及一度引以为傲的纸莎草如今在野外已基本绝迹，这是砍伐过度和更大范围的生态破坏所致。严格地说，纸莎草生长在沼泽地。它靠水平根状茎迅速扩散，且生长迅速；一旦长成，很快就会挤得其他植物无处藏身。虽然纸莎草长得快又坚韧，但过于依赖水分充足的土壤。随着埃及的沼泽地不断被抽干，纸莎草的自然栖息地越来越少，最终成了史书上的记忆。

反观河岸浅滩上的其他芦苇品种却依然兴旺。古时候，地位卑贱的芦苇和莎草科牧草可能比高贵的纸莎草更多。芦苇因随处可见，成了最常使用的象形文字符号，三束开花的芦苇就指"田野"。莎草是上埃及的特有植被，史前时期与南尼罗河谷及其统治者相关联。最古老的"国王"一词——整个3 000年法老文明一直沿用——它的字面含义就是"莎草人"。

古埃及人喜欢用符号（埃及的地理环境因自然特征众多很容易用来释义和联想），这些象征性符号都有多重含义。所以，一方面整个埃及被比作纸莎草芦苇（纸莎草茎在象形文字中代表"绿色"和"繁茂"），纸莎草也象征三角洲，而睡莲则代表尼罗河谷。埃及艺术最常见的设计——图坦卡蒙镀金御座的回纹细工即一例——就是将纸莎草与睡莲相互缠绕，象征上埃及与下埃及的交织联合。"两地"是整个埃及最常用的称呼，不过埃及也有其他名字：kemet（因冲积土颜色而得名"黑土地"）、Ta-meri（意指农业丰产的"犁过的地"）或"两岸"，意指大多居民生活在洪泛区。与河流相关的主题一再出现，说明尼罗河在埃及人意识中的中心地位。

河岸不只是埃及人的家园，还给他们提供了所有生活必需品。芦苇荡提供了粮食及多样生活所需。河岸的黏土加上一点芦苇草可制作陶器。埃及人从很早开始就是上古世界最擅长陶艺的民族；就以巴达里陶器为例，器壁薄如蛋壳，表面带波纹，可谓精美绝伦。芦苇本身也有多种用途。将芦苇秆切碎，和入稀泥，晒干了就是埃及人住房的最佳建材，长秆则可编织芦席。图坦卡蒙墓中有多样芦苇物件。他的一张椅子的靠背和椅座就是用长条纸莎草编织的，材料柔软耐用。一个原来盛装珍贵玻璃器皿的分格木盒里用的包装的填充物就是切成碎片的纸莎草。（令卡特失望的是，发现时盒子里已空无一物，里面的东西可能在法老下葬后不久就被盗了。）最稀松平常的东西，其实也可能是古埃及生活方式最具代表性的物件——比如用灯芯草和纸莎草编织而成的几双凉鞋。这些都是每天要用的东西，它们都是常见的自然材料，这说明埃及人与他们的环境的密切联系已浑然天成。

奇怪的是，这个建立在书写文字基础上的王国的统治者墓葬中，竟然没有任何纸莎草文件。纸莎草作为最早的纸张而闻名，它建立了一个文明，却在法老永恒的来生中没有发挥作用。

* * *

在古尼罗河谷，莎草和芦苇随处可见，但上好的木料很难求。人们用棕榈树原木做横梁和屋顶的支柱，也用它做搬运石块的滚轮，但用它来雕刻则不合适。小家具可以用尼罗河畔生长的树木打造，雕塑和造船需要的大件硬木都得从山上长满香柏的黎巴嫩进口。这类特产的长途贸易属皇家专利，一般埃及人完全没份儿，他们得找其他材料来打造在河中航行所需的船只。

好在纸莎草多的是，且材料好用；更重要的是，其柔韧的茎具有天然浮力。将芦苇捆扎在一起就是筏子。金字塔文献的咒语里提到法老去世后与众神一起跨越天界时乘坐的就是"双芦苇筏子"。

比芦苇筏子再好一点的就是轻舟——一种用纸莎草捆成的轻型筏子。它们通常可以载一至二人，也有更大一些能运牛的轻舟。纸莎草轻舟或许是埃及最古老的河流运输工具，史前墓葬中就出土过这种舟的陶制模型。据公元 1 世纪的古罗马学者老普林尼的记载，轻舟在他生活的年代仍然常见，直到 20 世纪，它依然是上尼罗河村庄的一大特色。古埃及历史的每个时期的壁画都有轻舟。古王国官员墓葬的装饰壁画展现了纸莎草被收割、运输和制成轻舟的全过程。500 年以后，在中王国贝尼哈桑的墓中还出现过一幅名画，画中的墓主人与友人们站在纸莎草轻舟上挥动撑篙模拟征战。

不错，篙是最常见的划动轻舟工具，不过也可以用木桨甚至用手来划行。偶尔也会在轻舟上挂小帆，但这是例外。舟轻，吃水浅，是在尼罗河沿岸的浅滩上航行的理想工具，可绕过阻碍大船航行的沙洲和其他障碍物。

纸莎草轻舟划行时几乎无声，是在芦苇荡和沼泽地猎捕鸟类和鱼类的完美选择。图坦卡蒙不但有自己猎捕水鸟的画面，在陪葬品中还留有轻舟模型，确保自己来生仍能继续这样的休闲活动。木制模型两边绘有状似芦苇捆的条纹。船（舟）头是尖的，船尾则宽而平。多数大船的中间位置有一个木制小平台，可让划桨人

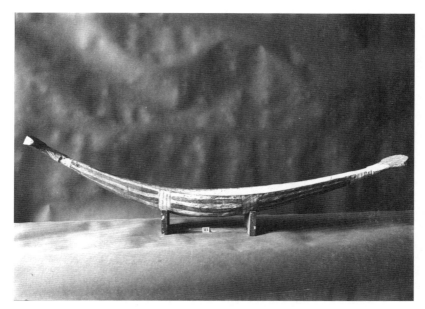

图3 纸莎草轻舟模型

更稳，但图坦卡蒙的这个模型缺乏这一细节，或许其他地方也欠真实。尽管轻舟实用，但它在图坦卡蒙时代的统治阶层眼中已然过时。精英们流行使用进口木材制造的大船。很难想象法老在无人陪伴的情况下一人驾驭简易轻舟航行。不过，由于它是传统船只，又是用尼罗河最具象征意义的纸莎草制成的，所以轻舟成了古埃及河流的典型运输工具并充满仪式色彩。

在图坦卡蒙的墓葬中，有不少涂了厚厚黑色树脂的神龛，其中一个里面摆放着一对木制镀金小像，外面仍然裹着亚麻布以防损坏。每幅画展示的都是国王手执鱼叉站立在轻舟上的场景。对图坦卡蒙时代的人来说，这会让他们联想到用鱼叉射杀河马，寓意由乱转治。至于站在不堪一击的纸莎草轻舟上能否用鱼叉射杀河马倒无关紧要：重要的是轻舟的符号意义。古埃及宗教中不乏善与恶斗争的神话；如果国王要有效地重新参与这场善恶之战，他应该使用一种可以追溯到有记载的历史开始之前的船只。

不论是用来猎捕大型猎物，还是用于捕鱼或日常的水运，这种简单的轻舟是古埃及文明的典型，经济实用之外又富含多重寓意。

*　*　*

在所有不同的神话传说中，有一个故事特别能引起共鸣，它编织成了古埃及宗教的华丽织锦。这是一个创世神话，关系到最具埃及特色的地理现象——尼罗河和它一年一度的泛滥。传说世界一开始是一望无垠、黑暗、无声的汪洋，后来这一片汪洋中出现了一座小土山，上面长出了一根芦苇。芦苇上飞来了一只为神化身的猎鹰，它给大地带来了上苍的祝福，还带来了秩序。这一刻是一切文明之始，小土山也成了强而有力的重生象征。早年的王陵上面都有土冢，以协助国王来世重生；金字塔也始于一系列层层叠加的土冢，是确保国王重生的"复活机器"；每一座埃及神庙都建在干净的沙冢之上，以纪念并引导这股创世神力。

现实与神话一样神奇。每年7月初，当天狼星在破晓前出现在地平线上时，尼罗河就因来自埃塞俄比亚高原的夏雨而河水暴涨。洪水重要到古埃及人的历法都要以此为据，汛期开始的那一天就是新年之始。洪水来时尼罗河第一瀑布首现端倪，因为水上涨冲击花岗石会发出巨响。不日，那里的水量就会增加 15 倍。在大象岛上，尼罗河水位计（尼罗水尺）测量着洪水的高度，因为埃及来年的繁荣与否取决于此。

祭司和官员都密切关注这些测量结果，因为它们能对下一年的农业收成做出准确无误的预测。埃及最早的历史记录——一套刻在玄武岩石板上的编年史，记载了从第一王朝开始的每年的大事记——是将尼罗河每年的洪水水位以腕尺、掌尺、指尺来测量。正如罗马史学家普林尼 2 000 年后所言：

> 平均水位高度是 16 肘（腕尺）。水位小于它则不足以灌溉所有地方，水位大于它则退水太慢会耽误农时……只上涨 12 腕尺（埃及）就会有饥荒，即便涨 13 腕尺也会有人挨饿，14 腕尺是喜讯，15 腕尺人们心中笃定，16 腕尺则人人额手称庆。[1]

---

1. Pliny, *Natural History*, Book 5, 引自 Wilkinson (2014): 6。

大象岛的测量数值一旦少于平均值 6 英尺[1]，农业就会减产四分之三，必定有饥荒。相反，涨水超出平均值 6 英尺就会引发溃堤，淹没居民区，冲毁粮仓，引发病虫害，耽误农时，导致作物在夏季烈日下枯萎。幸运的是，大多数年份，洪水水位都不高不低。随着洪水向北流去，整个洪泛区被淹没至 6 英尺深，只有堤坝和高地上的城镇村庄保持干燥。此时的埃及就等待着再生。

　　洪水带来双重祝福：既给农地带来水分，又从非洲之角给下游带来了一层肥沃的淤泥。农地被水淹没 60 天后焕然一新，土壤获得了又一年的养分。在埃及温暖阳光的照射下，水和土壤养分的神奇组合给尼罗河谷带来了令其他地方艳羡的农业生产力。埃及之所以发展出先进的文明，就得力于每年都会暴涨的河水。

　　早在法老统治之初，洪泛平原的滋养和再生潜力就受到神一般的崇拜。金字塔文献在第一次提到这位神明时，叫他奥西里斯，这个名字的由来与埃及的地理构造之谜一样不可考。原先他或许是一位植被神明，因为画中他的肤色常呈蓝绿色，即尼罗河水及其两岸丰茂植被的颜色，又或呈亮黑色，即富饶冲积土壤的颜色。作为一个拥有无处不在、无形权力的神明，围绕着他形成了一个神话网。最为人传诵的一段故事是这样说的：他在一场应由谁掌

---

1. 1 英尺约合 0.3 米。——译者注

管埃及一事中被嫉妒他的兄弟赛特所杀。赛特将自己兄弟的尸体大卸八块丢弃在埃及各个地方。奥西里斯的遗孀伊西斯悲痛欲绝，她四处捡拾已故丈夫的尸块，唯一没有捡着的就是被赛特扔进尼罗河的丈夫的阴茎。她用魔法让丈夫复生并刺激他让自己怀上了儿子荷鲁斯，儿子长大成人后报了杀父之仇。奥西里斯则退居冥界掌管来生。

这个故事明确地将尼罗河与再生力量结合起来，并叙述了河

图4 奥西里斯苗圃
图坦卡蒙的"奥西里斯苗圃"利用埃及繁荣富饶的精髓来确保法老及其国度，以及支撑这个国度的生命力都能历久弥坚。

谷的日常生活与来生之间的神奇关系。的确，奥西里斯在古埃及是以冥王的身份享誉全国的。当地人习惯称死去的人为奥西里斯，每个埃及人的临终愿望都是在他面前重生，以后与他一起在冥界水域生活，为尼罗河谷的永恒肥沃做贡献。

奥西里斯神话的效力在图坦卡蒙墓葬物件中的表达方式十分诡异：一个形似奥西里斯木乃伊的近 2 米长的木框，头上戴着他特有的双羽头饰。在法老下葬前，木框里填上了湿润的尼罗河河泥，并撒上谷物种子。神奇的是，种子在墓中会发芽，象征神明与法老的转世重生。

*　*　*

尼罗河的年度周期也决定了古埃及的季节。一年之始就是 7 月初汛期开始之日，三季之首为阿赫特（意为洪水或泛滥季）。阿赫特时农田被淹没，整个洪泛平原就像一个大湖。对埃及大部分农村人口而言，此时地里的活基本上没有；国家动员人民参与（如金字塔等）政府项目的建设这个时候最容易。尼罗河水位最深、蔓延最远的汛季，正是一年里运输材料，特别是大石块，从采石场到埃及全境建筑工地最容易的时候。

一旦阿赫特过去，洪水开始退去，就是派里特——出现季——的开始。经浇灌和施肥后的农地将逐步显现，尼罗河的河岸又恢复原先的边界。人工修建的蓄水池可用于浇灌离主河道较远的土地。埃及全境的农民都在此时抢修并疏浚堤坝和灌溉水渠，恢复田地边界和土地界标，犁地，准备播种。种子在潮湿温润条件下很快就会发芽，新一茬的庄稼开始冒尖。大麦和二粒小麦是古埃及最常见的谷物。两者都长得快，如果条件有利，还能一年两熟。

继派里特之后就是苏穆（意为低水位或收获季）。在北非和黎凡特的其他地区，这是一年中最艰苦难熬的时候。在埃及，多亏复杂的灌溉系统，农田在生长季的最后几个星期能得到浇灌，使谷物在日照下成熟。接下来或许就到一年最忙的收获时节了。家里老少会帮助收割作物，然后加工储存。在上埃及南部的埃尔卡布，一位生活在图坦卡蒙几代前的当地官员帕赫里的墓葬壁画，因展示了收获的各个阶段而闻名。过程的最开始，男人们手持镰刀收割地里的玉米，旁边的人将玉米穗收集成垛。再由驴子将其驮至打谷场供牲口践踏。用大木勺扬谷后再送往粮仓储存。

每个家庭都要靠储粮度过一年。储粮不够就可能出现饥馑。所以国家有庞大的中央粮仓以备不时之需。大量储粮也给法老提供了贸易货币；埃及丰富的谷物可以用来交换来自邻国的木材、金属等舶来品。埃及的粮仓既是粮食存放处，也是中央银行。

除了要存放苏穆收成以保证全年粮食所需外，每位尼罗河谷的农民还要留下部分谷物作为下一年的种子。来年收成的好坏就取决于此时对种子数量和质量的掌控正确与否。一位生活在约公元前 2000 年的农民赫卡纳克特的家书留存至今，他在信中说到了耕种者都关心的问题。他因事得暂时离开，但又不想耽误地里的事。他给管家写信：

> 被淹的地你都得耕作——千万记住……耕种时务必尽责。
> 注意看住我的谷种和我其他所有的财产。听着，你得对我负全
> 责。[1]

收获完毕，埃及就要开始为下一次的汛期做准备。防洪工程
得加强，围墙和河岸需要加固，牲口得牵到高处。接着就等河水
上涨，农业年度再次开始。这就是从史前时期一直到 20 世纪 60
年代的尼罗河谷的生活节奏，直到阿斯旺大坝的建设结束一种持
续了几千年的生活方式。

在法老统治的冗长历史中，熟悉的季节周期一直是一种持续
的力量，推动并塑造着埃及文明。我们还在图坦卡蒙陵墓地面的
散落物件中发现了锄头模型和仪式用镰刀。后者系木制，用金箔
装饰，并镶嵌了方解石和玻璃，上面写了法老的名字及 "Hu 的钟
爱者" 的诨号，Hu 是食物之神。它告诉我们，虽然法老的生活远
离他子民辛苦耕作的田地，这个国家的农业生产力却是他王位的
基石。

---

1. Hekanakht 给他的管家 Merisu 的信，译自 Wilkinson（2016）：145。

第 2 章

历史

图5 书写调色板

古埃及是世界上历史最悠久的文明之一。从古埃及统一的早王朝时期到被罗马人征服，中间过了大约 3 000 年。古埃及人似乎从来就没有培养出客观的历史感，反因自己文明历久不衰而有了一种深深的优越感。他们充满自信，深信他们——也只有他们——是创世以来宇宙的继承者，这是个从未变化也永远不变的世界。当然，实际情况并非如此。古埃及久远的历史也曾经历朝代的动乱、政治分裂、内战、征战和被外国占领等诸多波折。即便在国力富强的时候，也不免政治、经济和气候的不稳定。法老文明历经多次兴衰。尽管历经沧桑，埃及人仍对自己受命于上天的起源与命运笃信不疑，并据此塑造了他们的文明。图坦卡蒙陵墓出土的文物虽然只代表某一特定时刻，却承载着埃及过往的历史，可一直回溯到其史前起源，以及未来的瞬间。

从内心、本能来说，古埃及人生活在石器时代。即便在金属制品——先是铜，后来是青铜，很晚才是铁——从近东传入尼罗河谷时，埃及的工匠似乎还是更喜欢石头。石制器皿仍然珍贵，虽然青铜器皿制作起来又快又容易。数百年来，石棺一直是尊贵的象征。或许就因为坚硬石材种类繁多，才让它成了埃及人的上选。又或是埃及人特别关心永生，而石材恒久不变的特点是其他材料难以比拟的。

同其他地方一样，尼罗河谷人类活动的最早证据来自石器。最古老的这类工具可以回溯到旧石器时代，是用燧石石芯打制的粗糙手斧。在上埃及的阿拜多斯附近以及尼罗河谷许多其他地方都有类似发现，通常是在高于洪泛区的碎石高台上以及西部沙漠靠近古老水泉的地方。有的遗址仅仅是散落的石器，说明此地曾有一小部分流动人口。但也有几个地方，如近纳赛尔湖（水库）西岸的阿尔金8，人类活动明显更多。壕沟里摆放着的呈半弧形的大块砂岩，说明曾有永久仪式性或居住建筑存在。埃及人对石结构似乎特别青睐。

今日埃及境内的旧石器时代文化序列，反映了气候变迁对人类发展的重要性。10万年前，当阿尔金8有人居住时，有夏雨的湿润气候意味着尼罗河谷两岸都是草原。猎物甚多，早期的居民都是狩猎-采集者。约9万年前，北非进入超干旱期；稀树草原变成了沙漠，居民被迫迁往绿洲和尼罗河洪泛区。当湿润条件恢复，人们又回归更郁郁葱葱的稀树草原。气候良好与粮食充足结合，导致人口增加和文化的绽放。这段时期的考古遗址的文物集中，展现出更先进的石器工艺。过去用燧石石芯制作的手斧已被新的、更小的由薄石片制成的精巧高效工具所取代。打猎也因此较前更有斩获。旧石器时代中期遗址出现的动物骨骼显示人们享用的猎物多种多样：野牛和羚羊、疣猪和野驴、瞪羚和鸵鸟、狐狸和豺狼。

公元前 37 000 年到前 30 000 年，气候再次进入干旱期。面对恶劣气候，人们再次从稀树草原迁往尼罗河谷，在那里与渔民相遇。这两个不同的群体似乎不相往来，但也相安无事，由此奠定了埃及史前史后期文化多样性的基础。在上埃及基纳遗址，有一个临时栖息地，它同时容纳了打猎和捕鱼两个群体，他们对食物源进行了充分利用。最后一个湿润期始于约公元前 17 000 年，迎来了旧石器时代晚期。大队人马开始外移，奔向埃及各地，从草原到绿洲，到河谷。他们摄取不同饮食，制作纯粹装饰用的物件——用鸵鸟蛋壳做的珠子就是在埃及发现的最早的装饰品之一。这些人成功的关键还是石器。细石器的发展为狩猎和捕鱼带来了前所未有的成功，细石器是可以与箭和鱼叉等联合使用的由燧石薄片做成的。

这些先进石器的原材料来自尼罗河谷的几个采石场。在中埃及的纳兹雷特卡赫特，为了进入燧石层，矿工们在沙砾层挖了一条 2 米深的沟，并沿着燧石层挖掘隧道。上好质量的燧石买卖范围一定很广，不同群体之间因此有了交往，也产生了冲突。这个时期发现的尸体往往有遭受暴力的痕迹，如扎进骨头的箭矢、腿上的伤痕等，说明发生了不同群体间的打斗。技术进步可以是好事也可以是坏事，可以是福也可以是祸，人类历史上这种事屡见不鲜。

随着旧石器时代逐渐为新石器时代取代，埃及先民也将石器工艺提升到新的高度。史前晚期留存至今最精美的文物或许是波纹薄片燧石刀。它们长短不一，从几厘米到半米或更长，每一把刀都是能工巧匠的力作。首先，将燧石石芯打出工具的粗糙外形。然后，通过无数次敲击，将刀面削薄，并因此留下错综复杂的波纹。最后，进一步打磨出锋利的刀刃，直到它成为实用而又美观的成品。最精巧的作品很可能是具有仪式意义的物件，在游行时展现或在献祭时使用。这项古老的技术，加上材料耐用，赋予了燧石刀一定的魔力。

随着农业的开始和铜技术的出现，埃及的旧石器时代和打制石器的鼎盛期在公元前 5000 年左右结束。手斧与燧石刀或许已不再有实际用途，但仍有象征意义。金属时代的埃及人在祭典时仍使用石器。了不起的是，这个惯例延续了好几千年。在图坦卡蒙陵墓附室的地上，发现了两把精心打磨过的燧石刀，分别是 10 厘米长和 11 厘米长。它们并非石刀中的最佳——最令人叹服的当数此前 2 000 年制作的波纹薄片燧石刀——但还是有一定风格的精品，因为用的是有 7 万年传统的旧石器时代中期的打制石器工艺。图坦卡蒙的燧石刀不但见证了古埃及文化保守的一面，也见证了埃及历史的博大精深。

埃及史前居民用石器猎捕的许多动物都被当作自然现象的化身，变成了受人敬拜的宗教象征。长颈鹿或因脖子长，较其他动物能更接近太阳而被当成太阳象征受崇拜。从大象踩踏蛇的场景来看，大象似乎具有保护神力。同样，野驴也一度被当成沙漠之神赛特的化身受崇拜。然而，当稀树草原因干旱导致大型猎物灭绝时，它们的宗教隐喻似乎也随之被遗弃，取而代之的是更为人所知的尼罗河物种：河马和鳄鱼，鲇鱼和苍鹭。整个埃及史前及法老时期神明地位屹立不变的只有一种动物，它不是野生物种而是最重要的驯化物种：牛。

野牛似乎很早就被驯化了，驯养牛是旧石器时代人类赖以生存的关键要素。史前时代岩画艺术最常见的动物就是牛。在撒哈拉边缘，描绘母牛时特别突出其乳房，说明人们需要母牛的奶。东部沙漠岩画上的牛出现了牛角被人为改变形状的现象，这是驯化的佐证。在乌姆塞拉姆干河谷上方的悬崖上，一个天然涡流的岩壁上，出现了拴带绳索的牛，这大概是史前艺术家作画时把附近吃草的牛群捎带进来的结果，也让我们看到了史前艺术家的生活方式。这些画很难确定其制作年代，但起码在旧石器时代晚期，人们就有了养牛的习俗是毋庸置疑的。同今日东非的游牧文化一样，养牛很可能是为了获取它们的奶和血；只有在有聚集性庆典时才会杀牛食肉。

牛或许是一种可靠的营养来源，但它们需要定期饮水才能生存繁衍。所以史前的牧牛人被迫过着半游牧生活，把他们的牲畜从一个水源带到另一个水源。即便在气候湿润的年代，北非的夏季降雨也只够草原绿上几个月；冬季为了水源和新鲜草场，牧民必须迁徙。季节周期对埃及文明的影响非常明显，它早已成为古埃及文明的决定性要素。

埃及史前的牧牛人最值得一提的证据却出现在一个始料未及的地方。在西部沙漠的一处偏远角落，靠近今埃及与苏丹边界，有一个被矮沙丘环绕的大风平原。平原中间有一个早已干涸的湖底。今人称为纳布塔普拉雅的干盐湖本来是个不起眼的地方，在它四周却发现了巨型岩块，显然是从相当远的地方拉过来的大石头。附近的山丘峰顶还有石碑林立，远处散落着单块巨石。这些高大岩石原来都是围绕湖边小石而立。它们被排列成一个圆圈，两两相对，有两对南北呼应，还有两对则对准仲夏日出的方向。[1]

纳布塔普拉雅的石圈被人称为"古埃及巨石阵"，其年代被测定为公元前五千纪早期。它对当地史前牧牛先民而言意义非凡，是季节性丰产的中心所在。放置这些巨石需要众人集体努力，所以纳布塔普拉雅同巨石阵一样，应该是一个聚会场所，是举行祭

---

1. 由于受到现代发展的影响，纳布塔普拉雅的石圈在 21 世纪初被拆除，并在阿斯旺努比亚博物馆的场地上重新立起。

　　　　　　　　　　　　　　　图坦卡蒙的号角

祀和庆典的地方。立巨石和制定历法的目的，似乎是为预测夏至后不久的雨季来临时间。当降雨时，欢庆的人群就会宰牛献祭以示感谢。这里出土了大量骨骼；下望干盐湖的山脊，也有不少以大型扁平石块为记的墓葬。

在其中一个土冢下，考古学家发现了一块被精心打磨的状似母牛的巨大沙石。[1] 它同样被测定为公元前五千纪早期，是埃及最早的石雕。作为有悠久独特石雕传统的开创性作品，它可谓是对埃及最受人敬拜的动物的礼赞。母牛兼具养育和滋养的特质，成为最具代表性的母亲神也在意料之中。在埃及第一位国王那尔迈的仪式用调色板上，就雕了一对守护他的保护性母牛头。仁慈的母牛女神被尊为国王的神母，埃及百姓也敬拜它为在家在外、今生与来世的守护者。在法老历史结束时，其依然存在，被克娄巴特拉当作她神性的另一自我，并刻在丹德拉浮雕上守护着她。

那尔迈之后的 1 600 年，克娄巴特拉前的 1 300 年，出现了少年法老图坦卡蒙。卡特和卡尔纳冯发现，在图坦卡蒙的遗体前，站立着一尊精美的母牛女神头像，女神面朝西方，守护着逝者。头像近 1 米高，为木制，外有石膏涂层。头的上半部镀金，下半部则涂了黑色树脂漆。眼睛用玻璃镶嵌，以黑曜石为瞳孔，牛角部位的木头外裹铜片。出土时，雕像的颈部和基部由亚麻布包裹；

---

1. 这件物品也陈列在努比亚博物馆。

头部只露出镀金的部分，在考古学家火把的照耀下熠熠生辉。

* * *

尽管埃及人长期熟练使用燧石，却似乎从未发现敲击燧石时的火花能生火。从史前时代到法老文明终结，他们一直都采用钻木取火。在图坦卡蒙墓中，有一个保存完好、展示了主要工序的例证。钻棒的钻头状似刺针，其侧面有凹槽以增加摩擦力，还有个 v 形口便于将火棒取出。一旁的"钻木"是一块长度约为 20 厘米的木头，沿两个长边都有 6 个圆形凿口，内涂树脂以增加摩擦力。卡特本人对使用方法描述如下：

> 旋转是通过一把弓往前往后交替推进的方式实现的，弓弦已事先与钻棒相连的钻木缠绕好。为保证钻棒平稳，上端置于插孔内……钻棒旋转的圆孔在钻木的边缘，是一个纵向的开口……这样，产生的火花就能与火种自由接触。[1]

火在埃及文明发展和埃及立国早期都发挥了关键作用。这一

---

1. Griffith Institute, Carter Archive, Tutankhamun, notes on objects, 引自 Reeves (1990): 196。

图坦卡蒙的号角

图6 钻木取火

点在上埃及南部尼罗河西岸的考姆艾哈迈尔（古名耶拉孔波利斯）考古遗址得到了最清楚的展示。

从约公元前 5000 年开始，北非进入最近一次干旱期。尼罗河谷两旁的稀树草原，曾经是许多史前居民的家园，逐渐变成我们今天见到的模样：干燥贫瘠的沙漠。依赖夏雨的人和牲畜自此永远移居尼罗河谷，逐渐依赖于农业。这一转变标志着埃及旧石器时代的结束和新石器时代的开始。它标志着埃及从"史前"到"前王朝"的过渡，尼罗河谷政治和文化的发展直接导致第一王朝诸王统治下的埃及国的形成。

这个社会转变过程可从耶拉孔波利斯考古遗址一览无余。它是永久定居的自然选择：位居一系列贸易通道交汇要冲，对面是埃及最富有的金矿区，这一战略地位让它占尽经济优势。贸易控制带来的繁荣很快开始改变社会的结构。不同阶层间的贫富差距加大；社会等级更加分明，新兴精英通过获取上好物品、在特殊地点修建讲究的墓葬和外在权力象征来彰显其地位。

社会变革最重要的方面之一就是生产的集中化和专业化。在史前时代，制作陶器和其他制成品都是个人或家族所为。在尼罗河谷永久定居后，随着居民财富的增加和生活的稳定，个人得以全身心专注工艺生产。从现实角度来看，既然大规模生产更加有效率，何乐而不为？再说，也能让器具更精致。更讲究、质量更高的产品的开发进一步刺激需求，强化了这一循环。这个进程推动了成熟的国家的诞生，使这个国家有经验有专业知识，知道如何开展大型政府项目——到建造金字塔达到了顶峰。

工艺专业化的进程从陶器的生产开始，陶器是埃及考古遗址最常见的文物。陶器既能储存平日的食物，又能收纳珍贵商品，故陶艺属于古埃及经济的必要技艺。考古挖掘透露了这个随处可见的产品是在哪里、如何制成的，同时还揭示了制陶的关键要素是对火候的掌控。

在连接耶拉孔波利斯与沙漠内陆的干谷南侧，有一处极大的陶器工厂遗址。在一个烧过黏土的平台上，满是马蹄状的凹坑，坑的四壁铺着碎陶片和烧过的土。未烧制的容器放在凹坑的后面，前面生火，火焰有当地盛行的北风助力。用临时搭建的土墙和席子来控制空气的流动。一旦温度上升到一定高度，就在凹坑中堆放煤块，将陶窑封住以保持温度。烧制完毕立即将容器取出，再开始一个新流程。一旦废弃物填满凹坑——烧制后似乎并不会进

　　　　　　　　　　　　图坦卡蒙的号角

行清扫——就会在坡上开挖新的凹坑。

这个高效的工厂除生产日用陶器外，还制作专用器皿，耶拉孔波利斯也因此从一个小村落发展成一个大城镇。从它的设备规模来看，陶器生产已改成由专家进行规模生产的专职。耶拉孔波利斯及其他地方呈现的这种专业化和社会复杂性的增加，推进了埃及的立国，而一切的起源就在于钻木取火。

* * *

到前王朝末期，耶拉孔波利斯以及少数其他对立中心的统治者开始向周边地区延伸其政治和经济势力。各自松散的势力范围逐渐整合为早王朝，最后导致整个尼罗河谷于约公元前 3000 年统一成一个国家。

除了控制生产和贸易，早先的国王善于通过宗教、仪式和王权的复杂部署来加强自己的权威。如果在使用王权的象征物时考虑战略需要并协调得当，那么完全可以让其充当控制的重器。纵观人类历史，不乏滥用象征物词汇来统治、启发和恐吓的实例，尼罗河谷的统治者一如任何其他文明，也称得上此中高手。

以王冠为例。不论哪个时代或哪种文化，君王总用独特的冠饰来凸显自己的身份——这些头饰并无任何实际用途[1]，但可让佩戴者居高临下。考古发现，最早佩戴王冠的是上埃及前王朝晚期的国王。涅伽达遗址的统治者戴着一顶矮宽帽，帽后面渐细并高高翘起，前面带有弧形突起。他在耶拉孔波利斯的对手则喜欢戴圆胖高帽。尼罗河谷统一后，这两个冠饰又分别成了下埃及和上埃及的王冠。

王室服饰还采用了一些象征国王是自然力量的化身及掌控者的元素。比如，君王腰带上的公牛尾，象征他与活跃在洪泛平原边区的野牛一样凶猛。梨状的狼牙棒杖头也被用作国王权威的符号，强调他对子民有生杀大权。耶拉孔波利斯的统治者还借用当地的神明——一个形似猎鹰的天空之神——作为其个人的化身。这不仅在人民心中将王权与神明权威联系在一起，更清楚地表明了王权范畴：猎鹰高高在上俯瞰尼罗河谷，国王也以鹰眼密切注视着人民的一举一动。

虽然猎鹰的形象会引起耶拉孔波利斯人的共鸣，但在其他地方，其他当地神灵也会成为王权的象征：位于耶拉孔波利斯河对岸的埃尔卡布的秃鹫女神、尼罗河三角洲的眼镜蛇女神等。为了找到一个为全国所认可的图腾，埃及的先王们需要一个深入埃及人心、足以引起大家共鸣的古老神话来加强他们的认同感。头几

---

1. 普鲁士的腓特烈大帝有一句名言："王冠只是一顶能让雨水进来的帽子。"

位国王在埃及史前先祖的草原生活方式中发现了象征符号。

以狩猎和放牧为生的人在管理牲畜时都使用特殊工具：驱赶牲口的尖头杖和约束牲口的曲柄杖。这些必要的工具既熟悉又古老，是表达国王权力和约束力的最佳隐喻。最早的埃及王室艺术品曾描绘挥舞尖头杖或曲柄杖的有权势男子。曲柄杖还被借用为代表"统治"或"统治者"的象形文字符号。尖头杖木柄的前端绑有许多绳结，可以进一步解释为与之类似的击打成熟谷物用的连枷。曲柄杖和连枷放在一起就象征国王对牲畜以及作物的控制。

在随后的几百年甚至几千年里，曲柄杖和连枷就变成了埃及必不可少的王权象征。国王在祭典时会携带它们，转入来生亦必不可少，所以在国王棺木胸膛部位得描绘出来。这些并无特殊之处的农具引发的联想作用如此强大，连奥西里斯也经常佩戴，以表明自己的确是冥王。

古埃及艺术品中有成千上万的曲柄杖和连枷图样，但如今存世的只有两件，而这两件都在图坦卡蒙墓中。铜合金的杖上有环状深蓝玻璃、黑曜石和黄金装饰。连枷上的挂珠是镀金木珠，而曲柄杖的护顶还刻了图坦卡蒙的名字。少年法老曲柄杖和连枷上的蓝、金条纹装饰与他有名的面具一致，将奥西里斯神圣的蓝色与想象中铸就神明身体的黄金都用到了。

自头几位国王先后登基以来，世界各地的君主都开发了自己独特的配饰，以表明佩戴者的特殊性和受人尊敬。但对这类符号运用得最有效的当数古埃及。尼罗河谷早年的统治者——历史上对地理范围如此辽阔的国家行使权力的首批君主——十分成功，国王或法老的形象的基本要素——以及它们所象征的政府形式——才能在以后的 3 000 年持久不变，且被人民完全接受。

* * *

当然，埃及先王并不仅仅通过象征物行使权力：他们也有彰显和维系权威的更切实的手段。或许最重要的治理工具，同时也是法老文明最典型的特征，那就是文字。

所有的伟大文明，都发明了文字通信作为经济和政治控制的手段。要在大范围内有效管理政府，就必须对经济进行控制，而经济的控制则依赖于对财产所有权的系统记录和对收入支出的例行核算。虽然我们往往将埃及人的文字记载与宗教经文及王权的彰显联系起来，但最早的文字记载其实与经济相关。20 世纪 90 年代，在上埃及阿拜多斯一座前王朝晚期墓葬中，发现了刻在骨片上的小标签，记录了附带商品的出处、内容、所有人。后来出现的象形文字识别起来很容易，因为它兼具表音和表意，已自成体系。就像古埃及文字没有经历任何发展就突然出现了一样。

文字的突然出现或许有个解释，那就是埃及人"借用"了同时代美索不达米亚文明的某些概念，其中就包括文字概念。第一个发明文字的是苏美尔人，他们的圆筒印章就在法老文明萌芽之际随贸易路线传入了尼罗河谷。当时埃及王室初成，官员们对这种记载复杂信息的雕刻代码先是赞叹，继而也决心发明一套系统供自己使用。果真如此的话，他们所发明的文字系统具有埃及特性，其结构特别适合埃及语言，还借用了埃及环境中的许多符号。几个表达君主制和神学概念的复杂符号都借自苏美尔人，但不久就被抛弃了，换成了埃及本地符号，如曲柄杖和连枷。从此象形文字就变成了古埃及文化最具特色的表达方式。

虽然象形文字的起源不详，但它作为控制的手段从一开始就彰显了成效。在公元前四千纪晚期的政治统一过程中，税赋和重申王室对埃及土地和资源的所有权都是用文字记录的。第一王朝开始埃及统一后，文字的使用也随之扩大。象形文字现在用来彰显统治者的成就和权威；任命和授权王室财务官员；阐明国王核心圈成员的关系，以及国王与诸神的紧密关系。在接下来的 33 个世纪，埃及的文字一直沿着这条路发展。

圣书体或许是今日最易辨认的古埃及文字，但其使用仅限于特殊、通常为仪式性的场合。最常见的是用于日常交流、用墨水写在纸莎草纸或陶器或石灰石薄片上的草书体。因书写技巧几乎与书写成果为同义词，所有用来表明"文字"、"书吏（抄写员）"和所有与之相关的词语都用了同一个标准书写工具：有两个圆形墨水池的长方形调色板、一个用于调色的水袋以及一支芦苇笔。

现存最早象形文字"书吏"的符号出现在第一王朝塞米尔克特国王的一位随葬朝臣的墓碑上。这是对埃及历史发端期的文字力量和地位的有力展示。后来的几个世纪里，才华出众的男孩——一般而言都是精英的子嗣——被挑选送到特别书吏学校去培训，好掌握书写艺术。在这个不到5%~10%的百姓能读会写的文明中，识字就是获得影响力、地位和财富的钥匙。

文字书写的崇高地位亦可从图坦卡蒙墓葬中的众多陪葬书写工具反映出来。卡特共记录了十四块调色板、两个书写兽角、一个镀金带镶嵌的木制笔盒和一个用象牙黄金制作的纸莎草纸磨平器，另外还有各种颜料、四块石灰石颜料板、一个颜料盒、一小块用作橡皮擦的异形石灰石和一个象牙水碟。在两块最精美的调色板上——一个是象牙制，另一个是镀金木制——都写了国王的名字。

陵墓有其神圣性，大量的书写工具是为了协助法老进入来生。因为根据古金字塔文献，国王死后将担任太阳神的书吏，记录创世者的话语并颁布其决定。但从世俗角度来看，图坦卡蒙墓葬中笔、调色板和墨水的数量，也说明了文字在古埃及文明中的基石地位。

* * *

埃及统一初期文字的发明和应用使它得以对这一片广袤地域进行有效的控制。王室因尼罗河谷的农业恩赐及贸易垄断而财富渐增。这些财富给国家的建筑项目提供资金，又进一步强化了对居民生活的控制。

最早的工程项目之一就是在尼罗河第一瀑布脚下的大象岛建立一个要塞和贸易检查站。对来自南方努比亚的船只来说，这一设施是埃及作为国家打算控制南部边境的信号，但它也方便了皇家财库对南来北往物资流动的监督，确保国家的有效控制。在古埃及漫长的历史中，有不少出于意识形态和经济目的而营建的国家项目。

在早王朝的前两个王朝，埃及政府在尼罗河谷和三角洲各处建了许多行政大楼、地方神庙和宫殿，以便进行税收，并在全境彰显王权。不过，从第一王朝初期开始，每一个统治时期的主要工程项目——修建王陵——就与国王有了更密切的联系，陵墓变成了国王世俗权力的象征，也是他得以复生进入来世永生的保障。现存最早的王陵约建成于埃及统一前一个世纪，几乎是个小型宫殿，里面有酒窖、宝库和相连的房间。

在埃及国家的形成时期，随着王权的发展，人们对王陵的概念开始改变。至第二王朝末期，伴随墓葬而来的是在地面上出现的纪念性华美建筑——冥界宫殿，它宣告和彰显了王权。阿拜多斯一座幸存的冥宫——阿拉伯名为书内埃兹泽比布（Shunet ez-Zebib）——占地面积有 6 000 多平方米，高达 11 米的围墙依然耸立。它们装饰有一系列的凹槽和扶壁，让人想起孟菲斯皇家宫殿的围墙。它的兴修者是最后一位葬在阿拜多斯的君王，也是最后一位在死后与埃及史前统治者建立联系的君王。他的继任者左塞开启了一个新朝代，也是第三王朝的首个国王。左塞的陵墓与冥宫已合并为一座壮丽的石构建筑。因其占地面积甚广，成了周边几英里内的地标性建筑，标志着金字塔时代的开始。

与华丽墓葬或圆柱神庙相比，更能体现法老文明的建筑是第三至第六王朝建立的大型石山。数千年后的今天，它们仍巍然屹立。它们展现了超乎那个时代的规模和精确度，但显然，埃及人有能力承接如此大型、如此复杂的工程。其实，从埃及先王营造的墓葬中，我们已能看出他们与日俱增的信心与野心，他们在营造石构建筑方面日渐精湛的技艺，以及他们日益强大的应对大型项目所需人力物力的调配能力。有人说，埃及人建造金字塔的同时，金字塔也在塑造埃及。国家倾注重资搞一个大项目增强了国力，这是灿烂的法老文化之功，而法老文化也因此更加灿烂。

经过近几十年的辛勤考古，在吉萨终于发现了修建金字塔工人居住的小镇，镇里有一排排营舍，还有粮仓和食品加工的地方。给数以千计工人提供饮食实属不易，但组织人员把所需建材运至吉萨高原则是项更了不起的成就。建塔所需石材不少来自当地的采石场，但上好白石灰石的罩石则必须从尼罗河对岸的图拉运来，花岗石料也得从几百英里外的第一瀑布运来。重物运输必须靠驳船，运到高原脚下的港口区。图坦卡蒙墓葬出土了七具驳船模型，都是数千年来尼罗河使用的典型货船。它们没有桅杆，船头前突，有船尾柱，依赖两个大桨划行；中间有带遮顶的船舱，两头各有一小亭；模型外表光滑，与真实大小的平铺式舢板船身相仿。

直到几年前，人们还无法证实驳船是建造吉萨金字塔石材的运输工具。2013 年，法国考古学家在红海沿岸一处古老港口场址挖掘时，发现了数十件有文字的纸莎草纸，它们是埃及出土的最早的此类文献。港口本身看来在胡夫统治期间用过，可能是在前往西奈获取大金字塔建材所需铜料时用过。许多纸莎草纸残片都是一个叫梅勒的人的每日工作记录，他负责一艘为吉萨高原胡夫大金字塔运送建材的驳船。梅勒的日志记录了从图拉的石灰石采矿场到工地的运送情况，包括工人每次运送的时间，他们是沿河而上还是沿河而下，他们每天早上和晚上都在哪里。一篇连续四天颇具代表性的记录如下：

26 日：梅勒督察及其团队从图拉向南航行，装载着石块前往胡夫地平线（大金字塔）；在胡夫湖过夜。

27 日：从胡夫湖出发，装载着石块往胡夫地平线航行；在胡夫地平线过夜。

28 日：上午从胡夫地平线起航。沿河驶向图拉南。

29 日：梅勒督察及其团队在图拉南收集石块。在图拉南过夜。[1]

红海纸莎草纸上的平实报道给我们提供了修建大金字塔最难

---

1. Lehner and Hawass (2017): 30.

得的第一手记录，同时还说明，小小河流驳船在创建埃及不朽丰碑中发挥的作用。

* * *

虽然金字塔时代的公共工程帮助建立了一个先进文明，但从一开始也埋下了文明毁坏的种因。君王目光短浅，致使埃及东北部和南部蠢蠢欲动的邻国得以坐大；眼见侵犯威胁日增，贸易路线控制或被中断，埃及却一直未有大作为，直到为时已晚。反观埃及国内，不断将主要经济活动和财富集中投入王室项目，此举也造成中央与地方之间的关系日渐紧张；到第六王朝，在气候恶化、尼罗河连年水量偏低致使经济承受严重压力时，压抑已久的紧张关系终于爆发。强大的地方家族互相争夺影响力，失势的中央政府设法靠小恩小惠收买人心。最终，王室放弃了所有大型建筑项目，退居首都孟菲斯周边的中心地带。尼罗河谷南部野心勃勃的统治者眼看王室已软弱，于是鼓动地方势力开始夺权，抢夺王位。结果在最后一个皇家金字塔完成后不到一两代人的时间就发生了内战。

一系列自传体铭文记录了参与这段被古埃及学者称为第一中间期内部纷争的关键人物。通过这些铭文，我们基本可以弄清让埃及分崩离析长达四代人之久的战争经历的不同阶段。至于具体的战事，战斗前后的墓葬场景记述了作战类型以及交战方。有对敌方据点的水上进攻，有军队试图夺取敌方大本营的围城战，还有在战场或道路遭遇敌方时的肉搏战。

人数较少的雇佣军使用的武器比较先进——主要是弓箭，也有短剑、棍棒和狼牙棒——但大多数农民的装备相对简陋。图坦卡蒙墓中出土了大量武器，包括六根战斗杖，每一根都有带黄金装饰的皮革护节套。第一中间期内战中挥舞的战斗杖当然不会这么讲究，但应该同样有效。被战斗杖近距离重击应该是会让对手脑袋开花的。

这一时期最触目惊心的考古发现之一是底比斯的一座关于战争的墓葬，它是由这场内战的最终胜利者——底比斯统治者曼图霍特普二世——揭幕的一个大型纪念场馆的一部分。他的曾祖父曾大胆自立为王，引发了与孟菲斯国王的战争，导致了一场旷日持久的内讧。70 年之后，曼图霍特普完成了这场未竟事业，他攻打敌人的埃拉克雷奥波利斯要塞，击败最后一个对手，将整个尼罗河谷置于底比斯控制之下。不过最后这一仗代价沉重。就在国王本人位于底比斯山脉陵墓附近的一个坑里，考古学家发现了用亚麻布包裹的至少六十具男尸，叠放在一起。

男子个个身强体壮，有些还是身经百战的老兵，但都受了箭伤或遭敌人从城垛上投下的重物的袭击。有的当场毙命，有的在战场被残忍杀害，头部遭到棍棒粉碎性打击。他们的尸体被秃鹫啄食，直到战斗结束，胜利者才前来收尸，将他们身上的血衣脱下，用沙子把尸体擦洗干净，裹上亚麻布下葬。人一死，年龄、级别都不重要了，只在亚麻裹布上写下每一个人的名字。有些人的名字一看就是底比斯人，有些从名字上看可能来自远方。

　　一场内战导致邻人兵刃相向，圣地被亵渎，政治不稳，经济困难，也永远地改变了埃及文明。金字塔时代的自信和轻松自如的优越感消失了。取而代之的是埃及艺术和文学所反映的对人世的厌倦与愤懑。早王朝时期普遍的僵化的社会差异也不见了：当成千普通居民必须响应国王的号召献出生命时，他们当然期望回报，起码希望死后会有来生。一场内战也将未来世界的概念民主化了，非王室子民头一次获得了死而复生的希望。主宰这个新的、触手可及的来生的是一个叫奥西里斯的人。他原来只不过是地方上的小神，内战后被尊为冥王，有能力将信众死后带入更美好的世界。图坦卡蒙墓葬的后墙上，只见少年法老得到奥西里斯的引见，准备复生进入下一个世界。他的战斗杖告诉我们，奥西里斯崇拜的悲剧起源乃是一场内战，是古埃及历史上的一个分水岭。

＊　＊　＊

　　法老文化的一大特色是对测量的执着。也许通过量化实行控制是所有官僚体系的通病，又或许古埃及人就是特别推崇这门计数和记录的艺术。总之，度量衡的使用塑造了埃及文明。从史前时代开始，人们就视一年一度尼罗河的泛滥高度为未来收成的风向标。前面说过，洪水水位太低作物会欠收，太高则会冲毁农田和村落。所以测量洪水水位事关生死存亡。

古埃及头六个王朝史册里都有一系列横向记录表，每一行再纵向按国王在位年限分列为格。每一格最下方记录当年的洪水水位。通过这种详细的测算，早年埃及国家能够规划经济活动，并维持国家稳定。

据史册记载，测量尼罗河水位用的是古埃及长度单位：腕尺、掌尺和指尺。腕尺（肘）约合51厘米，传统上是男人前臂从肘部到指尖的长度。它被分为七个"掌尺"，每个掌尺又分为四个"指尺"。虽然丈量土地用的是更长的单位，但腕尺是艺术、建筑、城镇规划和许多其他国家活动领域最常用的单位。事实上，在图坦卡蒙陵墓的陪葬品中，有相当于今人用的尺，也就是腕尺量杆，这说明了测量在王室生活中的重要性。前室的一个盒子里摆放着六把腕尺量杆，可能是香柏材质，颜色深红；宝库里还有一个窄长神龛，发现时里面空无一物，卡特认为那应当是用来放金属腕尺量杆的。还有一把为图坦卡蒙制作并写上他名字的木制腕尺量杆，是19世纪末弗林德斯·皮特里在底比斯北部库姆梅迪内古拉布的一座王室要塞和宫殿建筑群内挖掘时发现的。

对测量的痴迷也表现在政府活动的许多领域，我们可以再次以史册为例。记录表的上半部是对当年大事的简短叙述。有些是宗教大事，如神像雕塑的开口仪式或神庙奠基。不过偶尔在第一王朝，然后自第二王朝开始每隔一年，都会特别提到国家财富普查，即后人所称的"牛数"，不过最初包括土地和矿产资源。埃及

图7 腕尺量杆

君王酷爱测量，每两年就要进行一次调查。后来到古王国时期，两年一次的"牛数"就取代了政府文件的"在位纪年"法了。

精确测量和一丝不苟的记录是建造金字塔的必备条件。但即便在金字塔时代结束，王室基本上放弃了大型陵墓的修筑后，官僚的思维模式仍继续发挥影响力。尽管前期发生了内战，或许正因为这场内战，中央控制至第十二王朝到了无以复加的地步。

最能说明社会运作原则之一的就是对居民区的规划。建立新城就要允许当局根据自己的理念来规划城区环境和百姓生活。第十二王朝修建了大量居民区；底比斯被重新设计，沿尼罗河谷东西两岸建立了很多新城，大量居民重新搬迁。国家对经济活动的

图坦卡蒙的号角

控制得到了加强，打破了过去的地方观念，强化了国家监管。换言之，所有这些都是威权政府的要素。

此外，第十二王朝的新社区呈网格布局，特别规整，将行政建筑与居民建筑分开，百姓住宅区也与精英住宅区完全不同。最典型的当数法尤姆东南的卡洪城，原先是为给附近的辛努塞尔特二世金字塔提供服务而建，后来发展成为一大区域中心。该城占地约 13 公顷 [1]，外有厚重的石砖墙环绕，内部按照严格的直角线进行布置。个别住家依长方形模块修建；一块出土的石条石上刻着"四个住家——三十（腕尺）× 二十（腕尺）"。[2]

卡洪城的住家分为两类：小房子给百姓，大别墅给统治阶级。城内居民大部分得靠别墅附近的大粮仓的配给过日子。从残留的纸莎草纸上能看出官僚思维根深蒂固，书吏对每一项活动，都以近乎宗教的热情进行记录。正如一位知名的古埃及学家所说：

> 总体来说，它反映了中王国倾向于极端结构化的社会观的普遍思维，比如，想办法对经济生活的方方面面进行计算，想用一套严格的官僚框架来控制人的行为和财产。[3]

---

1. 1 公顷等于 1 万平方米。——译者注

2. Kemp (2006): 195 fig. 67 (3).

3. Kemp (2006): 217.

尽管第十二王朝对其居民的控制达到前所未有的水平，埃及边界之外的纷扰还是对这个法老统治下的国家的稳定构成了威胁。

＊ ＊ ＊

史前时期，尼罗河第一瀑布之外的努比亚人开始在上埃及定居，在此过程中形成了前王朝的埃及文化。但自第一王朝以后，埃及往努比亚上游航行显现出较前更咄咄逼人的态势，如不同意通商就进行征服。从法老统治开始，起码根据官方记载，埃及人对他们的南邻一直有居高临下的态度：虽然对努比亚人骁勇善战十分佩服，但一般而言还是认为他们是不开化的，应该对其进行镇压。

到金字塔时代，埃及在努比亚靠近尼罗河第二瀑布的布亨建立了第一个殖民地。与设立在大象岛的贸易检查站一起，允许对努比亚知名的珍奇产品——长颈鹿尾和鸵鸟蛋、黄金和其他矿物、乌木和象牙——的河流贸易施加管制。大象岛就因象牙贸易得名，而乌木的埃及文 hebeny 也源自努比亚的地方语。在整个法老历史中，这两样截然不同的材质都深受埃及皇家工坊的工匠的喜爱，许多图坦卡蒙墓中的物件也是用努比亚的乌木和象牙制作的。其中包括两对讲究的掷标和一个盛放棋类游戏的盒子。掷标对古埃及人而言相当于现在的骰子，用来决定玩家该往前走几步。图坦卡蒙的一对掷标两端雕刻成手指状；另一对则做得像兽首，这四个掷标都有粗条交叉影线装饰。

到古王国末期，哈尔胡夫带领其团队曾对努比亚多次探险，结果带回来一车车的乌木、象牙和其他珍贵的努比亚物品，顺便也捎回了一位颇得君王佩比二世喜爱的侏儒。探险队也注意到了上尼罗河沿岸一些令人担忧的政治动向——几个酋邦已整合成了一个涵盖下努比亚大部的联合体。不久埃及就因忙于内政无暇担心自己的南邻。但曼图霍特普二世在埃及内战中获胜后就开始试图重新控制下努比亚。经再次征服，第十二王朝在第二瀑布全境建立了一系列大型要塞，对努比亚的掌控达到了一个新高度。它们构成了一道不可逾越的防线，同时也是颇具震撼性的武力展示。在塞姆纳要塞放置了辛努塞尔特三世的一座雕像，意在唤起埃及驻军为国效忠。上面的铭文写得非常直白：

> 攻击是勇敢的，退缩是懦弱的！不愿固边者乃懦夫！……凡愿固守我所立边界之子民皆不愧为我之子民，好男儿本应拥护父王并固守授予其生命之父所设立的边界。凡怠惰不愿为此而战者均非我子民，非我所生。今我在此边界处立我之雕像，以确保尔等将固守边界并不惜一战。[1]

---

1. Semna inscription of Senusret III, **译自** Wilkinson (2016): 186–7。

沿要塞还设立了新居民点，借以对周边地区加强政治和经济控制。其动机并不只是防御或征服，也是全面殖民化和兼并。

长期以来，面对第十二王朝努比亚要塞的数量和规模，考古学家们都无法解释为什么要在这些要塞的建造上花费这么多国家资源。尽管它们的设计和建造采用了先进的军事技术，但它们被贴上了埃及政府好大喜功的标签，这令人难以置信。直到近几年，这种大规模展示防御能力的原因才浮出水面。现在我们才明白，当埃及人在第一中间期忙于内战时，地处尼罗河第二瀑布外的一个新兴小国乘机崛起，变成了上尼罗河一大霸主。当中王国时期的统治者恢复了对埃及的控制时，库施王国已赫然发展成一个主要的竞争对手。所以，第二瀑布附近一连串的要塞不单单是埃及实力的展示，也是出于防备强劲对手攻击之所需。

近来在苏丹的发掘工作让我们对库施王国有了更多的了解，同时，在埃及的各项发现也进一步阐明了库施在中王国衰亡中所起的作用。在第十二王朝强化了中央控制并开疆拓土后，也许不可避免的是，后来的几代统治者发现对全境进行如此严格的监视太累太烦。于是，努比亚的军营渐渐被撤回，殖民前哨也不管了；库施王国很快就填补了这一空白。在上埃及南部埃尔卡布的一座墓葬中，出土了一段铭文，讲述了库施人领导的联军——包括所有上、下努比亚人民以及遥远的邦特（苏丹沿岸）和东部沙漠的麦德察人——的一次出击。这支令人闻风丧胆的军队在上埃及南部进行了抢夺洗劫，继而撤退到尼罗河第一瀑布。对埃及人来说，这可是天大的震撼，是大难临头的警告，事关内外交困的埃及能否作为一个独立国家继续存在。

＊　＊　＊

中王国垮台后历经了一个世纪的动乱，就在这第二中间期的至暗时刻，有人给库施统治者发了一封信，请他入侵埃及：

> 不要畏缩，北上吧……埃及不会有人抵抗的……然后我们将埃及城镇据为己有，上努比亚定雀跃欢呼。[1]

写信的是个名叫阿佩皮的亚洲人后裔，又一个觊觎埃及王位的人。一百多年来，他的王朝——今人称作希克索斯——一直对三角洲和尼罗河的大部分地区行使管辖权。阿佩皮与他的祖上都认为自己是埃及的合法国王，甚至还拥有法老头衔。国家北部出现了异族王朝，这其实是中王国鼎盛时期开始的逐步渗透和移民的结果。

当埃及政府在努比亚修建多处要塞防范库施的威胁时，它也

1.　Kamose Stela, 译自 Wilkinson (2016): 51。

在三角洲东北建造并加强防御工事。修筑"统治者围墙"意在阻挡想到埃及寻找更美好生活的黎凡特经济移民潮。但三角洲沼泽遍布，要比狭长的努比亚尼罗河谷更难看管；到第十二王朝晚期，已经有为数不少的黎凡特人在阿瓦里斯城及周边定居。他们有自己的文化习惯，以用自己的亚洲名字为荣，并且始终拒绝被古埃及习俗同化。

随着第十二王朝的覆灭和几位软弱无能的国王继位，埃及对东北边界的防卫能力越来越差。黎凡特人加速移民，三角洲大量的亚洲人口开始有了自己的领袖，直接挑战国王权威。最终，一位佼佼者脱颖而出，建立了王朝，并自称全埃及之王。国家原来的统治者自孟菲斯退居到先祖的中心领地底比斯，卧薪尝胆待来日重夺尼罗河谷。

几代之后，终于出现了一位有魅力、有领导才干的底比斯人，其整合了一支高效部队。公元前 1541 年左右，卡摩斯发动了一系列冲出底比斯的讨伐，启动了旷日持久的统一过程。他一度打到希克索斯首府阿瓦里斯，但也多次受挫。阿佩皮给库施国王的信在送往努比亚途中被拦截，信里建议将埃及分而治之，可见卡摩斯的地位岌岌可危——埃及的胜利并非板上钉钉。但最后，靠高超的战术和精明的心理战，底比斯一方打赢了。卡摩斯的继承人雅赫摩斯将剩余的希克索斯人赶回了他们黎凡特的老家并解除了来自库施的威胁；巩固了埃及南北边界后，雅赫摩斯昭告天下，自己为统一后的埃及国王，迎来了新王国的黄金时代。

雅赫摩斯及其继任者不但建立了一个新埃及国，将宗教首都定在底比斯，以卡尔纳克的太阳神阿蒙-拉神庙为中心，还诋毁希克索斯人为非法统治者，称黎凡特人为"讨厌的亚洲人"。对努比亚他们也嗤之以鼻，称其为"邪恶的库施"。但这旨在抬高埃及新统治家族地位的排外宣传的背后却是更为复杂的现实。大片下埃及地区被黎凡特文化主宰长达160年，已对当地人产生了深远影响。希克索斯人与更广大的近东联系紧密，他们引进了不少文化习俗并进行创新，包括新材料、新工艺及新艺术风格和图案。第十八王朝的国王们认为有些外来的东西值得保留，这与他们的本能反应正好相左。说实在的，古埃及人尽管表面上认为自己文化优越，却从来都很愿意接受外来的新观念。

　　从希克索斯人处引入埃及的众多东西里，最具影响力的是马匹。在第二中间期之前，埃及唯一能骑行的四足动物就是驴。虽然驴吃苦耐劳、脚下稳当，但毫无速度可言。埃及军队过去必须依赖步兵和水兵，但自从引入了黎凡特的马匹后，情况大为改观。[1] 自雅赫摩斯开始，深谙骑兵战术潜力的埃及军队就开始用希克索斯人的军事优势来对付希克索斯人。

1.　骨骼证据表明，驯化的马在新王国建立之前就已经到达了努比亚：这或许进一步表明，希克索斯人和库施王国之间有密切的联系。在古埃及艺术中，对马的最早描述是在阿拜多斯的雅赫摩斯建筑群中，一对马被拴在战车上：参见 Harvey (1994): 5, top left。

埃及精英将马匹作为地位的象征：第十八王朝的法老都有皇家马厩，喜欢在吉萨附近的沙漠中骑行。据说，阿蒙霍特普二世还是小王子的时候，

就爱马，享受马带来的乐趣。他坚持自己驯马，了解马的习性，长于骑术，知道如何驾驭它们。[1]

新王国时期开始设置"马厩总监"的官职，图坦卡蒙的得力助手兼继承人阿伊在宫中的第一个官职就是"马倌"。

图坦卡蒙墓葬附室中出土了一个精巧的象牙手镯，足以说明新王国时期埃及的精英文化在黎凡特影响下发生的改变。奔跑的动物——既有埃及本地的动物，如瞪羚、兔子，还有一匹飞奔的马——被雕工刻画得栩栩如生。它提醒我们，古埃及文明的确充满自信、自命不凡，但从来不拒绝外界影响。图坦卡蒙的手镯还提醒我们，第十八王朝的黄金时代是在激烈的文化和政治竞争中开始的，文化冲击的结果给胜利者和失败的希克索斯都留下了印记。与邻国的互动给图坦卡蒙时代的古埃及带来了挑战和转变，它再也不能在自己的自然边界后藏身了。

---

1. Amenhotep II, Great Sphinx Stela, **译自** Wilkinson (2010):257。

图8 飞马象牙手镯

第 **3** 章

霸 业

图9 青铜半月刀

图坦卡蒙的陪葬品精彩绝伦，映照出一个威望与影响都处于鼎盛时期的文明。当埃及第十八王朝的缔造者们终于成功赶走外国入侵者，将尼罗河谷重新置于埃及的统一之下时，他们知道为了维系国家安全与繁荣，必须有创见有魄力。他们采用的解决办法是有意拓宽埃及边界，将努比亚和黎凡特变为缓冲区：埃及帝国诞生。最强盛时，法老的政令可从美索不达米亚的幼发拉底河沿岸远及第四瀑布，距离约 1 200 英里。对不同区域采用不同的治理办法，比如对努比亚是直接兼并，进行殖民化管理，对近东则比较宽松，成立了几个附属国。但帝国全境都臣服于法老的武力统治。此时，随着新思想、材料、技术和神职人员在尼罗河谷的涌现，第十八王朝的埃及也真正变成了多种文化荟萃的世界性大国。虽然宣传材料将法老描绘成一位大无畏的领导人，对外是所向无敌的征服者，但埃及人的品位却比过去任何时候更受异域风尚的影响。第十八王朝皇家文化的这一怪现象在图坦卡蒙墓葬出土的物件中得到了鲜明的印证。

*　*　*

如果说有一项技术成就并支撑了新王国时期埃及的霸权，那就是马拉战车。这个新发明给作战理念带来了革命性改变。埃及人与希克索斯人作战时首次遇见了它，据为己有之后得以在近东地区呼风唤雨几个世纪。战车给武装攻击提供了快速移动平台，将奇袭带进了战场。有了战车，军队即可从多个方向突然出击，甚至可能转败为胜。埃及人精准掌握这项外国发明，并将它变成了彰显法老权力的工具。

埃及文献最早提到战车是卡摩斯对从希克索斯人处夺取的战利品的描述中，当时称之为"架在（马）上面的那玩意儿"。而战车第一次在埃及艺术作品中出现则是在雅赫摩斯统治期间阿拜多斯神庙的一幅战争绘画中。这些早期画作中的车辆似乎都比较简单，配备了四个或八个轮辐的轮子，机动性有限，也没什么保护。但不到一两代人的时间，战车的设计和制造就大有改进，显然是因为埃及人弄清楚了更先进的来自黎凡特的战车的构造。在第十八王朝伟大勇士法老图特摩斯三世的战争浮雕里，到处都是战车的身影：载着法老上战场，在缴获的战利品中展示。法老乘坐战车的图像变成了最典型的王权象征，在新王国时期的艺术中随处可见。但在图坦卡蒙墓葬被发现前，一共只出土过两辆完整的战车，其中之一出土于他曾祖父母——育亚和图玉——的墓葬。

少年法老的墓葬中至少有六辆战车。前室有四辆，宝库有两辆。为方便储存，战车均被拆解，重新组装是件耗时费日的复杂工作。如今，其中五辆已重新组装成功，可供人观赏。它们是墓葬物件中最具震撼力的一组文物。战车的基本设计包括 D 形驾驶室，通过一条长辀与套在两匹马上的轭相连。驾驶室的底部用可以减震的皮网做成。两个车轮安装在后部，以保证最大程度的机动性，六个轮辐是第十八王朝中期的通用规范；外面可以罩上皮制或木制外胎来保护轮辋。

就像英国维多利亚时代的马车有各种不同形状和大小一样，图坦卡蒙的战车结构和外观也因其作用而各异。其中一辆朴实且轻巧，敞开的两侧没有装饰，或许是供日常出行或狩猎用的。可以肯定，与图坦卡蒙有关的少数建筑物中，最值得研究的是吉萨高原狮身人面像旁的"休憩所"，这里似乎就是少年法老和他第十八王朝的先祖们练习骑马和战车技巧的地方。

与图坦卡蒙小巧的轻便战车相比，他的两辆最好的战车肯定是用于仪式目的的；在参考了英国的王室盛典后，卡特将之称为国王的"仪仗战车"。第十八王朝列位法老肯定在正式游行和国家举行大典时会使用战车，它们应该是图坦卡蒙仪式活动的主角。奥克亨那坦宣布阿马尔那为新首都时，就站在一辆金光闪闪的战车上，让人想起太阳神在黎明出现的景象：

> 法老……登上了这辆琥珀金的伟大战车，就像地平线上初升的日星，将他的大爱洒向"两地"。[1]

阿马尔那开始发挥国家首都的作用后，奥克亨那坦就将每日战车游行规定为城里仪式生活的中心内容——或许是用来取代被他的宗教改革取消的定期诸神庆典。每天早上，他都会与王室成员一起乘坐战车，在一些骑马随从的陪同下从城北端的王室住所，沿皇家大道前往中心城区的宫殿。在奥克亨那坦忠心耿耿的朝臣的墓中，有对这一壮观景象的描绘。图坦卡蒙的第一辆"仪仗战车"肯定是他父亲在这类场合使用过的车辆。驾驶室有一米多宽，并有一层薄木板为底。周边的栏杆高度及腰，帮助驾驶者保持平衡，车身装饰尽显王室威仪，还有猎鹰保护法老的浮雕。车表面大部分用石膏涂层，有金叶为饰，并镶嵌宝石和彩色玻璃。车轮有生牛皮外胎，车轴、车轭和车辀都有金饰。其视觉效果相当令人震撼：法老身着盛装站在他精美绝伦的战车上，马匹戴着插了鸵鸟毛的镀金顶饰。

与战车一起，图坦卡蒙墓葬还出土了大量相关装备和配件：马鞍、马挽具、马眼罩、马嚼子、掸、（控制不听话的种马的）马刺和马鞭；只有金属马勒没找到，或许是早先的盗墓人拿走了。

---

1. Boundary stela of Akhenaten, **译自** Wilkinson (2016): 203。

大量的战车设备说明，只经过几个世纪，一个完全来自外国的发明是如何主宰埃及王权的。

* * *

战车上的法老给人留下的标志形象是，驾驭战车的缰绳缠绕在腕间，双手仍能向敌人弯弓射箭。战车术是新王国时期最先进的军事技术，但最古老的射箭术仍占据重要地位。

人类在进化早期似乎就发明了弓箭。最早的埃及具象艺术——绘制在陶器或刻在东部和西部沙漠的岩石上——都出现了手持弓箭的猎人和战士的形象。如同许多其他彰显军事威力的装备一样，弓箭也是在埃及统一前的冲突时期成为王权的标志象征的。第十二王朝有一段关于辛努塞尔特三世的赞美诗，赞扬这位领导人"射术如（凶悍的母狮神）塞赫麦特一样精准，击败了成千无视其神力的人"[1]。第十八王朝法老阿蒙霍特普二世似乎对箭术特别痴迷。在一幅浮雕中，他一边驾驭战车一边射箭穿透一个铜靶；他对自己的体能极为自信，曾向随从提出挑战，声称"凡穿透标的深度能与我同等者，将获得如许赏赐"[2]。

---

1. Cycle of Hymns to Senusret III, 译自 Wilkinson (2016): 97。

2. Amenhotep II, Medamud inscription, 译自 Wilkinson (2010):257。

弓是王室武器，由于其历史久远，它也是作战的符号。因此，图坦卡蒙安葬时有众多弓箭设备陪葬也就不足为奇了。它们曾在出土时引起不小的轰动，《每日电讯报》的一位记者写道：

从设计上讲，与现代常用弓箭并无二致，但构造上却极具巧思，设计周密。显然，将其置于图坦卡蒙墓中，是为了协助这位法老战胜试图阻碍他进入下一个世界的一切敌人。[1]

墓葬中共出土至少 46 张弓、428 支箭，还有 4 个护腕（用来保护手臂内侧不受弓弦伤害）、2 个箭囊和 2 个弓盒。弓盒系木制；一个有 1.67 米长，外涂白漆，里面放了 7 张弓和 254 支箭；另一个外面用亚麻布包裹，盒子上有树皮、彩釉和金叶镶嵌，里面放了 3 张弓。它们被如此小心翼翼地放在精工制作的木盒里，说明它们非同寻常；它们不是普通的弓，而是最新的复合材料弓。

复合弓是通过与希克索斯人交战自近东引进的，与战车一样，也代表军事技术的一大进步。它不再使用一根木条，而是将不同种木条粘合在一起，常常还加上筋、角和树皮。它的制作比较耗时，但其强度和穿透力都大了许多。大多数图坦卡蒙的复合弓的弓芯都是白蜡木，外包桦木或樱桃木皮。最精致的弓发现时

---

1. *Daily Telegraph*, 17 January 1923, 引自 Reeves (1990): 174。

摆在墓葬前室的一张床上，弓身满是金叶和碎金粒装饰。卡特称之为国王的"荣誉弓"，并用"做工之精巧近乎不可思议"来形容它。[1]

　　法老的另一张复合弓两端被雕出敌人俘虏的形象，并涂有彩绘，俘虏的脖颈就在弦与弓的凹形捆绑处，就像法老每拉一次弓敌人会被勒颈一次。弓与敌人的象征联系可回溯到古埃及。"弓箭手"早早就被用来指"敌对势力"。古埃及文称努比亚为 Ta-Sety，意指"弓地"，因为上尼罗河居民长期以来都有一流弓箭手的美誉。古埃及人欣赏他们的技能，在古王国时期和第一中间期，还招募努比亚雇佣军参与埃及的征战。在这一时期的一位埃及贵族的陪葬品中，出土了一队努比亚弓箭手的木制模型，当时有不少努比亚弓箭手在底比斯附近的戈伯伦定居：墓碑上的他们头发弯曲，肤色黝黑，短裙上挂有独特饰带。他们身上还有弓箭，凸显了他们的绝活儿以及受埃及人欢迎的原因。

　　不过，到第十八王朝，当上尼罗河被埃及牢牢控制的时候，努比亚人的特殊技能反而变成了对他们的轻蔑称呼。该王朝开始时的一段铭文是这样写的：

　　　　法老在杀死了亚洲的贝都因人后，前往上努比亚，去歼

1.　Carter and Mace (1923): 104.

灭努比亚的弓箭手。[1]

　　图坦卡蒙统治下的埃及，仍不时欢迎"弓箭手"加入埃及社会，但前提是他们必须宣誓对国王绝对效忠。有一个来自免姆区——这个地方在新王国时期受埃及库施总督的殖民——努比亚王子的故事。王子为表忠心，决定改用埃及名字——赫侃菲尔（"好领导"，意指法老），他的陵墓也按照埃及的最新设计样式修建。他甚至与总督的关系也不错，并与一群努比亚人一起出现在总督位于底比斯的墓葬中。画中的这队"弓箭手"都是黑皮肤，身着埃及款式长袍，说明他们已被埃及文化同化，这是法老文明的胜利。一位古埃及学家说得好："在埃及人眼中，他仍然是努比亚人，但在当地人面前他则以埃及人自居。"[2]

　　从赫侃菲尔的王室主人图坦卡蒙的墓中出土的弓原来是近东的拿手武器，后来被埃及人接纳，但弓依然是努比亚人的代表符号；弓享有王室盛誉，但也为臣民所有。弓是文物拥有多层含义的最佳诠释，同时也反映了第十八王朝埃及文化的复杂性。

1.　Inscription of Ahmose, son of Abana, 译自 Wilkinson (2016):19。

2.　Kemp (2006): 37.

* * *

亚洲人和努比亚人是埃及的传统敌人，在卡摩斯统治下，他们企图将埃及分而治之，在其继任者雅赫摩斯统治期间，他们被驱逐。自金字塔时代末期以来，历任法老都一直在对付这些"讨厌的亚洲人"和"邪恶的库施人"。埃及文献总是贬低巴勒斯坦人和上尼罗河人，就是因为埃及人认识并害怕这些人。但自雅赫摩斯的军队一路追击后撤的希克索斯人，一直追到他们黎凡特的老巢沙鲁亨后，埃及人才发现自己已卷入近东的强权政治。帝国的扩张，使埃及与语言、习俗、做法完全不同于尼罗河谷居民的敌对者有了接触。

埃及与另一个"大国"第一次接触发生在图特摩斯一世统治期间，他是到图坦卡蒙结束的这个王族世系的始祖。在雅赫摩斯两代人之后，他决定对来自叙利亚-巴勒斯坦方向的潜在侵略者开展先发制人的打击，不只是为建立缓冲区，也是要建立一个正式的帝国。公元前 1490 年，他率军进入那哈林，即幼发拉底河、底格里斯河上游和哈布尔河谷的"河土地"。几个世纪以前，一群讲胡里安语的人在美索不达米亚北部定居，并收编了几个小领地于自己麾下。到图特摩斯一世时，米塔尼（又译米坦尼）人——这是说阿卡德语的子民对他们的称呼——已经建立起横跨今伊拉克和叙利亚大部的王国。他们并没有留下多少文字记录，但他们给每一个与他们接触过的人都留下了深刻的印象。

他们与厉害的赫梯人交过手，将之击败后控制了安纳托利亚南部和叙利亚北部。他们把巴比伦人圈在美索不达米亚的沼泽地带，视亚述为自己的附属；还与图特摩斯一世统治下的埃及打成平手，遏制了法老的野心。

图特摩斯一世为庆祝他击败米塔尼的著名"胜利"，搞了一次猎象活动并进行了战利品展示。为巩固自己的权威，他鼓动叙利亚北部的附属国造米塔尼人的反，可是他一转身附属国就倒戈了。米塔尼人因此拿下了东地中海沿岸的大片土地，逼近埃及的后院，这让埃及人觉得不自在。不久，胡里安人成了叙利亚和巴勒斯坦众多城邦的统治者，而米塔尼人将安纳托利亚东南的基祖瓦纳附属国拿下后地位更为巩固。两代人以后的另一场大对峙此时已做好了准备。

米塔尼人可能是一个意想不到的、令人讨厌的新对手，不过埃及人一向善于学习对手之长。米塔尼领导人擅长战车术和骑术，这是他们在公元前二千纪早期从印度-雅利安人处学到的技能。他们对长于骑马作战的精锐有自己的术语：maryannu。第十八王朝的法老有意仿效这帮骑手，就连埃及战车手有时也特意蓄须或将头发编成三个辫子，模仿精锐骑手。埃及人就是从他们那里学会如何改进战车作战方式的：也难怪最威猛的米塔尼统治者的名字是图什拉塔，印度-雅利安语的意思是"其战车猛烈往前冲的人"[1]。到图特摩斯一世结束叙利亚战争时，他的战车队已与步兵、水兵一起，成为埃及建制部队的第三个关键组成要素。

埃及人从米塔尼人处学到的另一项技术是防护服。除了盾——图坦卡蒙随葬品中有好几个盾，其中一个是镀金的，并盖着猎豹皮——战场中的埃及士兵似乎防护特别薄弱。气候的原因加上对移动速度的重视显然阻碍了铠甲的发展。在古王国时期的一些浮雕中，年轻的新兵只身着腰带，带子上挂着三片布条。短裙（并附带毛皮袋）成为军服的标配似乎是从努比亚人处学来的。至于上半身的保护，埃及士兵只在胸前有交叉亚麻宽带，或许可以挡住斜刺的矛。埃及步兵光着脚，脸和脖颈都没有保护。

战场上精锐骑手的保护就好得多。绘画中的亚洲战车手上身都穿戴鳞片铠甲，埃及人在与米塔尼部队的一次交锋后缴获了 20 件用皮革制作的铠甲胸衣和 2 件用青铜制作的铠甲胸衣。埃及人很快就将这个聪明的想法据为己有。阿蒙霍特普二世的高官墓葬中有一幅壁画，显示法老收到的新年礼物之一就是有金属护颈的鳞片铠甲。到阿马尔那时期，埃及士兵就经常穿戴防护装备了，包括皮裙、带衬垫的躯体覆盖物和由重叠的皮或金属鳞片制成的胸衣。图坦卡蒙墓中就出土了一件这样的皮制铠甲，被塞在一个木盒子里。据卡特描述，它是"由厚皮制成的，缝在亚麻布底或

1.　Roaf (1990): 136–7.

图10 皮制铠甲

衬里上，是一件贴身的无袖胸衣"[1]。

当埃及排名第二的伟大勇士法老图特摩斯三世再次与米塔尼人对阵时，一如他祖父图特摩斯一世当年，"乘坐的是一辆琥珀金战车，武器装备齐全，犹如荷鲁斯"[2]，而他之所以有这些装备，眼前的敌人和埃及自身的文明同样功不可没。

1.　Carter (1933): 100.

2.　米吉多之战，译自 Wilkinson (2016): 58。

* * *

公元前 1458 年冬末，法老图特摩斯三世率领 1 万大军从埃及东北边陲的扎鲁要塞出发，前往叙利亚。法老正式掌权只不过是 10 周前的事，在那之前有 15 年的时间，他是与他的继母哈特谢普苏特共同摄政的。如今已是毫无悬念一人当家的他决心崭露锋芒，再现埃及在黎凡特的统治地位。

图特摩斯一世军事征战之后的这些年，埃及对叙利亚-巴勒斯坦附属国的控制逐渐丧失。图特摩斯一世的儿子和女儿——图特摩斯二世和哈特谢普苏特——当政时，埃及的近东外交政策似乎已经从军事行动向外交接触转移。特别是哈特谢普苏特，她一心想与南部传说中的邦特发展贸易，对北边的保护国并不太在意。米塔尼王国很快就乘势把黎凡特原来忠于埃及的不少城邦拉了过来。图特摩斯三世独自当政时，埃及北边以前的叙利亚-巴勒斯坦附属国多已叛变。更糟的是，卡叠什的统治者还成立了一个诸侯国联盟，想要一举摆脱埃及的枷锁。为首者藏身在防御工事坚固的米吉多城，策划下一步行动。这是图特摩斯三世无法忽视的局面。

叙利亚-巴勒斯坦对埃及的战略价值在于，它控制了与东地中海、安纳托利亚、美索不达米亚和扎格罗斯山脉的主要贸易路线。埃及与米塔尼急于争夺这些城邦，因为这些城邦的富有靠的不是自己的资源而是商业网络。就以米吉多为例，它控制着耶斯利谷地，而耶斯利谷地既是通往迦南的主要南北要道，又是连接约旦河谷与地中海海岸的最便捷的东西通道。正如图特摩斯三世在公元前1458年对军队训话时所说，"拿下米吉多就等于拿下了一千座城镇"[1]。

埃及远征军从扎鲁出发，九天后抵达加沙——埃及迦南殖民省的首府。经过难得的一夜休整，第二天拂晓大军又上路了，"锐气不减、志在必得、气势如虹、底气十足"[2]。又经过十一天，行军穿越敌占区到了叶亨，法老在这里召开了一次军事会议。眼前面临一个战术挑战，前往米吉多有三条路线：一条往北，一条往南，还有一条穿过阿鲁纳山口的小道。征战记录显示，图特摩斯三世与将军们的意见相左，他选择了第三条路线，理由是它最直接。这是一着险棋，最后证明他是对的。敌人没想到埃及人会冒险走这条路，而在其他两个地方陈兵以待。结果，埃及军队长驱直入，直接就在米吉多对面扎了营。这个故事不论真假，起码说明，在强权政治的世界里，将法老描述为强有力的超级英雄已经不够了——他还得展现身临战场时的敏锐才智与战略思维。

公元前1458年4月27日，在步兵的簇拥下，图特摩斯三世

---

1. **米吉多之战**，译自 Wilkinson (2016): 59。

2. **米吉多之战**，译自 Wilkinson (2016): 56。

身着闪耀的盔甲站在战车上。卡叠什叛变的诸侯及其同伙没有料到埃及竟然会如此反应，

> 他们慌忙逃往米吉多，脸上带着恐惧，放弃了他们的马匹和金银战车。他们拉着床单爬进了城里。[1]

经过长期围困，叛变者投降，向法老求饶，"在威武的法老前亲吻土地，恳求让他们的鼻孔呼吸空气"[2]。他们放弃了自己的土地，图特摩斯三世对这些叛变的城邦都任命了新领导者。

战争过后，埃及巩固了对其控制下领土的管理，以减少将来再出现叛变的风险。阿穆鲁省交由地中海沿岸的苏姆管辖。乌佩省的省会设在利塔尼河上游的库米提。最南端的迦南省是国防重地，继续与埃及保持最密切的关系。这三个附属省份的管理权由文官和军事指挥官共同行使。关键地点都设有埃及军营，必要时还有机动部队支援。这种高效的殖民管理体系在五代以后的图坦卡蒙统治时期依然存在。

米吉多之战确立了埃及对叙利亚-巴勒斯坦的控制，并有效界定了埃及在新王国剩余时间里的黎凡特的范围，不过埃及的武力

---

1. **米吉多之战**，译自 Wilkinson (2016): 59。

2. **米吉多之战**，译自 Wilkinson (2016): 60。

炫耀并未就此终结。图特摩斯三世决心为前朝雪耻。在米吉多之战后的 20 年里，他在附近地区共有 16 次军事行动，每次行动都有明确的战略目标。三次连续出征是为打击北叙利亚经常生事的城邦图尼普。为防止它有效地对抗埃及霸权，图特摩斯三世的军队攻陷了它沿海的小附属国，并将海港变成埃及军队防守森严的补给中心。

图特摩斯三世为纪念米吉多之战，在卡尔纳克神庙的墙上刻了一段铭文。此后最重要的战役当数他的第八次战役，目的是与他英勇的祖父的功绩一较高下。在叙利亚沿海的安全港口比布鲁斯，埃及军队打造了一支舰队，后又将所有舰船通过陆路运往幼发拉底河，主要是为了向对手米塔尼炫耀武力。米塔尼人拒绝交战，让图特摩斯三世称胜，让他在河岸上立了一个纪念碑，就在图特摩斯一世的纪念碑旁。出征 5 个月后，埃及军队满载战利品重返家园。

一个多世纪以后，王室财务部门奉命为刚刚过世的图坦卡蒙收集陪葬品。在墓内众多的容器中，有两件来自他声名赫赫的先祖的传家宝。一件是不怎么起眼的卵形罐，一件是双耳方解石瓶，上面均刻有图特摩斯三世的名字，是对第十八王朝最伟大法老——曾将埃及的边界"一直延伸到地球之角那哈林沼泽地"的国王——的追忆。[1]

* * *

图特摩斯三世出征黎凡特的战利品，加上被征服领土定期的进贡，令埃及第十八王朝有了可与其军事实力相匹配的财富。单单是米吉多之战掠夺的财物就有 2 000 匹马、近 1 000 辆战车和大量的银子。在法老第八次出兵幼发拉底河后，米塔尼的敌人随即对这个地区的新超级大国奉承有加，频频派出使节并送礼品。巴比伦贡奉天青石，赫梯贡奉银子、宝石和木料，塔纳亚（也许是迈锡尼）则贡奉银子和铁。图特摩斯三世的接班人阿蒙霍特普二世第一次出征亚洲获得的财宝很可观：0.75 吨金子和 54 吨银子。

尼罗河谷在相对较短的时间内有了这么多新奇的东西和原材料，带来了埃及统治阶级风尚的明显改变。外国的手工制品——如从米吉多缴获的战利品中的"叙利亚手工制大罐"——尤为珍贵。[2]埃及工匠知道它们特别抢手，开始照搬外国风格和图案。"涡旋树"就是其中一例。这是一种装饰图案，图中的莎草有下垂的花苞和心形涡旋，构成一株上面冒出三根茎秆的树。图案设计

---

1. **图特摩斯三世方尖碑上的铭文，右侧，**译自 Wilkinson(2010): 242。
2. **米吉多之战，**译自 Wilkinson (2016): 61。

的灵感似乎来自米塔尼王国；到阿蒙霍特普二世统治期间，这种影响已在埃及器物上可以看到。埃及法老曾经给忠心耿耿的臣子迈赫普里一件粉红色的皮制箭囊，那上面就有三株大涡旋树，从做工上来看，它是亚洲工匠所为，用的也是亚洲装饰图案。迈赫普里还有一个精致的玻璃瓶，可能是来自米塔尼。在图特摩斯三世统治期间，就连中间阶层埃及人的随葬品中，也有舶来品，这些舶来品包括陶制器皿以及七弦琴、古琵琶、小手鼓。

到第十八王朝末尾，埃及皇家工坊的工匠为讨好一批识货而又挑剔的客户，用进口材料制作带异域风情的手工制品。图坦卡蒙陵墓的随葬品中就有这样一个物件——石榴瓶。这是墓葬中最为精致的金属器皿，高 13 厘米，用银片制成。或许有人认为它是天然的金银合金（琥珀金），是极为珍贵的。瓶身刻着镂空的花卉图案，原来瓶口有灯芯草编制的瓶塞。无法确认瓶里装的究竟是什么，很可能是某种上好的油膏。石榴是图特摩斯三世在征讨黎凡特时带回的。在图特摩斯三世的一位名叫杰胡蒂的将领的墓中，曾出土过干石榴，铭文中第一次提到石榴则是在另一座第十八王朝的墓葬中。在图特摩斯三世卡尔纳克节日大厅的浮雕上也有这种奇怪的植物，称这是"法老在叙利亚-巴勒斯坦丘陵地带发现的植物"。记载图特摩斯三世征战的铭文还提及"一种每天生蛋的禽类"，其实就是家禽。

随着第十八王朝帝国的冒险征战而流入尼罗河谷的不止这些动植物和矿物。米吉多之战的战利品就包括"1 796 名男女奴隶及其子女"以及众多战俘，包括卡叠什统治者的多个妻妾。图特摩斯三世本人就带回三名叙利亚妇女为妾。他对她们宠爱有加，经常给她们珠宝和贵金属制作的器皿等礼物。普通士兵也娶外国妇女。随阿蒙霍特普二世的军队第一次出征叙利亚返回埃及的有近9万名战俘，包括约2.1万个家庭。

大量涌入的外国人多半很快就融入了当地社会，把新王国时期的埃及彻底国际化了。例如，一个名叫帕达巴尔的新移民在底比斯加入了阿蒙神庙的工作团队，他给孩子都取了埃及名字来加速全家的同化过程。可是他家的男孩大半还是选择与移民或外国人的后代成婚，有意无意地强调他们的非埃及身份。图特摩斯三世宫中也有一位亚洲移民"班拉"，他为表忠心，给自己取了埃及名字"帕赫卡门"，担任皇家随从兼建筑师。他在自己埃及风格的底比斯墓葬中称父母都是埃及人，但是他们的闪米族名字——Irtenna 和 Tirkak——却暴露了他们的真实身份。这种现象在第十八王朝的底比斯并不少见。据记载，一群在尼罗河西岸给神庙搬运石头的工人中有 20 名埃及人和 60 名巴勒斯坦人。在图特摩斯三世的维齐尔雷克米拉的墓葬里，有一幅关于建筑工人的壁画，下方注明了他们是"法老为修建（阿蒙）神庙带回来的俘虏"[1]。同一座墓葬中，还有一段铭文："将北方领土诸侯的儿子们作为战利

---

1. Kemp (2005): 30, fig. 7.

品带回底比斯，作为补充劳动力，成为阿蒙神庙建筑群的奴隶劳工"[1]。图特摩斯四世也有类似安排，而阿蒙霍特普三世则在底比斯西部自己陵墓的四周安排了胡里安——前不久埃及的宿敌米塔尼王国——移民居住区。

到图坦卡蒙时代，就连皇家卫队中也有亚洲人，还有利比亚人和努比亚人。新王国时期的埃及艺术特别突出异域人士的独特面部特征、肤色和衣着，表明他们属于"另类"，但事实上，这些来自埃及影响和控制最偏远地区的人，也在埃及内部塑造着尼罗河谷的文明。

* * *

第十八王朝——图特摩斯一世和三世、阿蒙霍特普二世和三世、奥克亨那坦和图坦卡蒙统治时期——处于青铜时代。将人类历史划分为石器、青铜器和铁器三个时代的做法，始于 19 世纪 30 年代，其根据是斯堪的纳维亚墓葬中出土的工具和武器的主要材料。三个时代的划分法随后被应用于欧洲和西亚，并在石器和青铜器时代之间加了铜器时代[2]，以此来反映古代近东的技术发展

---

1. Kemp (2005): 31.

2. 考古学家更喜欢用"铜石并用时代"，这反映了该时期的过渡性。

历程。

　　用这个测定框架来概括早期人类的社会活动或许有一定用处，但没能考虑到各个地方在传统或技术方面的差异。比方，在巴尔干，在铜里加入少量的锡变成青铜可能创始于公元前五千纪中期。近东某些地方出现铜锡合金则发生在公元前四千纪末期，而埃及最早发现的青铜物件却是公元前三千纪初期。

　　在铜中加入了锡，合金的硬度就会增强，边缘就可以变得更锋利，对工具或武器来说这都是一大优点。锡还会增加熔金的流动性，便于浇铸。关于新王国时期金属加工的详细资料均来自底比斯雷克米拉墓葬。壁画显示，工人在生产铜合金物件，工艺流程一开始是金属铸块的到来，最后是浇铸神庙的大门。铸模是陶制或石制，在尼罗河三角洲东北的第十九王朝首都培尔-拉美西斯（今坎提尔），曾出土过一件为生产盾牌边框而准备的铸模。

　　即便埃及人在熟悉新材料以后，也并未立即采纳，前面已经说过，他们在石器时代之后好几个世纪仍继续生产手工石制品。同样，即便在地中海世界其他地方都已进入青铜时代，埃及人还坚持用铜制作工具和武器。在中王国时期，铜锡合金依然不多见，甚至到新王国时期，他们还是更经常用纯铜和铜砷合金而不用青铜。

　　这或许是出于经济考虑：尼罗河谷附近有大量铜矿石，容易开采，但青铜器所需要的锡却不易获得。东部沙漠也有含锡的矿石，但古时候或许没有开采。法老时期的埃及似乎要依赖从近东其他地方进口锡；具体来源地不明，但经过对底比斯西部一座（被鉴定为图特摩斯三世时期）墓葬内的锡珠进行分析后，发现这个金属或来自土耳其南部的托罗斯山脉，遗留显示该处的开矿活动始于青铜时代早期。埃及人要取得这些材料需等到第十八王朝帝国建立后。其实，对埃及颜料和釉彩分析的结果也显示这段时期获得锡已相对容易。但即便如此，图坦卡蒙墓中的铜制品仍然多于青铜制品。

少年法老墓葬中的确有两样青铜物件：附室内的两把半月刀；从形状和材质上都能看出其近东的影响。第一把刀近 60 厘米长，是全尺寸的重型武器。其镰刀形刀身与刀把是整片浇铸，手把是镂空图案的黑色木料，可能是乌木。第二把半月刀小一些，只有 40 厘米长。它也是整片浇铸而成，手把有黑色木料镶嵌。它或许是图坦卡蒙孩提时使用的，而那把长刀则只有成人才能使用。

半月刀原来是黎凡特人的发明，但在第十八王朝开始时被埃及军队采用，后来成了整个新王国时期主要使用的长刃武器。它要发挥的是砍的作用而不是刺，弯刀的外刃十分锋利。对敌时，皮绳穿过刀柄末端的小环将它与手腕连接起来，方便士兵在战斗中抓住它进行砍杀。

与战车一样，半月刀很快也变成了新王国军事象征图像的中心，它代表法老能操控敌人的生死。在神庙壁画上，经常见到主要神明将半月刀交予法老屠杀仇敌的景象。在图坦卡蒙及其父亲

　　　　　　　　　　　　　　　　　　　　图坦卡蒙的号角

奥克亨那坦统治期间的皇家浮雕中，半月刀的身影特别常见。比如，阿马尔那的一幅浮雕显示，太阳神阿吞将半月刀递给奥克亨那坦，而法老本人正用另一件武器砍杀敌人。还有奥克亨那坦的正妻奈费尔提蒂用半月刀杀敌的浮雕。在卢克索神庙的柱廊上，图坦卡蒙统治时期雕刻的浮雕描绘了埃及步兵身带半月刀，法老与年轻的王后乘坐仪式性驳船时也手挥半月刀。在图坦卡蒙陵墓的地上，全尺寸青铜半月刀的旁边放置着两枚半月刀形状的黄金护符。

半月刀在第十八王朝的埃及极受欢迎，这说明埃及人在参照他人的技术或风格时是有选择的：如果某一样东西或技术有用，他们就会毫不犹豫地接纳，并据为己有。青铜器在战场上有优势，半月刀雅致、杀伤力强，它们是皇家象征图像的完美补充。虽然图坦卡蒙时期的埃及实质上仍处于铜时代文明期，但青铜无疑让它更上一层楼。

* * *

大约在图坦卡蒙出生时，一艘大型商船在安纳托利亚南部海岸沉没，船上无人生还，船上满载来自埃及、叙利亚-巴勒斯坦和塞浦路斯的高价商品和珍贵物件。沉船在海底3 500多年未被扰动，直到考古学家让其重见天日。

以离它最近的一小块土地命名的乌鲁布伦沉船，相当于一个国际贸易的时间胶囊，生动描绘了第十八王朝晚期北非与黎凡特之间的联系。船只本身是埃及人称为 menesh 的海船。船长 50 英尺，船头、船尾都很高，甲板四周有栏杆。船上的货品表明，它是在围绕东地中海借风力与洋流以逆时针航行时沉没的。沉船共打捞出 6 吨塞浦路斯的铜；来自安纳托利亚或更远地方（今阿富汗）的锡块；近 150 个双耳罐的食物和酒；盛放来自地中海各地松脂及其他油类和香精的陶瓷器皿；各种奢侈品，包括迦南和迈锡尼设计的剑、波罗的海的琥珀、叙利亚的象牙及河马牙、美索不达米亚的圆筒印章、利比亚的鸵鸟蛋壳以及上面写了奥克亨那坦的王后奈费尔提蒂名字的金戒指。最令人意想不到的或许就是深蓝色的圆形玻璃珠块——直径 15 厘米、厚 6 厘米。

在青铜时代晚期，玻璃制作是一个专门的行业。最早掌握这门技术的似乎是黎凡特的叙利亚-巴勒斯坦人，他们对个中奥秘严格把守，只将高价成品出口到东地中海。埃及对釉彩及釉彩构图的使用早在前王朝时期已开始，但对制作玻璃技术在第十八王朝初军事远征之前他们却一无所知。在图特摩斯一世墓中，发现了两小块玻璃碎片，同时代底比斯高官的墓葬中也发现了玻璃珠。图特摩斯三世在位时，玻璃制造业在尼罗河谷似乎已成气候；到图坦卡蒙时期，他的出生地阿马尔那已有大量生产玻璃的工坊。

阿马尔那出土的同时代外交书信里提到"mekku 石"，可能就是人们对毛坯玻璃的别称。在乌鲁布伦船里发现玻璃块之前，玻璃的国际贸易说纯属假想。此外，玻璃块也证实了，用钴颜料染

　　　　　　　　　　　　　　图坦卡蒙的号角

成的深蓝色玻璃最为昂贵。任何制作材料要烧出可靠的深蓝色都是难事且花费巨大。在第十八王朝之前，埃及工匠可以获得少量天青石，但他们没有用这些来之不易的石头做颜料。钴是可靠的深蓝色颜料的来源，最容易获得钴的办法就是，通过爱琴海的贸易网络，但直到图坦卡蒙时代前不久，这个网络还不在埃及势力范围之内。[1]

在图坦卡蒙的祖父阿蒙霍特普三世陵墓雕像基部，出现了多处用古埃及象形文字反映的奇怪外国地名。经仔细查看，原来是公元前14世纪爱琴海世界的最重要地名：阿穆尼索斯、科多尼亚及克诺索斯，迈锡尼、斐斯托斯及吕克图斯，纳夫普利翁、皮奥夏底比斯及基西拉岛，也许还有伊利奥斯或特洛伊。它们的先后次序说明，这是前往迈锡尼世界主要城邦的外交使团的行程。此行的主要目的可能是敲定用于制造玻璃的颜料来源钴的供应。

由于是高价商品，且可轻松回收再利用，玻璃特别容易失窃。图坦卡蒙墓中的大量随葬玻璃可能在下葬不久即被盗走。卡尔纳冯说，在墓葬的走廊中，曾看到玻璃碎片，所以他认为"这足以证明原来墓葬里肯定是有玻璃的，只是在进出途中碎了"[2]。墓中发

1.　在埃及已经发现了钴明矾的来源，但它是否在古代被利用有待确定：见 Kaczmarczyk (1986 and 1991)。

2.　*Daily Telegraph*, 1 December 1923, 引自 Reeves (1990): 200。

现保存完好的玻璃器皿仅有三个小瓶：一个是半透明的白玻璃瓶，另外两个是深蓝色玻璃瓶。墓中还有几个玻璃物件——一个头枕（深蓝色）、一个国王蹲坐姿态的护符（深蓝色）、一个书写调色板模型——奇迹般地躲过了盗墓者的注意。不过，有迹象显示，墓中这种最罕见材料的文物原来应该更丰富。据卡特描述，"有一个长方形木盒"，内中物件"已被盗墓者劫掠一空"：

> 它呈三角形拱起的盒盖被放错了位置，盒子里面分出的八个方格里只留下填充物。填充物都是些纸莎草芦苇、切碎的纸莎草髓心，每一个方格底下还有厚厚的长绒亚麻垫。原先这里面放的究竟是什么已无迹可寻，但从被小心翼翼地铺垫和其中的填充物来判断，应当是易碎品，可能是玻璃。[1]

另有蛛丝马迹显示，迈锡尼人在图坦卡蒙时代已在尼罗河谷现身。一块纸莎草纸残片上的奥克亨那坦军队成员中似乎有迈锡尼人的助手，因为他们的头盔和牛皮外衣与众不同。阿马尔那还出土了大量迈锡尼陶器，更证实了此地曾有不少爱琴海居民的假设。再者，奥克亨那坦在位的第十二年——图坦卡蒙可能就是那一年出生的——关于外国进贡的记载就记录了曾接待来自爱琴海

---

1. Carter (1933): 60.

诸岛的使节。铭文还说："异域——甚至有海上诸岛——使节纷纷来朝，他们都给法老带来了厚礼。"[1]

前几年又发现了古埃及与迈锡尼世界有来往的进一步证据。2019 年 12 月，考古学家宣布在伯罗奔尼撒的皮洛斯发现了迈锡尼皇家墓葬。墓中出土了大量古文物，包括雕有埃及神明哈索尔的吊坠，哈索尔是对所有走出尼罗河谷者提供保护的女神。虽然皮洛斯地处偏远，却是跨越地中海海上贸易路线的门户。如果迈锡尼人可以到达阿马尔那，那埃及商人和使者同样也能反向而行。图坦卡蒙墓中的两个蓝色小玻璃瓶为古埃及的对外关系打开了一扇新窗。

* * *

1887 年，在阿马尔那挖掘废墟的村民发现了许多刻有楔形图案的小泥板。这些奇特的物品与此前在埃及沙地里出土的其他东西截然不同，其中一些流入了欧洲收藏家和学者之手。一开始，有人说这些泥板是赝品，但很快它们的真实性就得到了证实：村民所发现的泥板是用美索不达米亚楔形文字书写的信札，记载了

---

1. Tomb of Huya, west wall, author's translation; illustrated in Davies (1905): pl. XIII.

埃及阿蒙霍特普三世、奥克亨那坦及图坦卡蒙在位期间与黎凡特各附属国以及其他近东大国间的外交往来。发现泥板的废墟原来是"法老的通信站",是埃及第十八王朝的外交部档案室。此后,"阿马尔那文书"就给古代这段关键时期的国际关系增添了许多新资料。

第十八王朝初期,埃及在近东的主要对手是米塔尼王国。两国竞相争夺对叙利亚-巴勒斯坦的控制,以及对更广泛的黎凡特地区的霸权。这种关系不睦的状态在阿蒙霍特普二世统治期间发生了改变,因为不断扩张的赫梯王国给米塔尼带来的压力越来越大。赫梯人此时正从他们在安纳托利亚中部的基地向东向南扩大其影响力。米塔尼自认两面受敌于己不利,于是决定与埃及求和,两国之间因此有 60 年相安无事。两国联盟在米塔尼国王将女儿许配给埃及法老图特摩斯四世时终成定局。一代人以后又成就了两次联姻,阿蒙霍特普三世先后与米塔尼国王沙图尔纳的女儿吉露荷帕和下一代米塔尼国王图什拉塔的女儿塔度荷帕结亲。

为第一次两国联姻,埃及发行了一枚纪念性圣甲虫。铭文的开头先列出阿蒙霍特普的多项头衔,接着写的是他的正室提耶的名字和出身。直到最后才提到这位米塔尼妾:

给法老带来的奇迹——生命、昌盛和健康:米塔尼国王沙

图尔纳的女儿吉露荷帕，以及随行的侍女 317 人。[1]

从法老的角度看，宫里增加的这些人只不过是米塔尼国王的馈赠，但在米塔尼国王眼中就不一样了。当图什拉塔继承王位后，他给阿蒙霍特普三世送来问候。"阿马尔那文书"留下了他信的序言，他把自己的姐妹放在了她应在的位置上：

> 我一切都好。祝愿你万事如意。祝愿吉露荷帕万事如意。也祝愿你的家庭、你的妻妾、你的儿子、你的政要、你的战士、你的马匹、你的战车和你的国家一切都好。[2]

为避免伤及任何人的感情，他送上米塔尼的特产："作为问候礼，我给你送来 5 辆战车、5 队骏马。"[3]

几年后，为巩固迅速发展的联盟关系，图什拉塔又将自己的女儿塔度荷帕送到阿蒙霍特普三世的后宫。这回，嫁妆就不只公主的侍女了。与金光闪闪的各式金银财宝一起，从幼发拉底河运至尼罗河的还有很多马匹、一辆战车、各种马饰以及大量

---

1. Marriage scarab of Amenhotep III, 译自 Wilkinson (2016): 199。

2. Amarna Letter EA17, from Tushratta to Amenhotep III, 译自 Moran (1992): 41。

3. EA17, 译自 Moran (1992): 42。

衣物——胡里安款式色彩鲜艳的衬衫、各种颜色的皮鞋、腰带和"一对长羊毛的绑腿"[1]。还有些纯粹装饰性物件，包括"一块带翼圆环和大洪水怪物的乌木镶金牌匾"[2]，以及多件真正的军事装备，有青铜和皮革胸甲、复合弓、青铜头盔、雪花石膏和孔雀石头盔容器、一把斧头、一支矛。其中最珍贵的或许就是用最先进的技术制造的一把"带黄金护手的铁制短剑了"[3]。

赫梯国土中心就有铁矿，但铁矿在埃及却极为罕见。此外，冶铁术要到250多年后才会普及，因此古埃及或米塔尼国王能拥有一把铁刃剑可是至高地位的象征。难得的是，在阿蒙霍特普三世的孙子——图坦卡蒙——墓中竟然出土了一件与图什拉塔送的礼物极为相似的宝贵文物。图坦卡蒙墓葬中绝大部分物件都堆放在四个房间里，几样显然比较贵重的东西则放在保护其躯体的木乃伊裹布中。这些贴身宝物中就有两把短剑，一把为金刃，一把为铁刃。仪式用的金刃短剑夹在一层亚麻缠腰布上。

剑鞘上镶嵌着羽毛图案以及凸纹狩猎场景。经过煅烧的金属刀刃上镂刻着棕榈叶图案，剑把上有金粒装饰，还镶嵌了玻璃和半宝石。铁刃剑长34厘米，藏在图坦卡蒙右大腿的木乃伊裹布

---

1. EA22, inventory of gifts from Tushratta to Amenhotep III, 译自 Moran (1992): 53。

2. EA22, 译自 Moran (1992): 54。

3. EA22, 译自 Moran (1992): 51。

图坦卡蒙的号角

中。剑鞘用黄金薄片打造，并带精美装饰，末端是一只沙漠之狐的头。据卡特记载，这把短剑刚发现时"仍然闪亮如钢"[1]，说明当年的金属加工手艺一流。剑柄圆头是水晶石，同样罕见。(图什拉塔送给阿蒙霍特普三世的短剑的剑柄圆头据记载为石制[2]，到底是什么石，关键字正好缺失，不过一定是值得一提的某种材质。)与图坦卡蒙的金刃短剑不同，他的这把铁刃短剑可能并非由埃及皇家工坊所制作。

图坦卡蒙的短剑可能就是米塔尼公主嫁给其祖父时嫁妆中的那一把。如果是，这份礼在外交上没起太大作用。因为就在图坦卡蒙出生那一年，一位年轻有为的赫梯领导人苏庇鲁琉马从北面进犯米塔尼，攻陷了它的首都并且征服了它的附属国。亚述人也抢占了部分米塔尼领土，最后米塔尼干脆臣服于赫梯人，图什拉塔的儿子沦为新主子的傀儡。自此，赫梯人变成了埃及在黎凡特的主要对手，直到双方的较量陷入僵局，最后通过一场政治联姻结束了角逐。

---

1. Carter (1927): 97.

2. EA22，译自 Moran (1992): 51。

                         * * *

　　如果图坦卡蒙的金刃短剑是珠宝艺术的杰作，他的铁刃短剑是先进金属工艺的绝活儿，那么绘画工艺之最则非法老的彩绘箱莫属。这件被放在前室的珍品长 61 厘米，高 44 厘米，箱盖呈拱形。箱子的外表有一层薄薄的石膏粉，通体都用蛋彩画细致描绘。箱子原来似乎是盛放儿童衣物用的，起码在卡特打开的时候是如此，可是箱面的装饰绝非一般。它技艺精湛，工艺细致入微，是留存至今的古代微型绘画的上品。美国古埃及学专家詹姆斯·亨利·布雷斯特德有一番略显夸张的描述，他称其为"艺术大师的绝世之作，令希腊、意大利文艺复兴以及路易十四时期的各大艺术家相形见绌"[1]。

　　与装饰工艺同样令人赞叹的是绘画的主题。箱子两端的法老以强烈暗示有至高无上神性的狮身人面像的形式呈现，箱子一侧画的是图坦卡蒙与叙利亚人交战，另一侧是他与努比亚人对阵。画面中的法老都是在战车上向四处逃窜的敌人弯弓射箭。对外国人的描画细致入微，完全符合古埃及艺术家所钟爱的刻板印象。艺术家笔下的两个战争场景都故意将有序与混乱做对照，对照之下画面显得更生动、更具感染力。

1.　**引自** Reeves (1990): 191。

图 11 图坦卡蒙作为狮身人面像的彩绘箱

　　越来越多的迹象显示，埃及曾在图坦卡蒙统治期间对叙利亚和努比亚采取过军事行动。法老在底比斯西部的冥宫浮雕上也有与亚洲人征战的场景，或许它记录的是与卡叠什统治者对峙的情景。而最近在库尔库尔绿洲出土的石碑则进一步证实，图坦卡蒙的军队曾讨伐过努比亚。但如果纠结彩绘箱上画的是不是真实场景就错了：彩绘的主要目的是凸显法老是战无不胜的英雄，维护并强调埃及霸权而打压埃及的邻国。古埃及人以为，所有的军事行动都是治与乱之间的抗争，因为所有外敌都生活在法老统治之外，所以是对神意的诅咒。

　　图坦卡蒙彩绘箱的装饰画的思维内涵更因箱盖上的场景得到加强。一边画的是法老在沙漠中狩猎野生瞪羚，另一边的他则在追逐狮子。我们可以肯定，图坦卡蒙曾在吉萨附近的沙漠里多次狩猎，但这个彩绘箱上的画并非有意记述真实事件。狩猎与战争场景同时出现，强调的是两者的仪式性意义，有意将治与乱做一个对照。

狩猎野生动物与对敌作战之间的象征联系是埃及思维的常用比喻，埃及帝国的两位缔造者曾对此有过明确表述。图特摩斯一世和他的孙子图特摩斯三世在幼发拉底河河岸与米塔尼部队对峙后都参加了猎象活动。图特摩斯三世在他的战事纪实中说他在尼耶模仿他的先祖，杀死了120头大象，回埃及的路上还在卡特纳参加了一场"运动比赛"。猎杀大型野生动物与发动对外敌的战争一样，都是天命：通过摧毁自然界未被驯服的力量来维护已建立的秩序。

阿蒙霍特普三世肯定知道狩猎的宣传价值。他在统治初期的关键时刻，曾多次发行特殊圣甲虫，或许是送给朝中有影响力的臣子的。这些选择性的纪念活动透露出第十八王朝晚期，埃及王室都看重哪些事：为国王的正室提耶开凿游船湖，强调王室婚姻的重要性；迎娶米塔尼的吉露荷帕为后宫一员，强调埃及的地位优于其他国家；狩猎野牛，表达大自然在法老的掌控之中。狩猎与其说是运动赛事，不如说是祭祀性的宰杀，铭文是这样说的：

法老下令挖壕沟，将野牛圈于其内。法老开始宰杀这些野牛。野牛共计 170 头。这一天法老狩猎所得共 56 头野牛。[1]

在王室思维中，更重要的是法老应对万兽之王野狮的技能。阿蒙霍特普三世为纪念他在位十年，发行了纪念性圣甲虫，记录自登基以来宰杀了多少狮子：102 头。这一款圣甲虫至今已发现一百多枚，不仅在尼罗河谷，还在更远的拉吉（今黎巴嫩境内）和塞浦路斯。显然，圣甲虫被发给了埃及重臣和其他盟国，这说明猎狮在古埃及神圣王权中的重要意义。

法老统治时期的埃及，狮子就是世上统治者的头号对手，猎狮的象征意义可溯源至前王朝时期。一块前王朝时期的调色板就雕出了与 18 个世纪以后图坦卡蒙彩绘箱所描绘的十分相像的猎狮场景，这是古埃及艺术和文化根深蒂固的最佳例证。石板上的猎人是徒步狩猎，没有乘坐战车，不过他们使用的武器则很眼熟：狼牙棒、棍棒、掷棍和弓箭。他们还有猎犬同行，彩绘箱上图坦卡蒙战车旁也有奔跑的猎犬，在狩猎结束时，狮子已身中数箭。

图坦卡蒙的彩绘箱除了是古代世界留存的最精致的艺术品，也是法老文明古老悠久的明证。奠定于埃及立国之初的王权概念与彰显王权的象征图像一直沿用了 3 000 多年，没有改变也无人质疑。

---

1. Amenhotep III, bull hunt scarab, **译自** Wilkinson (2010): 262。

* * *

愿我的兄弟给我送来大量未加工的黄金，愿我的兄弟还会送来更多，比送给我父亲的还多。在我兄弟所在的国家，黄金多如尘土。[1]

米塔尼国王给图坦卡蒙的祖父写的这段话，基本上概括了第十八王朝晚期近东国家要与尼罗河谷维持外交关系的主要理由。埃及的黄金供应几乎无限量，黄金既是所有原料中最珍贵者，又是国际贸易货币。由于手上黄金多，埃及享有与其军事实力相匹配的经济优势。外国军队或许论武力与埃及难分伯仲，但埃及的黄金威力却所向无敌。

自埃及文明之初，能否控制产金区就一直是强权政治的决定性因素。尼罗河谷最早出现的一个大型定居点就是努卜特（今涅伽达），名字本身就是"黄金"的意思。其早期领导人就因为控制了进出东部沙漠众多金矿的要道而在政治和军事上能凌驾于对手之上。谁要是控制了所谓的"科普托斯的黄金"，谁就控制了国家财富，金字塔时代留存至今的几个黄金物件足以证明，在法老文化绽放初期，古埃及金匠的工艺已非凡。

1.　EA17，**译自** Moran (1992): 44。

在中王国初期，兼并下努比亚主要就是因为其四周沙漠盛产黄金。"瓦瓦特的黄金"来自阿拉吉干河谷和嘎布嘎巴干河谷，沿下努比亚谷地修建的一系列要塞，就是为了控制进出这些最重要地点的通道。从第十二王朝皇家墓葬中出土的几件珠宝首饰中，不难看出埃及工匠工艺之精湛，他们使用的原材料就是黄金和沙漠里的红玉髓和绿松石等。

新王国开始时，过度开采似乎已经把北部最容易开采的金矿储存耗尽，于是所有的目光转往努比亚。下努比亚不仅有瓦瓦特金矿，而且位于第四与第五瀑布间的上尼罗河谷还把守着更南端的苏丹及埃塞俄比亚矿藏的通道。埃及在第十八王朝初期出征努比亚或许就是因垂涎人称"库施黄金"的新资源。在底比斯的贵族墓葬中，就有努比亚人带来大量金戒指或一篮篮的金沙进贡的壁画。埃及以南土地最重要的产品莫过于此。

现代考古学家在东部沙漠和苏丹发现了 130 余处古金矿遗址；古埃及人（及其努比亚子民）十分擅长在地球上最偏远的地方寻找矿藏。用 20 世纪初一位学者的话说，"尚未发现被他们遗漏的可开采矿藏"[1]。

阿马尔那文书突出了黄金在第十八王朝时期的国际贸易和外交方面发挥的重要作用。外国统治者在给埃及王室写信时，不提

1.　Greaves and Little (1929): 123–7, 引自 Ogden (2000): 161。

想要黄金的屈指可数，而上面提到米塔尼的图什拉塔在文书一开始就说到较早期的黄金馈赠：

> 我也曾跟我的兄弟要黄金，我说："愿我的兄弟能多给我一些，要比他给我父亲的还多。你给了我父亲不少黄金。你给了他好多大金瓶、金壶。你给他的金砖之多，就像它们是铜砖一样。"[1]

巴比伦的统治者也向法老提出了类似要求：

> 至于我过去在信中写到的黄金一事，（手边）有就（尽量）多给些。[2]

亚述王也如出一辙，提出了自己的要求：

> 如果你的目的是尊贵的友谊，那给我送点儿黄金吧。[3]

---

1. EA17, **译自** Moran (1992): 44。

2. EA4, Kadashman-Enlil to Amenhotep III, **译自** Moran (1992): 9。

3. EA16, Ashuruballit to Akhenaten (?), **译自** Moran (1992): 39。

黄金在维系埃及的地位方面发挥着如此决定性的作用，所以这个法老统治的国家不得不挖空心思保障黄金的供应。奥克亨那坦统治期间经略的是外交而不是侵略。显然他在近东没有进行过讨伐，但对努比亚一个叫阿库亚提的地方的反叛游牧民族开展过军事行动。后来拉美西斯二世统治期间的一段铭文提及，一个名字与之类似的地方——阿库塔——蕴藏"大量黄金"。如果阿库亚提就是阿库塔——两者都想用埃及象形文字来表达其所不熟悉的努比亚地名——不难理解为什么奥克亨那坦要迅速对叛乱做出反应了：他或许爱好和平，但绝对不会坐视埃及丧失对主要黄金产区的控制。对造反头目的惩罚尤其残忍；他们全部被处以穿刺刑，此举是对任何想阻断埃及获得黄金的人的一个严厉警告。

　　就在阿库亚提叛乱几年后，奥克亨那坦的儿子继位。这位少年法老孩提时代最宝贝的东西就是系在珠串项圈和流苏吊绳上的一个小雕像。这是他童年手持十字章（安卡）、头戴皇冠的蹲坐雕像。小雕像高 5 厘米多，用亚麻布紧紧包裹放置在两层嵌套的棺木内：这是弥足珍贵的纪念品，也是护身符，旨在保护法老，祝福他长命百岁。雕像用的是纯金，也就是将埃及缔造成伟大文明，让它成为近东霸权的黄金。

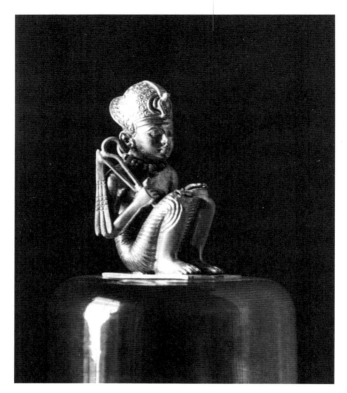

图12 国王的金吊坠

图坦卡蒙的号角

第 **4** 章

大自然的馈赠

图13　酒坛

31. 面包

32. 粮仓模型

33. 几头大蒜

34. 水果篮

35. 鹰嘴豆和小扁豆

36. 一盒牛肉（牛前腿肉）

37. 一盘去核红枣

38. 酒坛

39. 鸭胸脯

40. 几瓶蜂蜜

第十八王朝法老与他们帝国对手间的外交关系或许能通过大量的黄金馈赠而缓和不少，而埃及的基本财富还是来自富饶的尼罗河谷。法老文明建立在农业丰产之上。罗马时代，埃及是有名的帝国粮仓，其经济一直是以谷物生产为基础。大麦小麦是古埃及人的主食，而大麦小麦可制作面包，又可酿成啤酒。但尼罗河沿岸的土地也出产大量的豆类、水果和蔬菜。河里有鱼，在三角洲肥美的草场上饲养着牛，在全国各地的小农场里饲养着大量其他牲畜。总之，埃及人的菜篮子里的东西种类丰富多样，且宴饮是他们文化的重要部分。任何文明都有自己的饮食，但埃及人究竟如何烹饪基本上还是个谜，我们只知道他们有哪些食材。图坦卡蒙墓葬中还真有食物储藏间，从日常用的大蒜、小扁豆到特殊场合用的坛子酒和连骨肉。法老可以享用只有精英阶层才吃得到的异域产品，如枣子和蜂蜜，但他与最下层的子民一样，都依赖尼罗河的馈赠。

"赐给我们面包。"面包在近东各地都是必需品，对古埃及人来说也一样。它不但是主食，还有极大的象征意义。古埃及人在吹嘘自己"将面包赠给饥民"时，可能是真的给了面包，也可能是一个比喻。

由于尼罗河谷靠近沙漠边缘的地带比较干燥，古墓葬往往都安置于此，墓中有机物的保存条件异常良好。死者下葬时都得为其预备来生之所需，所以这里共出土了几百个面包。在约 6 000 年前埃及最早定居的巴达里人的墓葬中，也发现了面包碎片。数千年后第十八王朝的中级官员克哈的墓葬于 1906 年被发现时，里面竟然有好几桌堆积如山的面包和蛋糕。在已确定的古老品类中，有带香菜籽的特色面包，还有带无花果、滨枣的水果面包。

面包在古埃及的普遍性和重要性的证据并不局限于物质残留：埃及文献也曾提及各种不同的面包，同时古、中、新王国时期的墓葬壁画也经常以面包制作为主题。第十一王朝官员梅科特拉墓中的木制烘焙房模型，使我们对法老时期埃及的烘焙艺术有了进一步了解。

古埃及面包的主要用料是二粒小麦——一种原始的带壳小麦，经捶打后呈穗状。湿润后再用杵臼将其捶打出谷粒，经扬谷过筛去壳后磨成面粉。直到中王国时期，磨子都放在地上，磨面通常都是妇女的活儿，特别累人。到公元前 2000 年，人们将磨子放在台子上，这大大减少了磨面的劳累。这种劳动密集型过程的结果就是一种含有大量沙子和其他碎屑的粗面，那古埃及木乃伊的牙齿都呈现因咀嚼粗面包而造成的严重磨损也就不足为怪了。

谷物磨成面粉再和上水即可烘烤。好几个古代居民区都发现了面包店，可以从散落的废弃面包模子辨认出来。吉萨就有一家很大的面包店，为建造金字塔的工人提供食物，将一排排黏土制作的面包模子放在炭火上烤。到中王国时期，经典面包模子变了样，变成高窄的锥形。当时的居民区，如建造金字塔的卡洪城，就出土了几千件模具碎片。

所有发现中最令人印象深刻的当数阿马尔那城的古面包店。它离城里的两座神庙很近，本来设计就是为了进行大规模工业化生产，有一百多间烤房挨个排列。每一间烤房就是一个烘焙单元，跟家里的烤房一样，沿墙摆放的是盛放谷物或面粉的容器。面包店附近有一个工棚，有 48 个嵌入地面的石臼，谷物的击打就在此进行，还有一个磨子特别集中的磨面房。发掘现场的考古学家曾有这样一段记述："杵臼有节奏的击打声和磨子的摩擦声一定是阿马尔那人习以为常的声响。"[1]

阿马尔那的古迹遗留还有艺术佐证：在附近的赫尔莫波利斯的一件重复使用的神庙石板上，有面包房的装饰画。画面中，拱形屋顶下站着一个看管烤炉的人。他身后的桌上堆放着一块块面

---

1. Kemp (2012): 219.

包，锥形面包模子则放在另一个人的身后，等待装填。这幅画展示了第十八王朝阿马尔那最常见的两种面包形状。扁平面包不是放在盘子里烤就是直接贴在烤炉的滚烫外壁烘烤，今天的埃及仍然在使用这个办法。锥形面包则是用模子在炭火中烤制。

图坦卡蒙时期，庆典和祭祀场合似乎都用锥形面包，阿马尔那神庙附近的烤房散落着成千上万模子碎片。这些模子做成的面包或许是供皇宫和神庙专享——在米塔尼国王给阿蒙霍特普三世的外交礼品中，就有用黄金、白银、乌木和象牙打造的面包铲。[1]相比之下，平民住宅里很少发现面包模子，可见在家里只制作简单的面包。所以在图坦卡蒙墓中看到简单面包着实有些奇怪。在前室和附室中一共发现了十几个面包，估计是被只对值钱东西感兴趣的古时的盗墓贼弃置的。附室中的面包保存得最好，从 9 厘米到 13 厘米，长度不一，包括三个半圆形小面包（形似象形文字的"面包"），其中一个被放在灯芯草编织物上——或许这是一个简易的面包篮。

卡特认为，墓中其他的面包种类是为酿啤酒用的，国王随葬品中的两个木制和铜制过滤勺或许也是制酒用的。当然，在古埃及，面包与酒是密不可分的。正如一段铭文所言：

---

1. EA22, 译自 Moran (1992): 55。

如果你已经三个面包下肚，

再来两瓶啤酒吧，

肚子（还）不觉得饱的话，抗拒之！ [1]

面包和啤酒可能是一起生产的，粗面包是啤酒发酵的主要原料。二粒小麦是制作面包的主要原料，而啤酒则多使用大麦，混合了已出芽和未出芽的谷物。这样酿出的饮料稠、浑浊，含大量碳水化合物，这本身就是一种营养来源。啤酒也是给诸神及逝者献祭时的必备品。

"啤酒"一词最早出现在第五王朝的献祭清单上，众多棺木、供品桌和石碑上的标准祭文开头是："请说：敬献千个面包和啤酒（为逝者）。"因为啤酒中的酒精能有效杀菌，饮用啤酒要比喝水更安全，所以它是许多药物的成分之一。它也是重要的经济商品。物品可以用啤酒来计价，工人的配给也可以用啤酒来支付，再换成其他商品。但是总有人会饮用过量。在第十八王朝劝善铭文中，就描述了过度饮酒的不良影响：

切莫过度饮酒，慎防酒后失言。酒后失足受伤不会有人

---

1. *The Teaching of Khety*（又叫 *The Satire of the Trades*），译自 Wilkinson (2016)：298。

救援。酒友们只会站在一旁呵斥："醉汉，走远点儿！"任何人来找你、劝你，只会看到一个躺在地上的痴儿。[1]

或许少年图坦卡蒙墓葬中的啤酒坛的遗漏是有意为之。

* * *

农产品的加工和储存——包括制作面包和啤酒的原材料——在整个法老文明时期都是大事。由于肥沃的土壤和赋予生命的尼罗河，埃及是古代世界最成功的农业经济体之一，其根源可回溯到史前时期。早在公元前六千纪，尼罗河谷就有了第一个农业社区。在前王朝早期聚居点发现了二粒小麦和大麦的残留，这两样谷物5 000多年来一直是埃及经济的支柱。文化偏好和天生的保守个性肯定是因素之一，但这背后也有务实的理由：大麦在干旱和盐碱地生长，适合上埃及的气候条件，而二粒小麦则适合在三角洲生长。易脱粒小麦到托勒密时代才从近东其他地方引进，在罗马统治期间，埃及一直是硬质小麦的主要出口国，不过它们都是后来才出现的品种。

从考古学、考古植物学、文献和艺术层面，我们能看到谷物

---

1. *The Teaching of Ani*, thirteenth maxim, 译自 Wilkinson (2016): 303。

生产各个阶段的证据。在古、中、新王国高官墓葬的装饰壁画中，常常出现农业年景，当然它们反映的都是统治阶级眼中对农耕生活的美好愿景。在现实生活中，农民的生活是日复一日的辛苦劳作。难怪从新王国开始，随葬的萨布提（shabtis）经常都伴有这样的铭文：

> 每当土地需要施肥、河岸需要灌溉、沙子需要从东运往西时，你都会前来效力。[1]

前面提到，一年分为三季，反映了耕种者的主要关心所在：汛期、生长和收获。与谷物生产相关的活动序列就是与当时环境条件密切配合的结果。

古埃及降水量很少，所以十分依赖尼罗河每年的汛期，人们通过对洪水的细心管理给农业提供良好的条件。虽然从前王朝时期就已经有人工浇灌——用堤坝引水入田——但它的普及应当是在经历了一长串灾难性洪水之后的中王国时期。中央政府在法尤姆和三角洲等边缘地带展开了垦荒和浇灌工程，但具体灌溉系统的修建和维护则交由地方当局处理。

待每年8月、9月汛期达到高峰后，水会留在洪泛流域一到

---

1. *Shabti spell* (Book of the Dead, Chapter 6), author's translation.

两个月，在增加土壤肥沃度的同时又能冲刷掉伤及土壤的盐分。水退去后用锄头或犁耕地，然后人工播撒种子。农民把每次收获的最好的谷物留作下一个生长季的种子。田地播种后需要犁地或者赶一群羊将种子盖好压实。此后，作物基本上就靠自己了。有时人们会用响板把鸟吓走，不过他们似乎不怎么除杂草，也不经常施肥，尼罗河的淤泥就是最佳的生长培养基。

种植6个月后，谷物成熟了。收获是农忙期，需要整个社区的参与。许多新王国时期官员的墓葬，如第十八王朝底比斯梅纳的墓，都有生动反映收获场景的画面。与许多农耕社会一样，用镰刀收割，收割下来的麦秆扎成捆，拾穗人跟在后面捡拾散落的谷子。麦捆被送到打谷场，通过动物践踏把穗分开，再进一步把穗筛掉。麦秆和谷壳并不丢弃，它们很有用，可以用来做床垫、燃料、动物饲料和建筑材料。

加工的最后一步就是储存了。古埃及大约95%的人口是自给自足的农民，所以极易受粮食供应波动的影响。国家的应对办法就是，维持相当数量的储备粮以备不时之需，这个做法对法老文明的稳定至关重要。从新王国时期德尔麦地那工人村的记录来看，这个办法在控制全年的粮价上十分有效。其规模可以从西底比斯拉美西斯二世冥宫所在地的相关设施略知一二。此处是新王国最大的土地拥有机构之一。它的粮仓可储存约1 600万升的谷物，足以供古代中等大小城市居民食用一年。这些财富不仅提供了国家储备，也给国家带来了巨大的购买力，可以支付雇员薪水，资

图14 粮仓模型

助主要的建筑项目和其他王室工程。

　　除了国家维护的大型粮仓外，个人也有自己的粮库。个人粮库用来储存自己的农产品，以便增加个人财富，也等于给自家买保险。图坦卡蒙墓葬中的粮仓模型就是一个很好的范例。它长74厘米、宽65厘米、高21厘米，系木制，外涂白漆，共分16格，里面装满了谷物和种子。卡特说，类似的库房"用太阳晒干的泥砖建成，至今在埃及仍用来盛放谷物。其外表结构细节与3 300多年前的模型一模一样"[1]。作为法老的图坦卡蒙，在事关未来的生

1.　Carter (1933): 45.

计永续时也不愿意冒险。正如第十九王朝的一封信中所写：

粮仓里大麦和二粒小麦千万不能少，因为一个家有了粮仓才能立于不败之地。[1]

* * *

古埃及人的饮食主要是面包和啤酒，不过也不是没有其他食品或口味。即便是社会上最穷的人，弄些蔬菜也相对容易，最受欢迎的蔬菜应该是洋葱类。卡尔纳克的太阳神神庙建于图坦卡蒙出生前的几年，庙内的壁画上刻有一个工人在吃洋葱的图案。大蒜很受欢迎，因为它味道独特，也因为起码自新王国以来人们就知道蒜可以药用。尸体的防腐处理也用到大蒜，将大蒜当成蔬菜摄入则更早：在上埃及几座前王朝墓葬中，曾出土过几个被涂成白色未经烤制的黏土蒜头模型。在阿马尔那，曾发现最早的真正的大蒜遗留，说明奥克亨那坦皇宫的人是吃大蒜的。这一点更通过图坦卡蒙墓葬中一个箱子里的几头大蒜得到了证实。

埃及的气候条件对作为冬季作物的大蒜特别合适，因为大蒜发芽后就不怎么需要水了。一般而言，蔬菜水果的种植是古埃及

1.　Wente (1990): 126.

　　　　　　　　　图坦卡蒙的号角

经济的重要部分——园艺与农艺是对尼罗河谷的馈赠善加利用的互补活动。蔬菜和其他夏季作物种在尼罗河岸的低洼地，这里的土地排水较晚，正好可以充分利用湿润的土壤。堤坝上高处的土壤则适合种树，其与洪泛区高处的自然岛屿一样，经常被开发为果园。

在萨卡拉，有两位第五王朝高官的墓葬里出现了尼罗河谷的横截面细节图。在不宜耕种的地方，我们看到菜园、果园和葡萄园。第十二王朝贝尼哈桑的墓葬壁画上，也有类似景象；有人在为蔬菜浇水，有人在收割，有人在摘水果，有人在剪葡萄。果园也给家养或在笼子里畜养的水鸟提供了理想环境。

古埃及人除了在尼罗河堤坝上种水果和蔬菜外，在自己家里也热衷园艺。法老历史时代的统治精英都想有一个带围墙的大宅院，院子里有水池和花园，还有提供阴凉和水果的大树。有一段第十八王朝的劝善铭文鼓励众人：

> 耕地之外还得有花园，有一块地。花园里得种树以便给房子遮阴。[1]

最重要的一点就是，得有长久的水源。不是井就是更常见的

---

1. *The Teaching of Ani*, twenty-fifth maxim, **译自** Wilkinson (2016): 305。

深水池——埃及文"水池"一词（she）与"花园"通用。水池还可以养鱼和水鸟，既可以点缀生活又可以食用。树木通常是围绕水池成排种植，有时还有小水流穿插其间。第十八王朝阿蒙内姆哈特的墓中就描绘了这样一个花园，中间有一个水池，池子的周围一圈果树一圈棕榈树次第排开。晚近的赛内夫墓中的花园设计规模更大，水池就有四个，池中有水鸟，四周有成排果树和棕榈树围绕；花园正中间是葡萄园。阿马尔那城出土的一些大型私宅也有带围墙的花园。

阿马尔那也为菜园——可用来种植图坦卡蒙的大蒜的菜园——的存在提供了最佳考古证据。由于缺水和土壤沙质多，古埃及人都起垄种菜。小菜园一般用矮泥脊分格，每格约 1 腕尺宽，里面放冲积土，如有需要，肥料就用动物粪便和毁损的泥砖。在阿马尔那，这样的小菜园随处可见，从工人村到高官私宅和皇家建筑。大祭司梅里拉墓中的花园图进一步证实了它们的存在。它首次在埃及艺术品中展示了一种提水设备（shaduf）。尼罗河谷的园艺从第十八王朝开始因这一设备而发生了根本改变，直到托勒密时期引进用牛拉水车的技术（saqiya）。

艺术证据显示，浇水都靠人力，将河里、水池里或井里打来的水装入桶中进行浇灌。由于园艺劳动强度大，种植的规模因此受人力浇灌能力所限。虽然新王国时期官员墓葬的壁画里呈现出水果花卉繁茂的景象，但现实情况在中王国时期的《对各行各业的讽刺》一文中的描述则更准确：

　　　　　　　　　　　　　图坦卡蒙的号角

园丁身负重轭，他的肩膀弯得像老者。他的脖颈上有伤，久不愈合。他早上给蔬菜浇水，晚上给香菜解渴，中午在果园里消磨时间。他成天劳累，比哪一行都累。[1]

* * *

今天到埃及任何市场，你都会看到各种形状和大小的篮筐里堆满了水果、蔬菜、药草和香料。古时候，篮子是存放各类个人物件、生活用品的首选，在图坦卡蒙的墓葬中，就有上百个篮子。篮子里是食物，有水果、瓜子、香料、坚果、小麦、面包。在古埃及，食品篮象征富饶。据卡特记述，"某些节庆日，现代埃及人仍用类似的果篮祭拜逝去的亲人"[2]。法老时期的篮子看上去与现代埃及的编织法相似。篮子编起来并不难——只需要锥子或针和一把刀——编织过程可随时中断、随时继续。编织的工作可能由女性承担，是她们家务活儿的一部分。新王国时期德尔麦地那居民区出土的记录显示，篮筐成品——连同其中的物品——可在市集上买卖。

----

1. *The Teaching of Khety*，译自 Wilkinson (2016): 293。

2. Carter (1933): 104.

图坦卡蒙随葬品中的篮子形状大致有三种：椭圆形的最多，其次是圆形和瓶子形。它们的宽度从10厘米到40厘米不等，都是用棕榈叶的茎编成的。尼罗河谷盛产编织篮筐和席垫的天然材料，如芦苇、灯芯草等，它们可以用来做席垫或绳索，但用棕榈叶做的容器则更耐用。编织的方法很多，从穿行、缠绕、编辫到打圈、缝纫、捆绑。不过到目前为止，最常见的方法，也是图坦卡蒙墓葬内每一个篮子使用的编织法——盘绕。这个办法很简单：将一捆拧在一起的纸莎草或棕榈叶缠绕成圈，再用一串长草将其扎起来，这样做出来的篮子结实，篮壁坚硬，特别适合盛放细粒的谷物。

盘绕法制作的篮子仍在今天的阿斯旺市场出售，在阿马尔那工人村，也出土过类似的东西。其实这种技术的出现远远早于图坦卡蒙时代。最早的例证出现在新石器时代法尤姆低谷的戈伦湖北岸。它们与图坦卡蒙墓中的篮子十分相似，可据考，它们的年

图15 水果篮

代应该是公元前 5500 年左右，要比少年法老的时代早 4 000 多年。与石器的制造一样，人类掌握的最早技艺似乎就有编织席垫和篮筐。

法尤姆新石器时代的遗迹是在 1924 年冬天被发现的，当时卡特正在整理图坦卡蒙墓葬中的物件并对其进行编目。负责挖掘的考古学家是一位非常出色的古埃及学黄金时代的先驱：格特鲁德·卡顿-汤普森。在那个基本上是男人主宰的世界里，她不畏艰难险阻坚持追求自己的所爱。当时开罗正因英国驻苏丹总督遇刺而人心惶惶，卡顿-汤普森不顾官方的警告前往法尤姆，而且未采纳与驼队结伴而行的建议，径自开二手福特汽车去了。经过两个月的挖掘，除了燧石工具、磨石和谷物残留外，还发现了埃及首批新石器时代的陶器——这些是埃及农业生活方式的最早证据。接下来，在研究沙漠的下层地质学时，卡顿-汤普森又发现了埃及早期农民的谷仓。它们是一系列浅坑，坑壁用泥细心抹平，再用棕榈叶捆绑的草盘绕成席垫围绕；大多数缠绕的材料均已腐化，但席垫状况良好，卡顿-汤普森成功取下 10 张席垫并送了几张回英国。

这些简易谷仓出现得比较集中，可见谷物的收成有全社区的参与。每一个仓室能储存 8 英担[1] 谷物，相当于 2 英亩[2] 到 3 英亩的产量，所以这个最早的农耕社区似乎耕地面积有 200 英亩到 300 英亩。虽然法尤姆的新石器时代居民区早已因犁耕而不复存在，但还是找到了几个简易谷仓，有的仍有大麦和二粒小麦谷物残留，有的仓壁上还有席垫铺盖。图坦卡蒙墓中的篮子就这样将我们带回了埃及农业的起源。创建并维系埃及文明的土地生产力以及粮食的生产和储存模式，从一开始就是它的特色。

* * *

图坦卡蒙是在一个以颂扬粮食生产为信仰核心的家庭中成长的。几乎可以肯定，《日星赞歌》出自图坦卡蒙的父亲奥克亨那坦之手。这首赞歌是图坦卡蒙新宗教的教条，赞扬太阳神阿吞是富裕的缔造者：

> 你从地平线上升起，给地球带来光明。
> 因阳光所赐我们有了白昼……
> 草场上的牲畜心满意足；

---

1. 1 英担约合 50 千克。——译者注
2. 1 英亩约合 4 047 平方米。——译者注

树木植被铺上了新绿；

鸟儿从巢中振翅，

为你的精神翱翔欢呼。

动物群起欢欣雀跃……

你让人人知其所属；

你满足他们的所需。[1]

阿马尔那的阿吞神庙就是借助丰盛的食物来颂扬造物及造物主之功的。中心城市两座阿吞主神庙都是巨大的祭品展示台。大神庙内部南侧的一角一共放了920张供桌，北侧可能也有个同样大小的放置供桌的地方。主建筑的一系列通道和庭院同样也摆着近800张供桌。同时代墓葬壁画的供桌上堆满食物，这似乎是对阿马尔那敬拜情况的真实反映。考古学家在神庙南边挖掘到一个极大的食物存放库，可以不断添加供奉的食物。库房里有能进行规模生产的面包房、谷仓和加工设备，还有牛圈和屠宰房。

不过，对祭品的讲究并不意味阿马尔那的寻常百姓都能吃饱。图坦卡蒙地位卑贱的同胞埋在南墓葬场，葬在南墓葬场的大多数人，成长速度都滞后两年以上，其身高也达不到标准。从那里挖掘出的骨头来看，他们因长时间营养不良而有各种毛病，如维生

---

1. **摘自** *The Great Hymn to the Orb*，**译自** Wilkinson (2016): 103–4。

素 C 缺乏症、佝偻症，还有眼窝里骨头生长异常等，此外，牙齿上的裂纹也说明儿时得过急病。埋在这里的人有 75% 死的时候都不到 35 岁，种种迹象表明阿马尔那所崇拜的富饶并没有代表性。

其实，尽管尼罗河谷以土地肥沃著称，但它还是闹过不少次饥荒。连续几年汛期水量过高或过低，即便有国家粮仓为缓冲，也容易引发普遍粮食短缺。在政府缺乏经费、权威或意愿充实粮仓时，就会有饥荒的威胁。萨卡拉第五王朝乌纳斯金字塔堤道的浮雕对饥荒的细节刻画入微：一群骨瘦如柴的人坐在地上，一脸无助。第一中间期的安赫梯菲有一段自传体铭文，声称自己曾拯救过"地狱沙丘上垂死之人"。在第十一王朝的铭文中，提到过饥荒，赫卡纳克特的书信也有提及。显然，对埃及百姓而言，这些都是厄运随时可能降临的年代。新王国末期法纪再度崩坏，一个盗墓贼被捕，他的妻子声称手边的银子"是在土狼年闹饥荒的时候用大麦换的"[1]。

部分问题出在法老时期的土地所有制上。多数土地均为国家和神庙所有，个人可以拥有或租赁土地，但仍得对中央当局缴纳部分生产所得作为税捐，这样宫廷才有资金来源，才能筹建大型建筑项目。如遇歉收，税务官员不会少收，致使农民和家人无法维持温饱。在新王国时期，主要是对制作面包的基本原料二粒小

---

1. Papyrus BM10052, 引自 Kemp (1989): 243。

　　　　　　　　　　　　　　　　　图坦卡蒙的号角

麦进行征税。赫卡纳克特的书信里说，他的耕地面积大于满足一家所需，所以他有大量的储备粮，但他是例外。在新王国时期，8口人平均只有 3 英亩地；全家人若要不挨饿，就必须收成好。阿马尔那的百姓多数都是来自乡下的移民，已经没有了传统的土地权，更得靠国家施舍。

阿马尔那和其他地方墓葬中的壁画所反映的都是统治阶级的视角，大多数人真正能拿到的粮食要少得多。今天在对古埃及人的饮食进行研究后得知，除面包和啤酒外，他们主要还摄入水果和蔬菜。对大多数百姓而言，肉类可能是稀缺的；没有肉，蛋白质就靠豆类。虽然在壁画艺术或铭文中并不多见，但考古发现，小扁豆和鹰嘴豆也是古埃及人的主食，与今日埃及一样。小扁豆在尼罗河谷是冬季作物。与谷物不同，它们能够耐受十二周的干旱，所以在尼罗河洪水不足的年份它们就特别珍贵。在前王朝时期的墓葬中发现过这些豆子，而中王国时期的墓葬也出土过鹰嘴豆的彩陶模型。

豆类尽管是普通百姓的食物，但古埃及的精英也吃。图坦卡蒙墓葬里有各种各样的豆：在粮仓模型里，鹰嘴豆与谷物混装，附室的一个坛里就有干扁豆。这说明在古埃及，保证营养食品的足量供应容不得疏忽大意。

* * *

在图坦卡蒙墓中，发现了有 3 500 年之久的罐装牛肉，冷
藏专家承认这打破了世界纪录。英国冷藏协会名誉秘书长雷
蒙德先生说，英国最长的冷藏纪录只有 18 年。[1]

1923 年 1 月 20 日，在发现图坦卡蒙墓葬两个月后，《每日邮
报》上刊登了一篇对墓内物件进行记录和编目的报道。卡特从缝
隙中观看前室时，最先引起他注意的就是一系列 48 个两件套、外
层被漆成白色的盒子。它们大约鸡蛋大小，无法猜透里面装的是
什么。打开后才发现，里面装的是连骨肉，多数是牛肉，但也有
鹅肉。这些悬铃木木盒都堆叠在一把仪式用椅子的下面，每个盒
子都做了防水处理，还用加热后的树脂自内密封。连骨肉保存状
况良好，虽然从严格意义上讲，它们并非"罐装"，也并未被"冷
藏"。这一类"食物木乃伊"在包括图坦卡蒙曾祖父母育亚和图玉
的埃及古墓中也发现过。保存良好的连骨肉是法老时期肉类加工
最宝贵的证据源。

到底尼罗河谷是什么时候开始养牛的，对此众说纷纭，可能
时间很早，甚至早在公元前七千纪。从纳布塔普拉雅附近挖掘出

---

1. *Daily Mail*, 20 January 1923, 引自 Reeves (1990): 205。

图 16 罐装肉

的考古证据来看，公元前五千纪牛已经被驯化。它们与山羊和绵
羊一起，构成了尼罗河谷的主要牧群，整个法老时期众多墓葬壁
画上都有它们的身影。

　　古埃及人对驯养一直非常感兴趣，并试图饲养各种奇异的野
生动物以供应皇宫的餐桌。在第一王朝之前几年，为一位高官专
门打造的刀柄上就有牧犬看养长角羚和大角绵羊的雕刻，说明这
些动物可能已被驯化了。在美杜姆一座第四王朝墓内壁画上，展
示了宰杀长角羚供食用的场景。萨卡拉一座古王国墓葬描绘了逮
住瞪羚、野山羊、曲角羚羊、大羚羊和长角羚，把它们拴在食槽
中喂食的景象，另一景则是土狼被强行喂食。在墓葬和居民区中

找到的动物残骸肯定了金字塔时代皇家餐饮口味不寻常，且不拘一格。

不过，在众多潜在的可食用动物中，只有牛能成为宗教祭祀的特殊祭品。从纳布塔普拉雅的考古证据中已能看出，牛与祭祀间的联系，在整个埃及历史上经久不衰。耶拉孔波利斯最早挖掘出的尼罗河谷神庙就曾出土大量动物骨骸，经研判很可能都是就地屠宰的。不过，牛似乎在完全长成后还能多活几年，可见它们除了被食用外，还受到一定崇拜，有象征意义。在埃及第一位国王那尔迈的狼牙棒杖头上石雕的宗教仪式中，就有两头被圈养的牛。

人们不仅认为牛具有特别的神圣意义，宰牛本身也是一项重要仪式。先用套索把牛压在地上，然后在助手协助下让牛仰卧。屠夫对其割喉，祭司要确认它的血和内脏没有不干净的东西。放血时挤压其前蹄，强迫血液从颈部血管的割裂处流出。也许这就是为什么在宗教献祭时会特别突出牛前蹄。这在放血和慎防肉被污染时发挥了至关重要的作用。

阿马尔那的大阿吞神庙旁就有牛棚，专门圈养即将献祭的牛，有石头铺设的地面和砖砌的喂食槽。阿吞神庙的大祭司住所旁边的垃圾场尽是牛骨头。阿马尔那的墓葬浮雕中，牛在被牵往大阿吞神庙的屠宰场之前，头上都戴着花环。一旦牛被宰杀，精选的肉——包括前腿等最好的肉——就会被陈列在供桌上，其他部分则及时送往皇宫或腌制后存放在陶罐里。在出土的陶罐上，还有标明内容的标签。有一个标签上面写着：腌肉：内脏，平日献祭用，屠夫韦佩提供。[1] 现代人经实验得知，在埃及盛夏，连骨肉如果挂在阴凉地，可保存 8 个小时不变坏。墓葬绘画显示，古埃及人也使用风干法，先将肉捶扁捶薄，然后再放在绳子上晒干。

因此，墓葬和神庙给我们提供了大量古埃及准备和食用肉类的证据，从家禽和羊肉到长角羚和土狼，但位居食材金字塔顶端的则是牛肉。不过，法老时期还有一样常见的肉食——猪肉，这是在阿马尔那工人村发现的。古埃及宗教是禁食猪肉的。理由是：猪肉不易保存，在气候炎热的地方容易变坏。但工人村的居民却吃猪肉，而且吃得不少。工人村有专门打造的猪圈，有专门屠宰、腌制和包装的地方。猪的饲料是谷物，养到一两岁就杀了吃。猪肉生产是社区有组织的大产业。为满足奥克亨那坦家族及其神明的需要，饲养的牛上千，然而其卑微的子民只能食用次等肉类。

* * *

不论是哪一种活动，是纪念，还是庆祝，是世俗的，还是神圣的，要办得隆重就少不了筵席。多数古老先民都有举办盛宴的习俗。前面已经说了，古埃及人的食物多种多样——谷物和豆类，

---

1. Kemp (2012): 111.

面包和蛋糕，水果和蔬菜，坚果，鱼类和家禽，有的人还有肉吃。我们或许无法编写一本古埃及人的食谱，但大家都熟悉他们的食材。我们可以假设，埃及人一定会很有创意地搭配各种食材，不仅仅是烹煮，而且做讲究的美食。

从墓葬壁画来判断，第十八王朝的精英最喜欢的娱乐应该是宴饮。当时就有一段铭文要求富人"将食物给贱民，将吃的东西给未被邀请的宾客"[1]。在底比斯贵族的墓葬中，宴饮场景是标配。第十八王朝纳赫特墓葬就是一个典型的例子，壁画中的来宾一边闻着花香，一边聆听竖琴盲乐师的演奏。另一幅优雅的宴饮图出现在附近拉莫斯的墓里，画中的墓主人与妻子及好几对夫妻一起，在堆满食物的餐桌前比肩而坐。

不过画更含深意。宴饮的宾客里经常出现已经逝去的亲友。所以壁画的目的不只是表达昔日的快乐时光，来生不愁衣食或死后供奉不断，而且也是对丧宴及其一年一度进行祭奠的肯定。"河谷美节"是新王国时期埃及的重大节日，这时家人都会一起在逝去亲人墓前一顿吃喝，与逝者灵魂共享盛宴。这一年一度的庆祝或许也是对墓主人与家人在墓园建成时宴饮的追忆。

底比斯的宴会都有一定的仪式性，所以不乏复杂的象征意义。色情图像尤其博人眼球，穿着暴露的女侍捧出寓意繁衍的鸭肉和

---

1. *The Teaching of Ani*, forty-seventh maxim, 译自 Wilkinson(2016): 309。

寓意重生的莲花，以确保墓主人复活。来宾会穿着他们最好的衣服，通常会在头上涂香蜡或油膏，人们相信，香气就意味并鼓励神明降临。莲花的频繁出现也许不只代表重生，还代表宗教的沉醉状态——有些睡莲含麻醉生物碱，来宾或许用其来致幻。曼德拉草也出现在某些壁画的宴会场景中，有类似作用，大量的酒精也能改变人的意识状态："醉态"就是世间与神域之间纱幕的隐喻。

除了食物和饮料，任何像样的宴会都有音乐、舞蹈助兴。有节奏的吟唱，配合打击乐器的伴奏，能帮助宾客进入兴奋状态。人们也相信歌声能唤醒逝者的灵魂，同时还能让神明健康。音乐与众神之母哈索尔有密切联系。她是弱者的保护神，也是死者下葬的所在地底比斯西部群山的主神。壁画中的女乐手通常都手摇响板——哈索尔最神圣的乐器。其他乐器还有长笛、古琵琶、钹和铃鼓。双长笛、双首琴和七弦竖琴第一次出现都是在第十八王朝，任何埃及宴会都少不了竖琴。

宴饮和宴会场景不仅仅是在底比斯常见。据考证，奥克亨那坦时期萨卡拉的帕坦内赫布墓葬有一幅宴饮壁画，阿马尔那胡亚的墓葬也有宫廷宴饮图，图中朝臣、仆人和乐师一应俱全。年轻的图坦卡蒙一定也参加过类似盛宴。

在图坦卡蒙众多随葬食品中，有一样是豪华宴饮的代表——装着海枣的大陶碗。如今，在北非和中东，海枣被用来待客，海枣也是友谊的象征。海枣在古埃及似乎也十分珍贵。直接吃它们是爽口的甜味，也可放在蛋糕里甚至啤酒中增味。早在第二王朝，人们就开始将挤压后的海枣发酵做酒，而在第十一王朝之后的考古遗址上也发现了海枣核。

虽然海枣树（又名枣椰树）是最古老的果树之一，而且特别适合埃及干旱炎热的气候，但似乎从新王国时期才开始被广泛种植。之所以那么晚才普及，可能是因为它需要持续浇水，并需人工授粉才能保证产量。但一旦成为古埃及园艺的支柱，便随处可见，而且产量很高；海枣树浑身是宝，它的果因甜美而深受人们的喜爱。当然，图坦卡蒙墓中出土的陶碗及 6 篮海枣都保存得近乎完美，再加上 36 篮滨枣、13 篮埃及棕榈果、4 篮孩儿拳头果和 3 篮鳄梨果，以及其他各种水果，这位少年法老举办难忘盛宴的材料已齐备。

* * *

埃及最古老的皇家墓葬位于阿拜多斯附近的沙漠沙地中。编号为 U-j 的陵墓被认为是王陵，不只是因为其建筑风格（像一座微型宫殿），也因为墓中的随葬品不一般。一间墓室里放着国王的象牙权杖。另一间里有大量的象牙简和骨简，其上的记录是尼罗河谷所发现的最早的象形文字。但最能代表墓主人身份的东西则是在另一间墓室中发现的 47 坛巴勒斯坦酒。阿拜多斯前王朝时期的这位国王下葬时还有一间珍藏进口佳酿的酒窖。他对酒的钟爱引领了尼罗河谷未来 3 000 年精英文化的潮流。1 700 年后，图坦卡蒙的墓葬里也摆放了 26 坛酒。

阿拜多斯坛子里装的东西因残留的葡萄籽而得到确认。其中 11 坛里面有切碎的无花果丝，或许是为增加甜度而放的，其他坛子里的酒似乎加了松香——松香葡萄酒显然是东地中海的一个古老传统。与其他从近东引入的习俗一样，埃及人很快也有样学样。最早的葡萄栽培证据是在三角洲前王朝居民区发现的葡萄籽。从皇家铭文里"榨酒机"[1]象形文字的出现以及第一次使用"酒"（irep）这个词，说明第一王朝和第二王朝就已开始酿酒。这个时期王室和精英的墓葬一般都有高大桶形的坛子出土，考古学家发现它们是酒坛。如果没猜错，酒在丧葬仪式中的作用应该也很重要。

由于酒能使人醉，人们就以为它有神力。金字塔文献列出了在祭奠逝者时用的五种不同的酒，在神庙举办仪式时，酒也用得很多。据第二十王朝的文献记载，拉美西斯三世在赫利奥波利斯的神庙一共敬献了 103 550 坛酒，给孟菲斯的神庙也献过 25 978 坛。新王国时期埃及国内酒的产量可见一斑。

啤酒的酿制在家中进行，但几乎没有证据显示古埃及的葡萄园是私人所有的。相反，葡萄园位于三角洲和西部沙漠绿洲的皇

---

1. 这个标志有可能实际上代表的是一台油压机。

家属地，是尼罗河泛滥影响不到的地方，这里的土壤排水较好，也不那么肥沃。在尼罗河三角洲东北部的大巴堆，发现古代葡萄园存在过的蛛丝马迹。

底比斯的陵墓装饰画上对酿酒的所有阶段都有描绘。在新王国时期，饮酒似乎比较普遍，喝酒的百姓比从前多。德尔麦地那的墓葬工人拿到的薪水有时候就是酒，而酒坛的标签是从阿马尔那的工人村发现的。第十八王朝酒的流行程度可以从当时贵族墓葬的装饰中看出：阿蒙涅姆赫特和赛内夫墓室的房顶上都画有一串串葡萄及藤叶，而肯纳蒙的墓中也画了一个四周都是藤叶的水池。阿马尔那墓葬里有一幅奥克亨那坦与母亲提耶一起饮酒的画面。

葡萄收成在夏季，在谷物收成之后。纳赫特的墓葬有一幅葡萄采摘后被踩出汁液的壁画。踩时伴随着音乐或有节奏的歌声。另一个榨取葡萄汁的办法是用重袋挤压，把压出来的汁液倒入坛中发酵。发酵完毕后将坛子加塞密封。有时候，就像图坦卡蒙墓中的 4 坛酒一样，塞子上留有小洞，方便第二次发酵时气体的排放。

新王国的酒标签往往会记下酒的年份、酿酒人、庄园的名字、葡萄园所在地，甚至还会记下酒的质量（"好""上好""特好"）。阿马尔那发现的标签显示了 26 个不同的庄园，多数都在"西河"沿岸——可能是尼罗河的卡诺皮特支流。图坦卡蒙墓中的酒也多半来自这里。多数标签都说酿酒年份是他在位的第四年、第五年和第九年，不过也有一坛酿成于其祖父在位的第三十一年。这样做很可能有象征和情感原因，坛子本身多孔，酒的存放不可能超过 5 年。

艺术方面的证据显示古埃及只产红葡萄酒，虽然种类和风格各异。阿蒙霍特普三世皇宫里的标签曾提到"勾兑酒"，底比斯一座墓葬有一幅描绘勾兑不同的酒的壁画。图坦卡蒙有 4 坛酒的标签上写的是"甜酒"，这说明其他的酒是不甜的干葡萄酒，还有 5 坛标明了酒里有 shedeh，没有人知道它是什么，也可能是一种更昂贵的酒。图坦卡蒙的酒窖里保存的美酒可供他永世享用，他不过是传承了古埃及最古老的王室传统。

* * *

除了给古埃及人提供丰盛的食品外，尼罗河谷的馈赠更对他们的文化产生了潜移默化的影响。除了宏伟建筑外古埃及最具代表性的文化特点就是象形文字。它出现在法老文明的开始，消失在公元 4 世纪基督教文明到达后，可以说它界定了法老文明。书写的想法或许来自美索不达米亚，但埃及人的书写发明却自成体系。它与他们的语言完全契合，而且灵感全部来自他们的世界。

要学习象形文字，必须掌握 700 个左右的符号，这样才能有一定的读写能力。20 世纪的英国古埃及学家阿兰·加德纳把这些符号按主题分成几大类，如人的身体部分（63 个符号）或面包和蛋糕部分（8个符号）等。有几个类别符号数目很少：代表船只和船上部件的只有11个。有的类别数目很多，反映了埃及人对生活方面的关注：绳索、篮子和袋子，农业、手工艺和职业。

743个符号中描述环境特征、植物和动物的最多，有407个。因此，象形文字反映的是一个自认与大自然为一体的社会。奇怪的是，象形文字符号里只有6种鱼，它们都以被水扭曲的形象出现，不像其他动物那样容易辨认。哺乳动物的种类很多，血（恒温）动物有34个符号，从家养动物（牛、羊、猪、狗、猫）到野生动物（豺狼、狮子、花豹、河马、大象、长颈鹿、狒狒、兔子和几种羚羊）。这些动物符号代表的都是法老文明早期制定和编纂书写系统时的尼罗河谷动物群：到新王国时期，大象和长颈鹿早已绝迹，狮子也越来越少了。

凡到过尼罗河的人都知道，河流及其岸边的芦苇丛中生活着种类繁多的鸟。这一自然世界景观在埃及的书写系统中也得到了充分反映。有不少猛禽——埃及秃鹫是最常见的符号之一，外加长腿秃鹰、猎鹰和秃鹫，最后一种被用来书写"母亲"一词。猫头鹰和鹌鹑都是常见的表音符号，飞行中的针尾鸭则被用为定冠词，代表"这、那"。

其他鸟类则代表比较复杂的概念。火烈鸟代表"红"，麻雀代表"小"。不知道为什么，田凫代表的是老百姓，而朱鹮则代表逝者的灵魂。有趣的是，苍鹭（benu）因与阳光（uben）相近，变成了代表"太阳"的符号。

　　　　　　　　　　图坦卡蒙的号角

除了鸟类，家禽也是象形文字的符号。鹅变成了大地之神盖布的象征，行走的针尾鸭则是"儿子"的意思，这在父系社会是极为重要的概念。或许最奇怪的是，被绑住的鸭子代表的是"畏惧"。

鹅与鸭是古埃及的主要鸟类，即便在第十八王朝初期从西亚引入家禽后依然如此。鸟类死后特别容易滋生细菌，所以不是即杀即食就是得风干、盐腌、火熏或加工贮藏。鹅与鸭靠自身的脂肪也可以保存；底比斯墓葬壁画就有将鸟类杀掉，拔毛，取出内脏，放入窄口双耳瓶的画面，瓶里可能放了盐；另一座墓葬里则发现了一只装着盐水腌制鸟的双耳瓶。另外一个处理鸟类的方式就是宰杀后立即开膛炙烤：德尔麦地那第十九王朝墓中就发现了好几例。虽然鸟类风干后变得比较硬且不好吃，但在新王国时期的一座墓葬里，有将鸭子切条挂起来风干的画面。阿蒙霍特普二世的妻子的墓中就有鹅、鸭、鸽子等，"用涂满了油甚或是蜂蜜的树脂状黏稠物的薄麻布包裹"[1]。

图坦卡蒙的随葬品中也有多种鸟类：几块鸭胸脯和一只鹅，后者与别的连骨肉一起放在一个两件套盒子里。不论被绑住的鹅是否象征将"畏惧"禁闭后会给法老在来世带来好运，还是仅仅只是比较方便的包装食物，起码它说明古埃及人的世界是喧嚣的。

---

1. D'Auria 等人 (1988): 142, 引自 Ikram (2000): 669。

古埃及人特别善于利用尼罗河谷的各种资源，但他们对自然世界的某些方面还是捉摸不透而心存敬畏。人们对蜜蜂很感兴趣，也十分敬佩，因为它们组织严密、工作勤奋，又能生产蜂蜜。所有狩猎-采集社会都珍惜蜂蜜，因为它味甜并有益健康。在非洲各地，传统社会都将寻找蜂蜜所需的技术代代相传，迹象显示古埃及也一样。

在国家建立之前的几个世纪里，工匠们已制造出了一系列非凡的物件，可用于标识和颂扬新兴精英的权力。其中最引人注意的是一系列精致的牙雕。上埃及阿布哉丹出土的刀柄或许是如今存世的最佳作品之一。刀柄两边都雕刻了众多小动物：大角绵羊、大羚羊、狮子、大象等。这里还有好几排蜜獾，又名獾式，系鼬科，擅长找蜂巢。

在阿布哉丹和其他同时代物件上，蜜獾的旁边都会出现埃及历史萌芽时期被人联想到国王的五瓣圆花。有人把这样的排列与史前时代的埃及人传统联系起来，古时候的人相信统治者的权力来自他征服自然世界的能力。蜂蜜、蜜蜂和统治者之间的联系似乎在埃及文明源起时就已存在。

在第一王朝时期，这种联想更因为正式的王名头衔加进一个奇怪的东西——"nesut-bity"，意思是"莎草和蜜蜂之王"——

而越发牢固。后来，在众人熟悉的国王的王名之前都有这个头衔。托勒密时期，"nesut-bity"被译为"上埃及和下埃及之王"，但从词源来看，它或者代表不同的二元组合：法老既是神明化身（nesut）又是国家的统治者（bity）。蜜蜂这个象征似乎与王室的世俗权威有关联。学者对于为什么选择蜜蜂为法老头衔有各种猜测。金字塔文献称天空之神努特以蜜蜂的形式现身；但蜜蜂来往于土地和空中两界，一如莎草根在水里但花在空中一样横跨两界。这或许意味两者都是沟通物质世界与灵性世界的桥梁。[1] 或许河岸边密集的莎草和蜂群中无数的蜜蜂是自然神奇无限的缩影。

埃及有一个神话，说蜜蜂是太阳神"拉"的眼泪变成的。另外，蜜蜂还与奈斯女神有关，尼罗河三角洲塞易斯供奉奈斯的地方就叫"蜜蜂之家"。把蜂王作为早期的母亲神崇拜，用蜂窝来隐喻国家政府，这些都说得过去。

不论蜜蜂背后有什么神秘含义，它产生的蜂蜜同样被奉为神品。很早的时候，人们就发现了蜂蜜的抗菌和镇定作用，在古埃及纸莎草纸上存世的传统药方和疗法中，有500多种都用到了蜂蜜。在肥皂发明以前，人们用方解石、红泡碱磨粉，拌入盐和蜂蜜来擦身。蜂蜜被用来润喉止咳，给灼伤和溃疡处镇痛，为开放

---

1. 在中世纪，人们认为蜗牛也有类似的特性，因为它们似乎既生活在水里，也生活在陆地上。

性伤口做抗菌敷剂。蜂蜜也许能治疗肠道寄生虫病、皮肤病、胃不适、泌尿问题、妇科病，甚至脱肛（盐、油与蜂蜜混合外敷四天）。逢祭祀，它还是给神明的祭品；拉美西斯三世曾捐赠大量蜂蜜给河神哈比，而信奉阿蒙者也有自己的养蜂人。

古埃及语是区分"采蜜人"（从野外采集蜂蜜的人）与"养蜂人"（从事养蜂业的人）的。其实，最早的专业养蜂证据也来自埃及。他们给家养的蜜蜂起了一个可爱的名字——"蜂蝇"。虽然它们性喜温暖，却也需要水；尼罗河三角洲应该特别适合养蜂。第五王朝国王的太阳神神庙——旨在歌颂自然世界美好的建筑——的浮雕展示了许多蜂巢以及蜂蜜的收获、过滤和装罐工序。中王国时期的文献中还出现了"全国养蜂人总管"，雷克米拉的墓室壁画显示了一人正小心翼翼地从平放的系列蜂窝中移除蜂巢，他的助手则在一旁用香炉熏蜜蜂。除了蜂蜜，埃及人也珍惜蜂蜡，用它来制作小模型，用于医疗，同时还用来给新王国墓葬的壁画做亮光涂料。

图坦卡蒙的随葬品中有两瓶蜂蜜，储放在附室。一个是较小的双耳瓶，标签上写着"上好蜂蜜"。它既是药物，可食用，可强身健体，又与古老神秘的王权有某种联系：肯定是法老陵墓中的不二之选。

第 **5** 章

君 主 制

图17 图坦卡蒙萨布提

"天佑吾王"[1]最适用的地方、在人类史上最为贴切的时刻，莫过于法老时期的埃及。埃及历史初成时期就已铸就的君权神授观念是将埃及凝聚在一起的意识形态黏合剂。矗立在社会金字塔顶端的国王是联结子民与众神之间的桥梁。从理论上讲，所有土地均归其所有；所有艺术和建筑都是为了歌颂他和他的权位。如果不了解这一体制的核心，就无法了解法老文明。作为皇家陵墓，图坦卡蒙的墓葬里尽是能解说古埃及君主制各个方面的物件。虽然王权思维对国王的神性故意语焉不详——有时他是神的化身，有时他又是众神在人世间的代表——但对他维护秩序，为埃及抵御外侮发挥的核心作用却讲得十分明白。

　　国王的主要职责是安抚众神，让他们继续眷顾埃及和埃及人

1.　William Shakespeare, *Hamlet*, Act IV, Scene 5.

民。为此，他是各种信仰的大祭司，要经常造访领地的各个重要神庙，并出席关键庆典。仪式和象征抬高了国王的地位，让他有别于他的凡人子民。不过埃及国王同时也拥有政治地位：法老是国家和政府首脑，是执掌复杂官僚机关的专制君主。埃及法老的宗教和世俗两个不同的职责合而为一是埃及文明独有的聪明睿智之处。

＊　＊　＊

古埃及的王权起源因时日久远已无从查考。在古埃及史前先祖中，肯定有人因为对自然界特别了解而在部落中享有一定的地位或权威。一旦人们开始在尼罗河谷长期定居，有效领导所需要的知识和技能或许会改变，但仍然少不了对环境的固有了解。在公元前四千纪早期的墓葬里，曾发现过几个戴着帽、留胡子的小雕像，说明这些早期的定居人口中，有一些人与众不同——不一定是政治人物，也可能是萨满或祭司。

随着埃及社会阶层趋于明显分化，更直接的王者地位标识也开始出现。最明显的例子就是耶拉孔波利斯"彩绘墓"的装饰。这个石砌墓葬看上去并不起眼，藏身于尼罗河谷第一座有城墙的城镇附近的沙漠里，它仍然是所知最早的装饰墓葬——而装饰墓葬又是最具代表性的王权身份象征。在墓室内壁的灰泥墙上，有多幅粗糙的画作，主题不明，像大杂烩，但它们的共性在于，所

图坦卡蒙的号角

有这些元素后来都被纳入王权的标配图像。画中的船队似乎在表明皇家出巡或宗教游行。在另一处，画中的统治者正在痛打一名被捆绑的俘虏，这种权力和权威的形象将持续到法老文明的尽头。还有一幅画被史学家称为《野兽的主人》，统治者站在两头不敢造次的狮子当中。这幅画很可能受了美索不达米亚艺术的影响，但被早期埃及艺术接纳了，说明它符合埃及人的心理。尼罗河谷及其周边沙漠的自然环境十分凶险，而野狮正是自然界威力的体现。统治者与野狮的象征性联系——不论是他驯服了野狮，还是吸纳了它们的强势和凶猛——在整个法老历史上一直是王室形象的特征。

除《野兽的主人》外，还有不少为帮助传达埃及王权这个复杂并不断发展的概念而被吸纳进来的苏美尔文化元素。似乎象征统治者的圆花饰就是其一，它最后一次现身是在第一王朝第一位国王那尔迈时期的物件上。象征自然世界变幻莫测的神兽、两翼像发梳的狮鹫，在统一前几个世纪的高级物件上曾经出现过。还有总是成对出现、颈子互相缠绕的四足神兽（"蛇豹兽"），或许是自然界两种相反力量——昼与夜、生与死、河谷与沙漠——的象征，统治者的职责就是让两者保持平衡。在那尔迈调色板上也出现过蛇豹兽，但以后的王室艺术家似乎有意摒弃美索不达米亚图案而代之以本土图案。结果就有了深深植根于自己漫长史前史的一套特定的图案符号，以此来表达埃及君王的神秘和威严。

虽然法老的王权制度有独一无二的埃及特性，但仔细推敲就能看出它的非洲起源。真实存在的花豹——而不是传说中的蛇豹兽——所发挥的重要作用就是最明显的例证。花豹与狮子一样，都与国王有密切关联。有一段话这么描述第十八王朝勇士法老图特摩斯一世：

　　当国王到上努比亚镇压山间的叛乱，驱赶那些渗透到沙漠地带的人时……凶猛得像花豹。[1]

　　这样的比喻绝非偶然，因为尼罗河谷并没有花豹，只有在撒哈拉南部的非洲才有。

　　为展示如花豹般威猛，法老经常身着豹皮披风。但豹皮只能通过与撒哈拉南部的贸易网络进行交易获得。或许就因为豹皮在古埃及宗教仪式中不可少，国王才要征服进入热带非洲的门户——努比亚。图特摩斯一世之前 1 000 年，在沙漠探险者哈尔胡夫的自传式铭文里，特别强调他从上努比亚带回来的异域产品：

　　我带回了 300 头驴，它们驮着熏香、乌木、珍贵油料、谷物、豹皮、象牙、掷棍：全是好东西。[2]

1.　Inscription of Ahmose, son of Abana, 译自 Wilkinson (2016):20。

2.　Inscription of Harkhuf, 译自 Wilkinson (2016): 10。

绿玻璃胸饰（2）

鸵鸟羽毛扇（4）

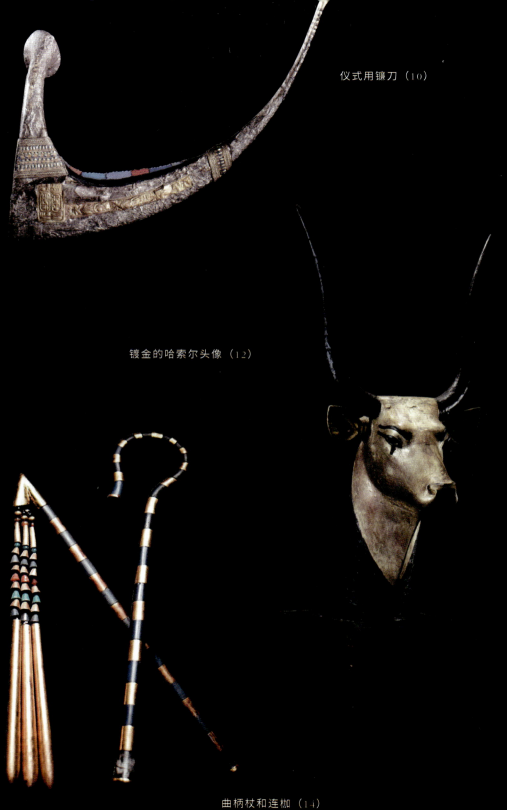

仪式用镰刀（10）

镀金的哈索尔头像（12）

曲柄杖和连枷（14）

银制石榴瓶 (25)

彩绘箱 (29)

金刃和铁刃短剑 (28)

国王叉鱼像（43）

彩陶颂赞瓶和礼器瓶 （46）　　　　　　　　　　　猎鹰胸饰 （42）

带敌人图像的脚凳 （44）

戴不同冠饰的萨布提（45）

椭圆盒（48）

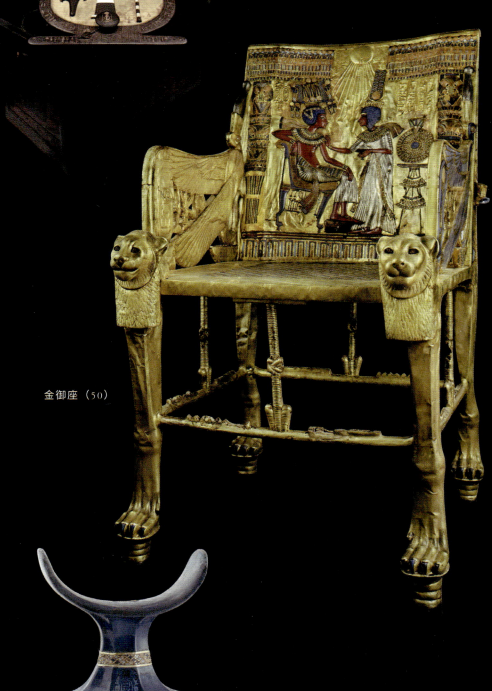

金御座（50）

金御座的局部细节（50）

祭司、萨满和权威人士穿戴兽物装饰的习俗可能和人类本身一样古老。早在前王朝时期的祭祀场合的画作里，就出现过戴鸵鸟头饰的人领着众人猎杀鸵鸟，戴狗面具、夹狗尾巴的人在一群野兽前面吹奏长笛，腰带上挂狗尾巴的人去打猎。在尼罗河谷被合并为一个民族国家时，画作中的豹皮披风就是位高权重的代表。最早的例子是一块纪念性质的皇家物件"战场调色板"；画中一个身穿豹皮长袍的人领着一名被捆绑的俘虏前赴刑场，旁边一头巨狮正在撕咬战败方的一名敌兵。

后来，豹皮披风又与"殡葬祭司"的宗教建立了联系。在图坦卡蒙的墓葬中，发现了好几块与他们穿着的毛皮类似的东西。理论上说，殡葬祭司的权力属法老所有，但实际上掌权者却是法老的继承人。殡葬祭司要主持重要庆典，也要在葬礼上发挥主要作用，让逝者复生进入永生的开口仪式就由他负责。许多底比斯第十八王朝的贵族墓葬里，都有殡葬祭司行开口礼的场景，在雷克米拉墓室内则有努比亚人向祭司进贡豹皮长袍的画面。法老的继承人阿伊把自己画进了图坦卡蒙墓葬的后墙壁画，他身着殡葬祭司的豹皮，正为图坦卡蒙举办开口仪式。这样，就进一步强调了他作为继任法老的合法性。虽然在图坦卡蒙统治期间，他只不过是一位朝臣。阿伊其实心里清楚，即便是一件最古老的祭司-国王服饰，也可以在当下引发强而有力的反响。

$*\quad*\quad*$

　　随着早期的埃及国王对这个新近统一的国家的政治和经济控制的强化，君主制的概念又添加了一些新元素。古埃及宗教某些地方曾让现代人百思不得其解，从来不因为要添加新内容而放弃旧内容就是其一，不断加注新概念的结果是，弄出了一个华丽而复杂、相互矛盾的神话与信仰的叠加系统。 古埃及人对此似乎并不在意，对他们来说，这层层的象征和寓意反而加强了神创论的深不可测。

　　一方面，诸如豹皮之类的史前统治者象征一直被沿用；另一方面，又开始引进一些更加精细的神学内涵的要素。其中占据首要地位的就是，公然将君主与宇宙连为一体。认为国王就是神力在人间的化身的想法，可回溯到前王朝时期，但似乎是在立国之后才将神力与天界联系起来。

　　耶拉孔波利斯就是王室权威的早期铸就场所。当地最重要的神明就是一位叫"荷鲁斯"的天空之神，众人敬拜的是代表他的猎鹰。如今在尼罗河谷，仍然可见猎鹰在上空盘旋，用它来代表自上而下鸟瞰子民的国王十分贴切。耶拉孔波利斯的统治者将荷鲁斯作为其个人的神明，如此明确地把国王与上天的非凡能力联系起来，标志着国家的兴起。耶拉孔波利斯的荷鲁斯神庙成了早期王室敬拜的重地，以后的国王不断供奉他们的守护神并敬献礼物。 其中最有名的就是第六王朝国王佩比一世献给神庙的黄金猎鹰神雕像。

随着埃及神学的进一步发展，荷鲁斯也从耶拉孔波利斯的地方神明变成创世神话的主角。最有名的创世神话声称，"神明时代"到荷鲁斯终结，所以猎鹰神就是其神明先祖与人世继承者之间的联系。兼具人系和神系的国王因此被认为是荷鲁斯在人间的化身。埃及艺术也经常有这样的表述，最值得一提的就是吉萨哈夫拉金字塔出土的哈夫拉坐像，御座的靠背上有一只猎鹰，伸展双翼守护着国王。

第十八王朝对王权重新做了诠释，将国王与神明间的神秘联系推到了极致，在官方图像中，国王这个人已与荷鲁斯合而为一。卢浮宫博物馆收藏的一尊雕像就是某位法老的鹰像。卡尔纳克的阿蒙霍特普三世的站像则显示国王正转化为鹰，他的背部开始出现神鹰的羽毛。图坦卡蒙的皇服中有一件羽衣，他在祭祀时穿羽衣表示他与荷鲁斯化为一体。法老陵墓中还有一件能表达二者为一体的精美饰物——荷鲁斯化身猎鹰展翅的胸饰，两只爪子各抓着"生命"和"永恒"两个象形文字。这是法老戴在脖颈处的饰物，做工精湛，无与伦比。在黄金掐丝珐琅面上镶嵌了天青石、淡蓝玻璃、（做鹰眼的）黑曜石、绿松石和红玉髓。呈侧影的猎鹰头上，有一轮用一块凸圆的红玉髓镶在黄金上的红日。

荷鲁斯的图像原来并没有红日，红日是太阳神与天空之神合并的神祇"拉—荷鲁斯"（主管两个领域的拉—荷鲁斯）。太阳的创造力和耀眼的光芒是对王室权威强而有力的形象比喻，也让国王的角色得到最高天意的恩准。正如图坦卡蒙的铭文所说：

> 太阳神"拉"的儿子、底比斯的统治者图坦卡蒙，如同"拉"一样让生命永不止息……每天都像其父亲"拉"那样出现在荷鲁斯的王座上统管众生……国王在宫中……就像"拉"在天上。[1]

有人说，猎鹰的眼睛是太阳和月亮，不过宗教神话的主角还是炽热的埃及太阳。从第四王朝以后，国王除了被认为是荷鲁斯的化身外，又成了太阳之子。有了这个身份，他就有责任维护创世秩序。国王的敌人不只是叛徒，也因此顺理成章地变成了威胁整个创世的虚无主义者。将统治者与太阳和天空关联起来，埃及的绝对君主制因此得到了毋庸置疑的意识形态的支撑。

随着围绕王权的神学理论的不断发展，王室葬礼也被赋予了新的意义。自有王朝历史以来，国王下葬时都有能将他们带往永生的船只。大金字塔旁边埋葬的船只都标明了是太阳神"拉"的三桅船，这是为了让国王能在太阳神的陪同下横跨天空穿越冥界。不过，作为伟大宇宙运行变化的一部分，太阳神也不是没有危险的。

---

1. Restoration Decree of Tutankhamun, 译自 Wilkinson (2016):108–9。

＊　＊　＊

太阳神每天的横跨苍穹穿越冥界之旅是创世周期永不止息的动力，象征着善与恶的不断斗争。作为太阳神之子及众神的代表，国王必须驱走混沌势力。太阳每晚进入冥界至次日早晨升起的时段，是太阳神的三桅船最容易遭袭的时刻。想象中的恶魔就是魔蛇阿佩普，它躲在阴暗处，在日落和日出时希望用自己长长的身躯缠绕住途经的太阳船。太阳神每次都有惊无险，但受伤后的蛇血每每在日暮和破晓时分将天际染红。帝王谷的陵墓装饰画上经常有太阳神航行与阿佩普被击败的场景。

每天得经历两次巨蛇袭击已经够糟了，万一阿佩普赢了，随之而来的混乱更是难以想象。于是埃及人给太阳神的旅途想象出更多的危难，太阳神的敌人躲在暗处，在太阳神的船上也有敌人的卧底。

古埃及人一如他们的后代，过着几世同堂的大家庭生活，祖父母、父母、孩子与众亲戚都居住在同一个屋檐下。赫卡纳克特的书信透露出埃及家庭并不和睦的一面。他与前妻生的孩子不喜欢他的第二个妻子，由此引发了与其他家庭成员的长期争吵。他在信中描述的种种极具戏剧性。阿加莎·克里斯蒂的侦探小说《死亡终局》就取材于此。古埃及教谕中有不少关于如何处理邻里关系和家人关系的金玉良言。

与所有社会一样，古埃及人也把自己的生活经验反映在他们心目中的神界。他们的神明跟人一样也有家，也有家庭矛盾。他们之间最厉害的争吵跨越两个世代。金字塔文献对这段神话故事记载得比较零散，倒是新王国时期纸莎草纸上有一段题为《荷鲁斯与赛特之争》的长文。故事开始于荷鲁斯的父亲奥西里斯统治期间。奥西里斯的兄弟赛特觊觎王位，决心取而代之。赛特谋害了奥西里斯，并将其大卸八块，分别藏在埃及的各个角落。奥西里斯的遗孀伊西斯悲恸欲绝，不辞劳苦四处找寻尸块，找到以后将它们用布包裹拼凑，就成了第一个木乃伊。后来她怀上了儿子荷鲁斯，因为担心赛特不安好心，她把儿子藏在尼罗河三角洲的芦苇荡里并偷偷养大。（摩西的故事可能就是受了这个神话的影响。）荷鲁斯成年后决心夺取王位并为父报仇。最终荷鲁斯获胜，当上了人间的国王。奥西里斯成为冥王，赛特只得悻悻然躲起来。

但故事到此并未终结。埃及人认为赛特是暴风雨之神，专门制造混乱，而且每每帮助魔蛇阿佩普袭击太阳神的船只，意图打乱宇宙的正常秩序。赛特在太阳船上的位置正好有机会遂行他的阴谋诡计。国王作为荷鲁斯的后代及化身，在维护创世秩序和父系遗产继承上自然需要发挥特别重要的作用；赛特及其手下对世袭君主制构成了威胁，他们就是想篡夺王位。所以国王就会用太阳船上的鱼叉猛刺，以驱赶阿佩普和赛特。如果荷鲁斯要赢，就必须击败赛特。

这个曲折离奇、多姿多彩的神话故事，在墓葬壁画和雕像中都有表述。图坦卡蒙墓葬里确实没有太阳神之旅的画面，但出土

图18 国王叉鱼像

的镀金木雕中却有少年国王使用鱼叉的雕像。雕像高约75厘米，图坦卡蒙当时身着裙，头戴皇冠，脚穿凉鞋，站在一艘纸莎草轻舟之上，左手拿着一段绳索，右手举着鱼叉。猎物并未现身，但看了这个雕塑都知道：他的猎物就是河马。图坦卡蒙时代河马已经与赛特有了密切联系。

* * *

法老的潜在敌人不只存在于其守护创世的宇宙大战中，实际行使政权时也有敌人。虽然王权被赋予了神的光环，但在某些人眼中，它就是伴有权势及大量财富的位子，只要条件具备，任何人皆可凭借武力据为己有。对王位的威胁既来自王室内部——埃及历史的各个时期都有宫廷政变的蛛丝马迹——也来自外部。政权过于严苛或赋税过重，法老的子民就会放弃耕地沦为草莽；连第十八王朝早期有名的勇士法老图特摩斯一世都面临过这样的内部反叛。

过度脱离正统也可能让国王处境危险：奥克亨那坦在没有乘坐镀金战车穿行阿马尔那的时候，多半躲在城市边缘有着高墙围绕的河畔宫殿中，宫外经常有类似现代警察在巡逻。当时的文献里提到"有人想上山"，指的就是那些计划上山行动的造反派。

还有来自埃及外部的威胁。即便在中央控制森严时，尼罗河谷也是周边"境遇较差地区"——包括西部（利比亚）、东北部（叙利亚-巴勒斯坦）和南部（努比亚）——的攻击对象。成书于金字塔时代鼎盛时期的温尼自述铭文中提到，居住在西奈和南巴勒斯坦的"沙居人"曾多次进犯。政府积弱时，埃及往往一再受到外敌骚扰。亚洲人在中王国晚期渗透到三角洲地带，新王国末期则有利比亚人屡次袭击上埃及。法老如果要坐稳王座就得注意潜在敌人的一举一动。

埃及人对外国人又怕又恨——通过文字将敌人妖魔化后，再来对付他们就容易多了。法老时期埃及的世敌努比亚人被称为"弓箭手"，于是所有可能的敌人后来都被称为"弓人"。古埃及人以数目三表示复数，三的三倍就意味众多，"九弓人"就泛指所有可能的敌人。第十二王朝伟大的军事战略家辛努塞尔特三世的赞词就说，他是"靠威吓杀死了九弓人"的统治者。[1] 有一把与图坦卡蒙绚丽多彩的御座摆放在一起的脚凳，凳面上镶嵌着九名被绑住的俘虏，铭文说他们"全是外国人"。国王将脚放在"九弓人"的图像上，坐一回就意味着将他的敌人践踏一回。

当然，当图坦卡蒙即位时，埃及的命运已经与黎凡特的邻居——米塔尼、赫梯、巴比伦、亚述及许许多多附属国——彻底相互缠绕。外国的武器让埃及占据了军事优势，外国人在埃及宫廷当官，埃及精英完全接纳了外国品位，皇宫里还有多名外国宫女。第十八王朝的宫廷文化是彻头彻尾的多民族文化。

但这一复杂现实并未使法老的宫廷、宫里的书吏和艺术家改变原来的官方思维：埃及文明优于所有其他文化，生活在尼罗河谷之外的外国人是创世秩序的诅咒，国王有主宰所有外国领土的神圣职责。大概就在图坦卡蒙诞生前后，他的父亲奥克亨那坦在阿马尔那办了一场盛大的集会，集会的高潮就是外国使者的"进贡"行列。带来黄金、乌木和象牙的努比亚人或许是埃及真正的臣民，但其他外国代表团——叙利亚人和迈锡尼人——都是外交盟国，是地位平等的贸易伙伴。但把他们说成是来觐见法老的人则

---

1. Cycle of Hymns to Senusret III, **译自** Wilkinson (2016): 97。

更符合皇家思维。

这种藐视心理的根源可回溯到埃及立国之初，当时这个国家就是由一群小酋长和一群自豪而独立的族群组成。统一之初，前几位统治者就意识到，要加强民族认同、巩固政府在百姓眼中的合法性，没有什么办法能比降低外人的地位更有效。

* * *

埃及的王权尽管有层层的仪式和神话包装，但其起源与主要内涵就是一种政府形式——王权是为巩固国王的政治权威逐渐发展而成的，而非相反。法老是神的化身，但也是国家首脑。所有官员，不论是文官还是宗教官员，都由他任命，他身处政府机器的顶端，听取大臣的汇报，并做出有关治理国家的重大决定。埃及王权的这个方面不太受关注，理由很简单，在留存至今的记录中并不多见。象形文字的设计本来就是为记录并延续政通人和的理想状态；也难怪官方的记录多半是王权的神圣和至高无上，对肮脏的政治细节则避而不谈。

中王国早期的文学作品《梅利卡拉王的教导》是少有的例外。它是对第一中间期同名国王统治年间各种经历——内战、朝纲紊乱、王室特权丧失、国王与百姓间界限不清——的反映。作品的基调引人注目，因为它强调国王也是凡人，不免犯错。我们因此才能略窥神秘王权面纱后面那位身处高位的人的脆弱与孤独。同时代的另外一个作品《阿蒙涅姆赫特一世对儿子的教导》也一样，作者在叙述一次宫内的行刺行为时不禁感叹：

> 谨防深藏不露的手下，
> 他们的阴谋尚未被觉察。
> 不要离他们（太）近，不要（与他们）独处，
> 不要相信兄弟，不要交友，
> 不要提拔亲信：这样做没有好处。
>
> 躺下来的时候防身得靠自己，
> 杀身之祸降临时，
> 没有人能帮你。
>
> 我周济穷人，我提携孤儿，
> 该给的我给，不该给的我也给。
>
> 可是吃我的饭的人却起来造反，
> 受我提携的人也与他们狼狈为奸。[1]

---

1. *The Teaching of King Amenemhat I for His Son*，译自 Wilkinson (2016): 277。

除了这两部不寻常的著作，关于王权政治方面的书证极少，倒是可以从艺术品中看到法老的世俗作用。历史上的君王向来用不同的服饰来表明自己的特殊身份。比如，头戴皇冠、身着皇袍代表皇家的圣洁与威仪，身着军装则强调统治者是统帅。古埃及情况也类似，法老的装扮，特别是冠饰，反映的就是王权的某一个特定面。平日国王在行使政府职责时，就戴一个简单的包布（khat）或折叠的亚麻头巾（nemes）。在新王国时期，每逢军事场合，国王一般都戴一种特别的、像头盔一样的蓝色皇冠。如果国王想强调他是世俗的国家首脑，他或许会戴红色的皇冠，一般只有在神圣的场合才戴白色皇冠。如果国王要突出他是"两地"的统一者，他就会选择戴双冠（红冠加白冠）。还有很多其他表达深层意义的皇家配饰，不过皇服当中最重要的应该就是皇冠。新王国以后，又开始流行各种搭配，为表达"图像语言"添加了一些饰品和要素。

埃及国王的头饰种类可以从图坦卡蒙随葬的萨布提看出。萨布提（shabti，原意是"应答者"）是进入来世后的仆人。他们在墓主人应召需从事劳役或其他苦差时代行其事。为避免干这些累活儿，国王和百姓下葬时都会有萨布提陪葬，到时他们会在墓中奇迹般复活。随着时间的推移，这种安排变得越来越重要；到第十八王朝，高级墓葬的萨布提数量已相当可观。图坦卡蒙的萨布提至少有 413 个，分为木俑、彩陶俑和石俑三种。除了数量众多，其样貌也很奇特。带着简易假发的有四分之三多一点，这些萨布

　　　　　　　　　　　　图坦卡蒙的号角

提都可归类为帮手。其余的俑都有明显的王室打扮，56 人头上戴了包布，27 人戴着头巾。图坦卡蒙的萨布提只有 9 个戴了皇冠，其中 4 个戴红冠，2 个戴蓝冠，2 个戴白冠，1 个戴双冠。

如果国王来世仆人的穿着反映了其各类职责的多寡，那么国王本人大部分时间都花在处理国家和政府要务上——换言之，国王忙于政务而非祭祀，虽然在官方记录中并未明确记载。

* * *

保存最完好、为数最多的埃及王权场景，都刻在神庙墙壁上。事实上，石雕的设计就是为了保存最美好的统治者形象。在这样的宗教背景下，人们聚焦国王与诸神的关系也就不足为怪了。

埃及统治者和人民之间有一个不成文的约定，那就是国王要为子民在众神前代言。而这又取决于国王与诸神达成的交易：只要国王管好诸神的神庙和对其崇拜事宜，他们就承认国王统治的合法性，同意他执政，让他继续在位，并降福百姓。所以保留、维护、美化埃及众多神明的庙宇，自古以来就是国王的不二职责。第一王朝诸王墓葬中的标签通常注明敬献了多少新神像；一座狒狒神明的大石像上刻着捐赠者：第一王朝国王那尔迈。其他神像的处理方式应该也一样。从埃及立国伊始，皇家工坊就忙着制作众神雕像，并持续了 3 000 多年。法老历史的每个阶段都有保留下来的各种材质的——包括石头、青铜、黄金——神明雕像。

在开口前，国王有义务提供放置雕像的神庙，并给雕像提供住所。底比斯南部戈伯伦出土的浮雕完整记录下了仪式的主要过程，以后 3 000 多年一直没变。典礼的核心部分是"拉绳"，由国王标明地上新神庙的轴线。他还要在神庙四周关键地点为奠基敬献礼器，用干净的沙子标明圣殿所在，引发众人对创世神话——沙岸从混沌的水中浮现，形成了埃及第一座神庙——的联想。这样，每一座神庙的奠基都相当于创世时刻，并认为国王就是创世之神。的确，每一座地方或全国性的大神庙的建造大概都有国王的参与。

国王在为神庙奠基后，就有责任确保祭祀仪式的供奉不虞匮乏。在图坦卡蒙墓葬的彩陶器皿中有好几个形似茶壶的东西，被埃及人称作 nemset（壶瓶）。原来它们都被放在前室的一个箱子里，箱外的标签写着"17 个蓝色彩陶壶瓶"。另外还有一个放彩陶瓶的箱子，不少瓶子都比较高，S 形，颈部细长，瓶口敞开。这类瓶子的形状就像象形文字 hes（"颂赞"的意思）。其实壶瓶与颂赞瓶都属礼器，被用来放供品。墓葬里有这种礼器，说明到神庙祭拜是国王一生中的大事。虽然实际主持仪式的一般都是住持祭司，但重要的是，只有作为神人之间的沟通媒介的君王，才有资格担任这一角色。神庙浮雕上向众神献祭的都是国王。

国王让神庙香火不断的另外一个办法是，捐赠土地和实物来增加收入。一段图坦卡蒙时期的铭文写道：

国王给众神立碑，用来自外国的上好琥珀金打造其形象；重建他们的殿堂作为纪念，为久远计还赠予财产；为他们献上供奉，日日如此。他奉献的比过去多，超越了所有先祖。[1]

国王还可以给神庙一些其他好处，如免除它们的税或给它们的团队某些特权。因王室的多次慷慨赠予，一些主要神庙最终成了重要的土地所有者，控制着尼罗河谷最肥美的大片土地，还拥有许多其他资源，从矿山到贸易船只。在金字塔时代末期及新王国苟延残喘的那些年，神庙的经济实力已不可一世，对整个政府机构的稳定构成了威胁。第二十王朝纸莎草纸上的土地所有登记册显示，卡尔纳克的阿蒙-拉神庙——400年来最受王室重视的神庙——已经是底比斯全境最大的土地所有者了。难怪掌握了经济命脉的阿蒙大祭司要以国家舞台上的政治要员自居了。既要维系对众神的敬拜，又要确保权力的有效平衡，这并不是一件容易的事。

* * *

一如每座新神庙的奠基均象征着创世时刻，新统治者就任也

---

1. Restoration Decree of Tutankhamun, **译自** Wilkinson (2016): 209。

被认为是对老王去世造成的失衡的再平衡。鉴于君权神授的重要的象征意义和在意识形态上的重要性，国王去世被认为是对古埃及文明存亡的威胁。所以新王上任要做的第一件事就是，重新统一两地，恢复秩序。

从不同来源的书面文献中，我们大致了解了当年国王的就任和加冕仪式。据第六王朝汇编的王表大事记"巴勒莫石碑"的记载，每一个王朝开始时都有一个"统一上下埃及"的仪式，国王要以象征方式取得两地所有权，并恢复被扰动世界的秩序。但这只不过是标记一个新时代的开始，设法将凡人王子提升到神君地位的系列仪式中的一步。加冕不仅仅确定了国王人选，也将他转化为神人。新国王的统治权在加冕之后就不容挑战。

所以凡继承过程有争议的人的加冕典礼气氛一定特别紧张。第十八王朝中期的女性统治者哈特谢普苏特就是一个例子，她继承王位的途径的确不寻常。为提醒她的子民她有不可剥夺的统治权，她在卡尔纳克阿蒙-拉神庙内用粉红花岗岩立了一个瑰丽的神龛"红圣祠"，并在外墙上将自己的加冕过程做了详尽描述。哈特谢普苏特的加冕仪式从她被宣布为王开始，而且仪式还进行了两次——一次在她即位时，另一次在第二天的新年。新统治者在离开皇宫，步入神庙正式加冕前需先净身。加冕后，国王就会拜谒众神。哈特谢普苏特是象征性地吸吮了女神的乳汁后才正式坐到"荷鲁斯的王座"上的。最后，她的王名和王名头衔被宣布，象征新统治的正式开始。

加冕礼的主要内容就是皇家标志的呈现和穿戴。传说它们就是太阳创始神阿图姆当年给最后一位神荷鲁斯的服饰，因此未来的统治者也必须重复这些仪式。第十八王朝的图特摩斯三世宣称：

> 我因他（拉）头上的冠冕而获得至尊；他的神蛇饰物放在我头上……他端正我的冠冕并给我起了王名。[1]

戴上埃及皇冠，着冠者还真的比其子民高了不少：在哈特谢普苏特的加冕礼记述中，说有一顶皇冠"直入云霄"，她得以与天域接触。一共为她呈现了 12 顶不同的皇冠，代表王权的多面性。将君主从凡人提升到半神地位还需佩戴其他饰物：项圈、手镯、踝环和权杖。这些都是用黄金白银和宝石打造的装饰品，是为了让国王像众神那样光鲜亮丽。图坦卡蒙墓中除了曲柄杖和连枷，还有两样东西与加冕服饰有关：一对一模一样的金、银权杖，每根高 130 厘米，最上方还有少年法老的微型雕像。

加冕仪式虽有种种象征意义，但古埃及王权的核心部分仍然存在一个基本矛盾点：国王虽说是半神半人，但显然也是人。就像图坦卡蒙本人证明的那样，国王也会生病死亡。第十八王朝对

---

1. Goebs (2007): 290.

这个难题的解答是，给王权神话增添一个内容，并且每年为此举办一次盛大庆典。"圣所节"始于朝代开始之初。它的设定很简单：卡尔纳克的阿蒙-拉神每年会去卢克索神庙修养心性，然后再承担起埃及主神的职责。阿蒙-拉的神像要从卡尔纳克被护送到卢克索，几天后再返回。这几天就是狂欢宴饮的日子，也是底比斯居民一年一度的大日子。

不过圣所节不仅仅是假日；它的中心思想是，国王的神圣地位来自他内在的神性精髓。圣所节的真正目的是将这股圣灵充满，并再次确认国王的统治权。一旦阿蒙-拉在南部圣所住下，国王就会去觐见。国王与神在神庙的内室私下交流，国王的神性因圣灵而再次焕发。当圣灵得以明显恢复的国王现身，众大臣与祭司们欢呼他是"所有有生命的圣灵之首"时，典礼达到高潮。

通过一场巧妙的政治秀，图坦卡蒙最终的继承人——霍伦赫布将军，一位并没有王室血脉，也明显没有王位继承权的人——决定利用圣所节为自己加冕。古老的王位就任仪式与阿蒙-拉神的叠加，彻底堵住了任何反对的声音。

* * *

也巧，霍伦赫布名字的意思就是"节庆中的荷鲁斯"。现代西方社会取名字不是从美学考虑，就是从家庭出身考虑，并不与词源或任何象征意义挂钩。但在其他社会里，起名字是有讲究的。

　　　　　　　　　　　　　　　图坦卡蒙的号角

图19 金加冕权杖

尤其是中国人的名字，既反映品质、愿望，又有吉祥寓意。

法老文明在这方面与非西方传统一样，古埃及人的名字有多重含义。在远古时代的尼罗河谷，儿童死亡率非常高，人们以为名字取得好就可以辟邪。比方，给小男孩取名 Djedkhonsuiufankh，意思是"月神孔苏（Khonsu）说他能活"，这等于用神谕的应许来挑战死亡。还有直接援引众神或国王的名字：如果一个孩子叫 Pepi-ankh［佩皮（王）万寿无疆］，就是希望借由与国王的联系来保住孩子的性命，如果小孩取名 Djehuty［（智慧之神）托特］，就是希望托特神能保护与他同名的孩子。给男孩取名霍伦赫布等于早早就注定了他以后会继承王位。因此，奥克亨那坦和妻子给自己的孩子取名图坦卡吞，"阿吞神的真人形象"，他们就是想强调国王的儿子——未来的统治者——是最高神明的化身。

奥克亨那坦死后，他的宗教改革随之消亡，原来名字里提到的阿吞就被第十八王朝的传统国家主神阿蒙取代，变成了图坦卡蒙，"阿蒙神的真人形象"，这是对新正统的清晰认同。古埃及史料中王名随处可见，镌刻或画在各种各样的物件上，镶嵌勾勒在装饰品上，用墨笔写在标签和记事书册上，或雕在石碑上。图坦卡蒙墓中的每一件带文字的物件上都有他的名字。一个绝佳的例子就是，在宝库中发现的一个盒子，它形似椭圆形圆环，早自第三王朝开始，王名就书写在这样的椭圆框内。这椭圆框是象形文字"永恒"的拉长版；有保护和永恒双重含义，因此是表明王者身份的适当地方。

图坦卡蒙椭圆盒的盒盖上有用乌木与象牙装饰拼写出的国王名字的象形文字：图坦卡蒙，上埃及赫利奥波利斯的统治者。如此煞费苦心地把底比斯写进来，意在强调它是太阳神阿蒙-拉的南部崇拜中心，同时也突显了国王与这位神明的关联以及他对恢复正统宗教的拥护。

各式各样的冠冕反映了法老王权的多面思维，一位埃及统治者的各种名字，以及头衔和称号也代表不同作用。王名称号多，关于王权的神话也随之趋向复杂。写在椭圆框内的是出生时的名

170　　　　　　　　　　　　　　　　　　　　图坦卡蒙的号角

字，直到第五王朝才成为王名头衔的标配。即便如此，它的地位仍次于王名，从第三王朝末期以后，王名一直是每位国王的主要称号。所以，我们认识的图坦卡蒙的王名就是奈布克佩鲁拉（"拉为万物之主"）。它通常是复杂的神学表述，是各朝各代沿用的惯例，也为表达每一个新统治期都是神旨的再创造。

埃及统一以前的国王的名字都没写在椭圆框内，而是写在一个叫作"王徽"（serekh）的特别的长方框内，它的下方有一段仿照孟菲斯皇宫正面的镶板。与椭圆框一样，王徽不但饱含保护概念，同时也把国王与象征他政治权力的物理建筑联系在了一起。第十八王朝"法老"一词的诞生也来自同一概念，它是埃及文"大房子"（per-aa）的希腊变体。王徽的上面一般有荷鲁斯的形象，因为古埃及人认为国王是天空之神在人间的化身。为强调这一联系，王徽内写的名字——所谓的"荷鲁斯名"——原先就是国王希望彰显的荷鲁斯的某一特质，但经过几百年，它变得越来越复杂；到了第十八王朝，经常带有尚武的含义。

下一个加入国王头衔的内容就是"莎草和蜜蜂之王"（nesut-bity），如前文所说，它代表着埃及王权的神性与世俗性。从第四王朝开始，"莎草和蜜蜂之王"的头衔就与国王的王名一起出现，通常还加上"拉"的元素，表明太阳神对王权的重要性。图坦卡蒙的王名奈布克佩鲁拉就延续了这一传统。

国王头衔的第三元素就是出现在秃鹫和眼镜蛇图案——象征守护上埃及和下埃及的"两位女神"奈荷贝特和瓦杰特——后面

的名字，意在强调国王是两地的统一者。图坦卡蒙的"两位女神"的名字提到他是如何恢复正统宗教，以及统一埃及的。

第四个国王头衔——"金荷鲁斯"，表明国王的神性。最后加上第五个要素"拉之子"后，国王乃创世神明之后的皇家神学由此奠定。它同时也加强了王位父子相传以及国王身处埃及社会之巅的概念。

埃及国王是天空之神的化身，是兼具神性和人性的统治者，是两地的统一者，像众神一样是由金身打造，是创世者的儿子和后人。这五个头衔说明他的统治妙不可言且不容置疑。一个人一旦获得了统治地位，获得了皇家的各种头衔，就变成了国家最高领导者，是人与众神沟通的媒介。

* * *

除了椭圆盒，图坦卡蒙的墓葬物品中还有另外 50 个盒子。所有这些木盒似乎都在法老下葬后不久就遭盗墓者洗劫。值钱的东西——玻璃、白银、上好的亚麻布料——都被洗劫一空，只留下半空的盒子和记载原有物件的葬册。

许多盒子都是为某样东西定制的，里面或有分格或有二层盖子保护。单单看这些形状不一，用石头、纸胶和各种木头——包括来自黎巴嫩的香柏和努比亚的乌木——制作的盒柜与容器，就能发现古埃及工匠的非凡手艺。有的盒子带有伸缩杆方便携带，有带山墙式、弧状和穹顶式盒盖的长方盒，有带腿的盒子，有带回纹雕刻架的柜子，有彩绘箱、镶嵌盒等各种容器。

在反映皇家工坊的工匠的精湛技艺之余，图坦卡蒙的那些盒子、箱子也强调了王室经常出访的特点。统治者总喜欢到各地巡游。英国女王伊丽莎白一世就经常在不同行宫间穿梭，不但可以展露风采，增广见闻，也可减少王室开销，令那些想巴结她的朝臣款待她。伊丽莎白二世女王主要在三个住处和两处行宫间往来。美国领导人除了白宫、戴维营，也有私人住所。领导人要获到信任就得经常露面，因此必须定期到各地走走。

图坦卡蒙的一个盒子就反映了这样的生活方式。它是半圆形，37 厘米长、31 厘米宽，用进口的香柏制成，外面有乌木包裹，并有象牙镶嵌。前面镶嵌的板面上装饰着"统一"图像，上端是三个镀金椭圆框，框上各有一对羽毛和一轮红日。椭圆框内写着国王夫妇的名字——图坦卡蒙与安克赛娜蒙。不过原先写的是在位时间甚短的他们前任的名字——安克特佩鲁拉与梅里塔吞。所以这应当是少年法老即位时得到的一件祖传物件，后来归为己用。其原先作用不详，可能是存放国王在各地巡视时用的纸莎草纸卷轴的。其实这个盒子的特点就是方便携带，因为盒子上有四个金属环。只要用线或绳扣在环上就能带走。或许它的功能就相当于今天英王室的红箱，专门存放和运送重要公文。

早期皇家记录显示，埃及国王经常出巡。文件会记载他去了哪些神庙，参加了哪些庆典，包括两年一度的"追随荷鲁斯"之行。细节不清楚，但我们可以想象一列船队沿着尼罗河上下航行的场景。由国王的船领头，在数月内造访重要的外地神庙和主要城镇；沿途都由各地高官接待。第二十六王朝有一段描述一位公主巡游的铭文：

> 信使已提前溯河南下将物资安排妥当……从各行省省长那里收集来的好东西一样不少：面包和啤酒、牛和鸡鸭、蔬菜、海枣和药草。此行由行省省长们接力迎送，直到她抵达底比斯。[1]

作为回应，国王会肯定行省省长们的工作，修缮他们的地方神庙，同时了解远离首都的城乡发展情况。追随荷鲁斯之行是对幅员辽阔的领土实行有效控制的办法，王室定期巡访一直是法老政府的特点。

至于这到底是一个什么样的生活方式，我们可以从大金字塔建造人胡夫法老的母亲海特菲莉斯绚丽多彩的珠宝首饰中，略知一二。她的墓葬就在她儿子雄伟的陵墓旁边，里面有一套十分讲究的镀金家具：一张床、一把扶手椅、一个轿子和一个大伞架。所有东西都很轻便，便于携带，设计简单高雅。太后的随葬品中

---

1. Adoption Stela of Nitiqret, **译自** Wilkinson (2016): 214。

还有一件盛放她一整套 14 件银手镯的珠宝盒，每个手镯都有红玉髓和绿松石镶嵌的蝴蝶装饰。我们可以想象海特菲莉斯坐着轿子，来往于不同皇家休憩所之间，其手镯在埃及阳光下光彩夺目的景象。到达休憩所后，所有的家具都会被拆箱安装妥当，上等亚麻布铺盖在伞架上，白天用于遮阳，晚上可以在帐内安置床和扶手椅。

图坦卡蒙的家具也反映出他经常巡游。据他统治期间的铭文记载，他在底比斯和孟菲斯待过，还去过吉萨的狩猎休憩所。他肯定还到过别的地方，使用过他的先祖在努比亚建的战争用皇宫，以及从尼罗河三角洲到黎凡特的荷鲁斯之行沿线的众多城堡。尽管图坦卡蒙年纪轻，身体单薄，但他的一生就像每一位埃及国王一样，经常走动。

* * *

尽管国王亮相时场面奢华，气派非凡，佩戴皇冠皇饰，有众多名称和头衔，但他一直有个疑问：自己究竟是不是神？荷鲁斯的头衔说他是人间的神，但"拉之子"又说他的权力乃继承而来的。文献和图像暗示赋予国王权力的是众神，但他又自称是按众神的形象做成的。

第十八王朝期间，御用的神话杜撰人曾试图一劳永逸地解决国王地位这个难题。哈特谢普苏特宣称她是阿蒙的后裔，但她死后这段"神圣降生"的故事就被暂时搁置了。她的继任者图特摩斯三世行使权威靠的是武力，而后者的继任者阿蒙霍特普二世展现的却是超级英雄的形象，以实力和技巧为其政治霸权做支撑。接着是图特摩斯四世，既然论武力他甘拜前几位国王下风，便开始更直接跟太阳神认同。他的儿子阿蒙霍特普三世又进一步发挥，雇人用红硅岩和粉色花岗岩——与太阳有强烈关联的岩石——给自己打造了巨型雕像，并以"耀眼日星"自称。他在上努比亚的索利卜建了一个巨型神庙，并差人将他向神化的自己供奉祭品的图像绘入壁画；在卢克索神庙的内室，他正式重拾神圣降生的神话。到他统治末期已经没有人能——或者胆敢——否认国王的神性了。

阿蒙霍特普三世的儿子兼继承人于是顺理成章地继续了父亲的"未竟事业"。阿蒙霍特普四世在卡尔纳克主建筑群的东侧加建了一组新的庭院和通道，面对日出，献给太阳神"阿吞"，阿吞不久就成了他唯一敬拜的神明。他把自己的名字改成奥克亨那坦，他放弃了卡尔纳克，决定建立新都，以便让他统治下的埃及全心颂扬这位总管一切的新神明。

奥克亨那坦为新都选址来到了中埃及尼罗河东岸一处奇特的沙漠弯曲处。他将此地命名奥克赫塔吞，"日星地平线"（今阿马尔那）。其周边岩壁上雕有系列界碑，标明了都城边界。界碑上的铭文由国王亲自书写，所以不会有误解的可能：

如今坐落在四个界碑——从东崖壁开始到西崖壁——内的就是"日星地平线"的全部。它归我父亲所有，"有主管两

　　　　　　　　　　　　　图坦卡蒙的号角

域的拉-荷鲁斯在以光——日星——之名的地平线上欢欣快乐，让生命永不止息"，这里有高山、丘陵、沼泽、开垦地、高地、新土地、田野、水、城镇、河岸、百姓、牲畜、灌木丛，有日星——我父亲——创造的一切，永不止息。[1]

与他的新名字、新首都和净化后的神学一起，奥克亨那坦还引进了一个全新的艺术风格。用高高悬挂、光芒四射的日星符号来替代传统的诸神像，日光照耀万物，特别照耀奥克亨那坦和他的家人。因为根据他的神学，国王、王后及皇族子女是天与地之间的唯一中介。正如奥克亨那坦的信条《日星赞歌》所说：

> 没有其他人认识你，
>
> 只有你的儿子，内弗克佩鲁拉（奥克亨那坦），拉的唯一，
>
> 你告诉了他你的计划和你的神威。[2]

奥克亨那坦将这个说一不二的宗教昭告天下，并在他 17 年统治的其余时间内在全国推行，他的儿子图坦卡吞却只坚持了一

---

1. Boundary Stela of Akhenaten, 译自 Wilkinson (2016): 205。

2. *The Great Hymn to the Orb*, 译自 Wilkinson (2016): 105。

段时间。有一个为了他的登基而特别制作的炫耀日星崇拜的金御座。金御座的两臂外侧有镶嵌的椭圆框，框内写了他出生时的名字——"日星的真人形象"。最抢眼的是它的豪华背板装饰，用银片、红玉髓和彩色玻璃镶嵌出在妻子陪伴下的少年国王。两人的上方是一轮金黄色的日星，光芒四射，将生命的迹象一直送到国王和王后的鼻孔处。

然而奥克亨那坦大胆的神学实验并未持续。图坦卡吞即位后不到一年就全面恢复昔日正统，放弃了阿马尔那，重回底比斯，传统诸神纷纷复位，他还将自己的名字改成图坦卡蒙。他对金御座背上的椭圆框也做了修改；这件少年国王最知名的手工艺品向我们透露，古埃及的君主制并非一成不变，而是一个不断变化的"在建项目"。

图坦卡蒙的号角

第 **6** 章

家 庭 生 活

图20 皮制、带珠串凉鞋

古埃及国王和平民一样都居住在泥砖建的房子里。上自宫殿，下至茅舍，全部取材自尼罗河的泥沙；唯一的差别就在于规模。古埃及属于前工业、前城市社会，其城镇与聚落差别不大；生活以家庭为单位，居民区并不大。每个家庭不论贫富都有灶台和些许家具。

图坦卡蒙墓葬中的物件是古埃及家庭生活共同特点的写照。家具强调的是轻巧和便携，正好反映了一种在大地只留下"飞鸿踏雪泥"印记的生活方式。衣着简单，但也有装饰，因为人们在乎自己的形象，也在意自己的地位。生活不全是辛苦劳作，社会各阶层都有休闲娱乐。房屋并排建着，房门没有锁，随时都可能有请来的和不请自来的访客。自己的东西严密保管，爱情相当复杂。从外表上看，日常生活十分简单。人的情感和关系都很丰富。家居生活的物质遗留让我们对古埃及人的日常生活和经历有了真切的了解。

* * *

图坦卡蒙的镀金御座是远古世界留存至今的顶级座椅。其做工、装饰和图案都堪称一流。它还有一个不易被察觉的与众不同的地方：比其他古埃及的座椅高许多，年轻的图坦卡蒙坐在上面一定有高高在上的感觉。其实，国王与他的子民一样，应该习惯坐矮一些，更接近地面。

座椅在法老文化中十分珍贵。它价值不菲，只有富人才买得起。除非你正好是做家具的，否则这可是笔大开销。它是值得向家人和朋友炫富的地位象征。阿马尔那比较大的房子中间都有大客厅，进门处对面沿墙设矮台。根据当时的墓葬壁画，我们大概能知道这个房间的用途，房屋的主人夫妇应该是坐在矮台摆放的椅子上会客的。

一般古埃及人更可能坐的是简单的折叠凳，与椅子相比，它便宜、轻便、可携带、易存放，对于一个多数活动都集中在一个房间且空间十分宝贵的家庭而言，这些优点自不待言。即便是王族，日常似乎也比较喜欢凳子而不是椅子。在阿马尔那阿伊的墓葬壁画上，王宫里的人坐的也是矮凳，从图坦卡蒙的墓葬中出土了不下 12 把凳子。有朴素的直腿、座位呈双弧状弯曲的凳子，底部带垂直和交叉的支撑。有的稍微讲究些，座面有装饰，带兽足凳腿，或带圆腿和水平延伸板。有一把三足半圆凳，还有用纸莎草与棕榈叶做的比较不结实的凳子。另外有 3 把折叠凳，凳腿被雕刻成鸭头状。

或许吃饭的时候习惯坐矮凳，不过还有许多其他活动在进行的时候更靠近地面。前面提到王室壁画里的家庭成员都是坐在垫子上的，而阿马尔那的国王官邸有一幅画，画中在女儿围绕下的奈费尔提蒂则是躺在一个厚厚的绣枕上。其他画面里，王室成员梳头或演奏乐器时都坐在垫子上。阿马尔那挖掘者称之为"近地生活"[1]，但这绝对不表示这些人地位低下。从金字塔时代开始，书吏就是盘腿坐地，膝上放着纸莎草纸。冥界的判官也一样。

对房屋考古后发现，古埃及的"可触及范围"要比现代西方社会小。阿马尔那或底比斯西边的典型工人住宅的中间就是开放的灶台。多为砖砌，上置陶锅，家庭生活就以它为中心。沿房间两侧筑有矮台，大家可以围着火坐在席垫或软垫上；晚上冷了人们或蹲在灶台边上取暖。

古埃及的大部分历史中，工人住宅都有标准布局。前室有一个祭台。这也是在特殊场合和其他家庭活动时接待宾客的房间。前室旁边就是主要生活空间，煮饭、吃饭、睡觉都在这里。房子后面是几个储藏和准备食材的小房间。

比较富裕的埃及人家布局与此一样，只是更宽敞些。煮饭一

---

1. Kemp (2012): 199.

图21　折叠凳

般在外面，避免将烟和气味带到生活空间。主人家有专门的睡房，房里有一个放床的壁龛，或许还有洗漱设备：用厚厚的石膏泥隔出一个角落，里面用石灰岩围出一个周边高出的淋浴槽，出水口与水罐或石槽相连。富有人家还带厕所，将带钥匙洞孔状的石灰岩摆放在矮砖墙上，下面放马桶，这是一种极致的奢华。

　　在阿马尔那，起码对上层阶级而言，生活似乎相当舒适。在居民区发现的垃圾有限，可能已经对垃圾进行收集和处理了。这么多人在外面生明火，空气里一定有烧柴的味道，加上城里神庙众多，家里还有神龛，微风中肯定也飘着祭坛的香火味。

　　我们只能从考古遗址和艺术品当中去猜测古埃及人日常生活中的种种感受，但可以肯定的是，当年的居民区绝对比石头和泥砖的断壁残垣遗迹要丰富多彩。埃及人特别喜欢鲜艳的色彩，房子的设计也不例外。连德尔麦地那普通的村屋，都有人将门框漆成大红色，阿马尔那几所大宅出土的石灰泥残块也说明，它们原来是色彩鲜艳的。人们最喜欢将门、柱和窗楣漆成红色；至于墙壁的上半部，最流行的就是垂花装饰或带状的花卉和枝叶装饰；房顶的梁木都在抹了石灰泥后漆上鲜艳的矿物颜料（红、蓝、黄、绿），梁木中间还有格状纹饰。全城最富丽堂皇的私人宅邸大概就是维齐尔纳赫特的房子，白墙，长廊的顶部则用蓝色，如同埃及耀眼的蓝天；地上原来涂白色，后来又改漆成鲜艳的颜色。

埃及法老时期唯一有完整记载的城市是阿马尔那。它的建成、使用和弃置都发生在一代人的时间里，全面反映了古埃及城市的生活面貌。大房子有时成群出现，但常见的是它们被许多小房子围绕，反映出经济依赖的模式。虽然古埃及人对地位特别重视，但不同社会地位的人还是比邻而居。

* * *

古埃及等级森严，经济两极化，但贫富差异在生活享用上的体现似乎有限。有钱有势的人住的房子比较大，但格局与平民住房基本一致。高官坐的是软垫，手下坐的是简易的灯芯草垫，不过不论贫富均席地而坐。上等人与下等人吃的东西一样。房子、家具、食物如此，衣着也不例外。古埃及上自法老下至农民衣着基本没差别。

衣着的选择有限，最基本的就是三角缠腰布。在图坦卡蒙墓葬的前室，有一块缠腰布保存完好。与他的大部分衣服一样——也与整个尼罗河谷大多数衣服相同——国王的衣服是亚麻材质。亚麻布的制造可追溯到新石器时期。亚麻制品由粗到细分好几个档次，图坦卡蒙的许多衣料用的几乎都是像丝的最上品。但是，在工人住宅区也出土了一些上等纺织物残片。可见贫富差距还是有限的。虽然埃及人也用其他纤维，从绵羊毛到山羊毛到棕榈纤维，但人人都穿亚麻制品，也都希望自己起码有几件上好的亚麻衣物。正如一首歌谣所说：

> 头上抹没药，
> 身穿上等亚麻料。
> 让自己好好享用神明拥有的奇妙！
> 生活要快乐，
> 不被烦心事困扰，
> 随心所欲快活到老。[1]

图坦卡蒙的衣橱展示了埃及历史上各个阶层所穿的不同服装。在缠腰布之外，男人穿短裙，女人穿裙子；男人在短裙下面可能还穿戴围布，围布的前条更增加了对隐私的保护。还流行佩戴各

---

1. Harpist's Song from the Tomb of King Intef, 译自 Wilkinson(2016): 226。

式披肩，或为肩带或为腰带。妇女的标准衣着是一袭窄长紧身 V 形领口的连衣裙——虽然这样束缚性的日常装束穿着的频率令人怀疑。我们猜测更常见的装束应该是简单宽松的长衫，外加披肩和罩袍。如果某些场合需要男子遮蔽上半身，他们就穿长衫。最简单的长衫就是将一块长方形布料对折后两侧缝起，给双臂留空，上面给头部剪开一个口，再将开口处缝好。臂口可以加袖子遮挡手臂。图坦卡蒙的随葬品中有好几件短衫，而在德尔麦地那克哈的墓葬中则出土了一件保存完好的带装饰绣的长衫。新王国时期出土的其他衣物包括围巾、手帕、手套和紧身裤。一般而言，地位高的人衣着层次较多。

但不论贫富，大家似乎都喜欢款式简单、装饰少的衣服。日

图22 亚麻布

常衣物中最常见的装饰就是衣服一侧沿边的流苏和下摆处的流苏小球。裙子和长衫有横褶、竖褶、人字褶的样式。固定披肩的办法一般是打结而不用别针或胸针。亚麻一般不染色，它本身的米色是男女都喜欢佩戴的彩色珠宝的最好衬托。当然，如果是国王的服装就不一样了，图坦卡蒙的不少陪葬服饰都有讲究的装饰。他有一件长衫外面覆盖了密密麻麻的串珠，还有一件用刺绣和贴花勾勒出打猎的场景和一些神兽。他小时候穿的一件长衫绣有小的金圆花饰，皇家服装也常用亮片装饰。

或许埃及服饰最大的变化发生在第十八王朝埃及帝国征服黎凡特之后。与众多此时流入尼罗河谷带异域情调的舶来品一起进来的还有两个外来物种——菘蓝和茜草。它们分别是蓝色和红色的颜料来源，图坦卡蒙的一件彩色长衫就用了这两种植物颜料。不过，色彩鲜艳的衣着可能是新奇的，却无法改变埃及人长期以来对天然亚麻的偏爱。

将亚麻收成后变成亚麻布的工序十分繁复，它是古埃及的家庭产业，多由妇女在前屋完成。在底比斯的一座第十八王朝墓葬里，有 5 个仆人搓麻线，另外 3 人操作直立式织布机的场景。阿马尔那聚居区曾发现生产纺织品的种种工具的残留，有骨针捶打器、纺锤轮和纺纱碗。同样的地方还发现了纺织机残留，包括新王国时期引进的直立纺织机。

各家应该是自己织布自己用，同时也承接国家机构的纺织业务。神庙需定期供应上好亚麻布做祭司的长袍。据铭文记载，各家得上交部分纺布，就像农民上交部分收成一样。除了这部分供应，国家还有自己的纺织厂，通常都与王后和后宫所需相关。图特摩斯三世在古罗布给外国的妻妾及其女侍建了一所宫殿。整个第十八王朝，宫里都雇有自己的纺织工，拥有高品质织品的生产中心。图坦卡蒙用的缠腰布质地一般，但他的一些有特别装饰的长衫却可能出自他父亲的异国妻妾之手。

＊　＊　＊

亚麻布在古埃及很常见，但依然弥足珍贵。衣服不用的时候都叠好卷起，一旦出现破损必缝补，为了延长衣服使用寿命而一再缝补。箱子里存放的亚麻布是每户人家的可支配财富。图坦卡蒙的随葬品中有大量亚麻布，有一个存放箱上还标明了里面的东西：

> 皇家亚麻布……各种 suh- 衣物：2
>
> 皇家亚麻布……idga 衣物：10
>
> 皇家亚麻布……长 sed- 衣物：20
>
> 皇家亚麻布……长衫：7
>
> 各类上好亚麻布共计：39。[1]

1.　Vogelsang-Eastwood(2000): 286.

虽然我们不知道某些词的具体含义，但盘点皇家服饰的过程显然一丝不苟。

国王的亚麻布存放箱也说明了法老文化的一个现象：对可携带财物的购买和存储都仔细小心，因为它们可交换，也作为财务困境的担保。多数人是农民，生产的东西满足自己的所需并将一部分上交给国家；收成好时还可以余出一部分来交换其他必需品，但自然灾害不时发生，也得防范。国家会开仓放粮避免饥荒，自己也需要留些储备粮。平日里如果遇到一家的顶梁柱或近亲死亡，家里的经济就会因此出现困难。所以前室一角的储藏柜发挥了银行账户和保单的作用。当时没有锁和钥匙，箱子是通过一根绳缠绕在两个旋钮上（一个在盖子上，一个在侧面）来关闭的。在绳结处涂上封泥，封泥上加盖私人印章，算是双重保险。不过最好的防盗法还是确保箱子够大够沉。

图坦卡蒙墓葬中有一个长 83 厘米、宽 60 厘米、高 63 厘米的木箱。其木料是从埃及帝国最偏远的地方进口的杉木和乌木，有四根伸缩杆，可让两名挑夫抬着走。这个木箱是用来运输葬礼仪式的用具和材料的。卡特打开它时，看见里面摆放了各种物件：石瓶、杯子和碗，七把石刀，几块树脂和薰香，鸵鸟羽毛残件，干果和几头大蒜。这些东西或并非一般人家收藏的财富，但说明各种有内在价值的东西都可以放在里面一并保管。

阿马尔那高级官员的墓葬里，也画有对城里富有人家平日生

　　　　　　　　　　　　　　　　　　图坦卡蒙的号角

活和丧葬来说都十分重要的储物箱。一名叫帕仁奈夫的朝臣在画中展示了自己收到的各种国王赏赐，最后都由仆人装进了储物箱。他的同事，一位叫胡亚的王室管家，也在画中展示了自己的陪葬品：在最显眼的地方，除了战车和三把折叠凳外，还有三个木箱。

一般住家存放的东西都是实用、耐用和容易脱手的商品：亚麻布、小件家具、容器、金属片和谷物。这些多为家中自制物件，因为原料能就近取得，包括陶土、编篮筐做绳子的芦苇和莎草、纺织用的亚麻、兽皮、制作彩陶和玻璃的沙子。比较难取得的材料——做珠宝的硬石、金属加工所需的铜和锡——需交换。

有大量证据显示法老时期的埃及有手工艺制造业。每个时期的墓葬对此都有详细描绘，还有木制墓葬模型能重现古埃及人所使用的工艺细节。具体的制造则在个人住家、大一点的工坊和神庙与皇宫专设的机构中进行。

篮筐、席垫、木工品、陶器与纺织品因工艺简单可以在家里做。简单的彩陶饰物也能在一般的面包炉里烧制。在阿马尔那，金属加工也在家里操作。相反，比较复杂、劳动密集型的工艺则由较大的工坊在高官监督下开展。许多手工生产由（维齐尔）雷克米拉负责，王室管家胡亚因深得国王信任而被授予好几个工坊的监管权。作为交换，工坊必须给宫中提供定量制成品。

古埃及人会取笑那些在肮脏、难闻、炽热等恶劣环境里辛苦劳作的人，但某一行的工艺高手还是颇受尊敬的。伟大的伊姆霍特普——第一座金字塔的建筑师——死后数百年一直备受尊崇，被奉为智慧和医疗之神，在世时他也以雕刻家和画家的总监头衔为荣。

＊　＊　＊

关于古埃及经济的再分配已有完整文献记载。制成品要被征税，农民也需要将收成的一部分上交国家。而皇家财库则给参与皇家工程的工人发薪，并提供紧急储备粮预防饥荒。供奉神明的食品献祭完毕后就可作为国家口粮重新分配给祭司和神庙工人。商品就这样在社会内部流通。

但这一封闭系统的表述只是部分有代表性。仔细查阅古资料就会发现，民间企业在法老时期的埃及相当发达；埃及人没有"利润"这个词，但还是遵循低价买进高价卖出的规律累积财富。正如一位考古学家所言，古埃及人"没有思考过经济学，但身体力行经济学"[1]。农民赫卡纳克特就是早期实例，他对自己的庄园锐意经营，攒下了余粮，三十五头牛，大量铜、油和亚麻布：财富加起来不可小觑。

虽然买卖是在没有金钱的社会进行的，但古埃及经济的运作十分灵活且先进。运作的基本原则是，以物易物，不过每样东西都有与谷物、油、铜或银具体计量相对应的单位名义价。这些东

1.　Kemp (2006): 323.

西不一定要在交易时出现：它们只是计价的参考对象。最常用的计价单位是铜德本，一德本相当于九十三克。所以在交易价值五十铜德本的一头牛时，买方就拿出不少于总价或与之相等的物件：一罐油、两件亚麻长衫、一定数量的菜油和一些铜片。买方无疑又会用其中的一些商品换取别的商品，直到每个人都换到自己要的东西。在德尔麦地那记录的另一笔交易里，买方用两只羊、一头猪、两块悬铃木料和一定数量的铜换了一口棺材。

不只是物质有价，劳工也有价。一项交易记录显示，制作一张木床"花费"五袋谷子，装饰费外加一袋半，穿绳再加一袋。木料本身"花费"三德本，意味着最后制成品总共价值七袋半谷子和三铜德本，或十个半德本。比较不同商品的相对价值是很有意思的。一张木床尽管需要人工，到头来价值只有一头牛的五分之一，而棺材则更贵。即便是在一个没有金钱流通的社会，价格也是对供需规律的反映。新王国末期拉美西斯十一世统治期间，由于国家资源管理失当，以及底比斯全境屡屡遭到利比亚劫匪的骚扰，粮价飞涨。一袋谷子价值顷刻从一二德本涨到四德本。

德尔麦地那尽管是国家建立和供养的封闭社区，经济上却像任何社会一样活跃。经济活动最热闹的地方并不在乡里而在河边，步行前去那里要花一个小时左右。有两座底比斯墓葬描绘了赶集日的场景。在一幅画中，一名工人正从驳船上卸下几袋谷子，打算与坐在河边带着一筐筐农产品的妇女换些鱼、面包和蔬菜。卖面包的妇人还带了一把大伞给一对双耳瓶遮阴：看来她卖的不仅仅有面包，也有啤酒。我们可以想象，德尔麦地那的妇女带着大包小包和篮筐走到河边摆摊儿，等待船只到来的场景。

另一幅墓葬画的经济活动就比较有组织了，只见叙利亚商人将他们的货卸下，在与摊位内的男人进行交易。后者显然是生意人，虽然不清楚他们是自己做生意还是神庙或政府机关的代理者。其中一人坐在一把矮凳上，给一位外国采购商比画着什么，手中还拿着秤。他头部上方挂着几条带流苏的亚麻披巾和一双凉鞋。另外一名商人也拿着秤，身前桌上放着一双凉鞋，另一双则挂在他头部上方。

商人卖凉鞋有两个理由。第一，凉鞋是每个人都用得到的东西，可以在任何交易中使用。第二，大概有 150 年之久，凉鞋的价格一直相当稳定——主要因为材料费几乎可忽略不计，所需人工有固定标准——所以是可靠的通货形式。《对各行各业的讽刺》一文嘲笑凉鞋工人地位低下：

> 制作凉鞋的工人
> 在油缸四周受尽折磨。
> 他发达，如果围着尸体打转的人也能发达，
> 是因为他咀嚼皮革。[1]

---

1. *The Teaching of Khety*, 译自 Wilkinson (2016): 295。

　　　　　　　　　　　图坦卡蒙的号角

话说回来，人人又都需要凉鞋工人的产品。阿马尔那工人村出土了将皮革割成鞋底形状的木头模型，以及一只有红绿装饰的凉鞋。

据卡特记述，图坦卡蒙墓葬起码出土了 93 件凉鞋残留，从法老木乃伊上摆放的一双金片制凉鞋到散落在附室内的 32 双用灯芯草编的凉鞋。有的鞋上有镶嵌图案，有的鞋上有努比亚和亚洲囚犯的图案，所以法老每走一步都等于践踏敌人一次。他也有几双十分考究的皮凉鞋，上面有金珠和彩珠装饰。正如《泰晤士报》在关于墓葬清理过程的一篇报道中所说：

> 一旦修复，这些凉鞋都将是了不起的艺术品当中的杰作，相信不出几年，我们就会看到最时髦的女性穿着类似的鞋子，而它们的灵感绝对来自这些绝世之作。[1]

* * *

凉鞋也出现在来自阿马尔那一所神庙赫尔莫波利斯的装饰石块上。画面上可见河畔有两所房子；其中一所房子里有一间卧室，

---

1. *The Times*, 1 February 1923, 引自 Reeves (1990): 157。

标志是床边放了一双凉鞋。我们已经看到，古埃及大一点的住房都有卧室。从考古学的角度来看，卧室的辨别就看有没有凹室，可放一张单人床——没有发现古埃及有双人床的证据。各朝各代的墓葬里都出土过床。与椅子一样，床似乎也是地位的象征；有了这样的家具就说明主人家高升了。

当图坦卡蒙的祖父阿蒙霍特普三世想巩固与巴比伦国王卡达什曼-恩利尔的外交关系时，他给国王的新王宫送去了不少家具，包括：

　　　　一张镶嵌了象牙和黄金的乌木床，三张镶嵌黄金的乌木床。[1]

埃及的家具在远古世界显然十分珍贵。两代人以后的图坦卡蒙的墓葬里，竟然有九张床。其中三张是葬礼用的仪式性长榻，系木制镀金，两侧有保护性动物神祇装饰。另外六张为日常用床，带短腿和踏足板。通体涂了灰泥带金叶的床可能就是陪葬用的，卡特认为另外五张是国王生前使用过的床。其中一张是颇具巧思的折叠床，这是古埃及唯一留存至今的旅行用床。

折叠床用的是一种轻型木材，床长 179 厘米，可折叠两次，

---

1. EA5, Amenhotep III to Kadashman-Enlil, 译自 Moran (1992):11。

方便运输和存放，说明法老经常到各地巡视。所有床腿——包括中间加固用的四条腿——都呈狮腿形状，踏足板带有饰板。床体本身一如古埃及所有的床，都是头高尾低。它离地仅 30 厘米，埃及的床就像埃及的椅子和凳子，似乎比今人的要矮不少。一般来说，它们都放在石台上，不但增加了高度，还可以防白蚁。为彻底预防昆虫蛀蚀，图坦卡蒙的旅行用床原先还用稀石灰粉刷过。

国王和高官睡在他们最喜欢的床上，有枕头还有上等亚麻床单，普通人一般都在地上铺席而眠，蜷缩在大厅灶台四周——埃及冬天夜晚的气温有时会降到 0℃。虽然尼罗河谷不乏绵羊和山羊，但埃及人进行羊毛纺织生产的情况却不得而知。也找到了些许证据，包括在阿马尔那的工人村，但看来人们还是用亚麻床单

图23 折叠床

加布条来对付。夏天如果全家人都挤在一间屋子里一定热得难受，人们往往从屋后用窄梯爬到屋顶睡觉。

当然，床和卧室不仅仅是为睡觉用：古埃及居民区房子鳞次栉比且空间有限，所以邻里、家人都近在咫尺，有大量的亲密和亲近的机会——婚内和婚外情兼而有之。说起浪漫的爱情，倒是在德尔麦地那发现了不少情歌。男子和女子口吻的都有，词意缠绵，景象生动：

> 我的妹子来了！
> 我怦然心动，张开双臂拥她入怀。
> 如鱼得水，
> 我的心悠然自在。
> 夜啊，你永远属于我，
> 因为我有了我的爱。[1]

但除了浪漫与爱情，更丑陋的本能也横行无阻。古埃及人对通奸显然不以为然，但法律似乎并不处罚。有一段这样的劝诫箴言：

---

1. Translation after McDowell (1999): 154.

如果你愿意友谊长存，

不论你是以主人、兄弟或朋友的身份

走进一个人家，

接近女性时都得千万小心！（……）

犯色戒者

终将一无所成。[1]

此外，通奸经常与犯罪相连。帕内布是生活在第十九王朝末期德尔麦地那的一名工头。他起码与三位已婚妇女有染，还牵涉盗窃、盗墓和亵渎圣物案件。最终他的罪行让他自食其果，他的儿子做证指控他通奸。

性行为不端的涵盖范围在《亡灵书》第125章"免除罪行的供述"中一一开列，死者必须否认他犯过这些罪。除了造谣、诈骗、谋杀外，还列举了通奸罪，特别是在男性伙伴未明确同意下将性器伸入其体内。其实，古埃及人明显认为同性恋与通奸同罪。道德箴言说：

不得与男童有性行为，

当你知道你干坏事才能满足他的欲望。

---

1. *The Teaching of Ptahhotep*, seventeenth maxim, **译自** Wilkinson(2016): 264。

他的情欲不受控。

　　别让他夜间留宿干坏事：

　　他只有控制了自己的欲望才能冷静。[1]

　　关于古王国统治者内弗尔卡拉与他的部队统帅萨塞内特两人间的暧昧关系有这样一个传说，说将军"大宅里不见妻室"。还说国王——

　　来到萨塞内特住所。他扔出一块砖，朝（墙）踢了一脚，上面掉下来一个（梯子？）……国王尽兴后返回宫中。[2]

　　婚外情除文字记载还有艺术来源佐证。陵墓内除了官方认可的壁画之外，在德尔麦地那和其他遗址都有涂鸦，包括露骨的性行为涂鸦；其中最有名的就是人称"图灵情欲纸莎草纸"所描绘的图像，显示一名阴茎特大的男子以多种姿势与人交媾。大约同时代还有药用纸莎草纸记录了最古老的避孕口服药方，主要用料是芹菜。总之，这个证据说明性行为并不都是为了繁衍后代，古埃及一般人家里虽然没有专门的卧室，但交配现象依然发生。

---

1. *The Teaching of Ptahhotep*, thirty-first maxim, 译自 Wilkinson(2016): 269。

2. *King Neferkara and the General*, 译自 Parkinson (1991): 55–6。

＊　＊　＊

西方人对梦的解析因为《圣经》约瑟梦到七个荒年和七个丰年的故事而与古埃及有了关系。其实，《旧约》成书时解梦在尼罗河谷已行之多年。

传说第十八王朝晚期的国王都是缘于梦而得到王位的。第十八王朝中期，以擅长骑术知名的法老阿蒙霍特普二世子女众多，儿子就有好几个。在他死后，儿子们为争夺王位反目成仇，最后是小儿子图特摩斯继承了王位。但据图特摩斯说，这出乎意料的结局都缘于一个梦。图特摩斯与他父亲一样热衷骑马，喜欢在吉萨高原上驰骋，那里的狮身人面像（斯芬克斯）附近就有一个皇家休憩所。铭文记载如下：

> 一日正午时分，图特摩斯王子骑马前来。他在这伟大的神明影子下休息。他突萌睡意。他发现神明正张口像父亲对孩子般说话："看看我，瞧我，图特摩斯我的儿。我是你的父亲 Horemakhet-Khepri-Ra-Atum。我将让你在众人前当世上的王……看，我在经历痛苦；我四肢都已毁损。过去听我指挥的沙漠的沙子（如今）在折磨我。我一直在等，等你来满足

我的心愿。"[1]

图特摩斯醒来后遵嘱清理了狮身人面像附近的沙子，并立了一堵防护墙阻挡风沙。按铭文的说法，这塑像是三位一体创世神的化身，将日出、日中、日落的太阳合而为一。为报答图特摩斯的善举，斯芬克斯赋予他继承王位成为下一位法老的权利。于是图特摩斯四世将他被提升为王的故事刻在斯芬克斯双足间的石板上。从第十八王朝开始，从他的儿子阿蒙霍特普三世开始，都在上任头一年去朝拜斯芬克斯，以表明自己的合法性。

另外一段不那么神奇的文字则涉及一般的梦的解释。第十九王朝纸莎草纸上保留了一本肯赫尔克佩舍夫的解梦书，从文体上看，它或许成书于第十九王朝的近 1 000 年前。书里讲述了一系列的梦，每一个梦的旁边还写上"吉"或"凶"的字样，并有一段解梦的文字。比方，书上说"如果一个男人梦到自己在阳光下出现在花园里——吉：表示他很愉快"，但"如果一个男人梦到自己穿着一双白色凉鞋——凶：表示他在四处奔波[2]"。这本解梦书与同属第十二王朝的"注明吉凶日的黄历"或占星学形式类似。与

1. Sphinx Stela of Thutmose IV, author's translation; published in Helck (1957): 1542–3.

2. Papyrus Chester Beatty III, 译自 McDowell (1999): 115。

那些有关预言和占卜的内容一样，它们反映当时的人相当迷信。对古埃及人而言，神谕、给死者的信、保护性符咒和其他神秘法术是日常生活的中心，可以帮助他们在一个不可测的环境里感觉一切仍在掌控之中。

因为他们认为邪恶势力无处不在，所以才引发了多种文化习俗，从取名字方面的讲究到"生育床"——就是孕妇生产时得在一个已经清除了邪气、受保护的床上分娩——不一而足。但是最流行的驱邪办法是佩戴护身符。护身符花样繁多，主要取决于要对付什么样的威胁或希望有什么样的保护。蛇头符能让人不被蛇咬，蝎子符能防被蝎蜇。带有伊姆霍特普神头像的符能治病，带有伊西斯绳结的符能提供保护。三角尺能保证品行端正，"百万"图像能带来长寿。最常见的护身符都与繁衍和分娩有关：生育之神"黾"的标志以及家家户户相信的贝斯神和塔沃里特神、罗非鱼、哈索尔女神和婴儿神哈伯克拉底的图像。

不单是出生时会遇到各种危险，死后重生也同样会面临凶险。祭司们在对图坦卡蒙的尸体做防腐处理时，也在国王的黄金面具背后放了一个铁制护身符。它的作用是预防死者失去头颅，《亡灵书》里有一段这样的咒语：

事后不能让你的头被拿走，你的头绝对不能被拿走。[1]

第一九王朝早期的墓葬纸莎草纸上将头枕与心、伊西斯绳结和奥西旦斯柱并列，这是在另一个世界里协助逝者的关键要素。

日常生活里多用头枕而不用枕头，头枕上方呈凹形，垫上亚麻布能支撑头部。平日用的头枕多为木制，但来生用的头枕材料就比较昂贵、精致。图坦卡蒙随葬品中有八个头枕，一个是用浅色象牙刨作，并带鸭头足；另一个形似空气之神"舒"，蹲坐在代表地平线的两头狮子之间，突出了逝者头部与升起的太阳间的象征性联系。但其中最精致的应该是那两个玻璃枕。一个呈蓝绿色，支柱部分有一圈金叶装饰带；另一个是湛蓝，支柱部分有用金叶装饰的国王的名字和封号，并带金箔边饰。两者的蓝都让人想到蓝天，每位法老都梦想着能在太阳神的陪伴下在天上永远穿行。

* * *

上面说到的肯赫尔克佩舍夫的解梦书完全是从男性的角度写的。有些解释部分反映了男人特有的焦虑（比方，怕妻子与人通奸）和愿望（沿袭父亲的官位），说明古埃及是有性别歧视的。其

---

1. *Book of the Dead*, Chapter 166, author's translation.

实，在法老文化中，男性是默认的性别；绝大多数留存至今的文献和图像都出于男性之手，为男性制作。

　　埃及艺术反映并强化了对男女两性角色的期许。它们假设男子会结婚、生子并养家。给男性官员准备的陵庙装饰画是男人眼中的理想状态：墓主人是主角，女眷只起陪衬作用。如果是一对雕像，男子一般都占主位，在女子的右边。男子还特意摆个姿态，两腿分立，而女人通常都顺服地站在一旁，双足靠拢。男子的肤色棕红，凸显他们在户外的时间多，女子肤色多黄色或浅棕色，与她们操持家务的身份相符。虽然古埃及妇女除了家务还干不少其他事，不过这丝毫不能改变人们根深蒂固的男女分工概念。对埃及人来说，一个最理想的有序文明就是子承父业，而且社会自上而下都接受这种性别观。

　　王位制度一向仅限男性。古埃及文里压根儿就没有"女王"一词。对皇家位尊女性的称呼都得提到男性君王——如"国王的母亲"或"国王的妻子"——即便她们本人其实极具政治影响力。这种性别的固化反映在王权思维的各个方面。国王是"拉"之子，是两地之主，是荷鲁斯神的化身，是奥西里斯的传承人与拥护者。王权的各个方面都是彻头彻尾的男性化，一旦女性继承王位，会对用词、服饰和神学等带来极大挑战。第十八王朝中期，哈特谢普苏特这位女性统治者就一直犹豫应该用男性还是女性封号，是应该把自己描写为男性还是女性，是应当称自己为"拉之子"还是"阿蒙之女"。或许就是为了克服她的性别和她的职务间与生俱来的矛盾，才发明"法老"这个称呼（per-aa 的意思是"大房子"或"宫殿"的意思）来回避。

但哈特谢普苏特却怎么也解决不了作为皇家图像必要部分的神胡该怎么办。图像中的国王作为众神在人间的代表，用长而上翘的胡子来表达他的神性。在某些重要的祭祀场合，法老或许都得戴假胡子。哈特谢普苏特的雕像往往是一张佩戴着假胡须的女性化的面孔。当时的人一定觉得这种装扮十分刺眼，或许这就是她死后有关她的记载被完全抹去的原因：由一位女性国王统治埃及实在背离常理。

神胡问题提醒我们，古埃及文化中毛发在强化性别特征方面发挥了重要作用，同时毛发也与宗教有关。祭司在按礼制净身时得剃掉头发，甚至全身的毛发，然后才能进入神庙。神学观点以为头上的毛发和体毛都不洁净，世俗生活中多数男子也不蓄须。第三王朝和第四王朝早期曾一度流行留小胡子，高官或者会留短山羊胡，但留长须就会误入神明禁区，是要不得的。

不留胡子给人充满活力的清新感，正好与强调年轻、有男子汉阳刚之气的理想男性形象相对应。两者同时在第十八王朝底比斯墓葬画中得到了体现。画面是一个征兵场景，但见男子们排队理发，后脑勺和两侧都剪得很短，与历史上所有的新兵发型一样。由少数识字精英执笔写给精英们阅读的医药文献上，记载了好几个脱毛偏方。

国王的形象十分重要，所以从很早开始，宫廷就有一群御用理发师。由于他们能与国王近距离亲密接触，所以在宫中地位很高。萨卡拉有一座古王国时期的墓葬装潢特别精美，原来它就是第五王朝御用理发师之长"泰伊"的墓。同时期还有一座为御用美甲师——一对双胞胎兄弟尼安科南姆和柯南姆霍泰普——兴修的墓葬，也称得上美轮美奂。出现在画面中的工人少有不蓬头垢面者，但他们的上级和国王的发型则永远一丝不乱。

古埃及精英文化很重视个人仪表，图坦卡蒙墓葬中发现的剃须工具便能证明。一个白漆盒子的盒盖上有一段墨迹文字，说这里面原来存放的是"国王——长寿、富贵、健康！——孩童时的用具。带铜把手的剃须刀、剃刀、水杯、亚麻布"。大多数皇家剃须用具都被盗墓贼席卷一空，只留下两张布垫、一块亚麻布和盒子的封泥。卡特在附室地上找到了一把剃刀，还在墓葬进口甬道的填充物中找到了一组刮胡刀，或许是盗墓贼逃离时掉落下来的。

埃及人不论男女多蓄短发，或许是气候炎热短发比较舒服，不过肯定也是为了不长头虱。对孩子来说这一点尤其重要，儿童一般剃光头，只在一侧留一绺长发，人称"年轻人的侧辫"。头发虽短，成年人照样有各种讲究的发型，因为他们长期以来都有戴假发的习惯。时尚多变，一会儿流行戴带卷儿的短假发，一会儿流行长的直发，一度还流行三分头的假发。到第十八王朝，努比亚式的一排排由大而小紧扎的小圆辫发式风靡各地。从人们喜好的变化可以对未注明年代的浮雕和雕像进行测定。

虽然图坦卡蒙在墓葬物件上的形象穿戴了各式各样的假发和

图24 剃须刀

头饰，但墓葬里却一件也没发现。不过，当他的木乃伊被层层揭开后，我们看到他留着短发，脸上的胡子也剃得很干净。即便死了，法老的仪表也怠慢不得。

*　*　*

就像男女都戴假发一样，古埃及的男人女人都化妆。从史前时期开始一直到法老文明结束，他们都有在脸上涂抹矿物颜料的传统。任何有身份的埃及中上阶级人士绝对不希望在没有画黑眼线的时候公开露面。画黑眼线一方面突出双眼，一方面也为防太阳照射对眼睛的损害。化妆品中绝对不能少的东西就是涂眼线的颜料容器和工具。眼影颜料用孔雀石或方铅矿石加水或树胶调制，放在细管中，管子的材料取决于个人品位和财富。图坦卡蒙的陪葬品中有一个奢华的双眼影涂管，长12厘米，由木头、玻璃和象牙制成。还有一管只有4厘米长，与两个金眼影膏绑在一起。它们可能都是他皇家化妆台上的必要物件。

因为古埃及人都化妆，所以我们不能假设凡有大量化妆工具

　　　　　　　　　　　　　图坦卡蒙的号角

和首饰的无名墓葬一定是女性墓葬。不过，下葬时还是男女有别，女性墓葬的陪葬品往往比男性少。图坦卡蒙时代，男主人下葬时陪葬的东西要比妻子多，通常还多一口棺木。如果有共用的葬具，也会标明它属男主人所有。图坦卡蒙祖父母育亚和图玉的合葬墓就显示了这种差异。两人的陪葬品都不少而且很讲究，但育亚的东西显然要比妻子的更绚丽更丰富。

在其他方面，对于埃及女性皇族成员来说，第十八王朝末期一定是一个令人振奋的时代。法老文明前1 500年的官方文献里基本不见任何女性，女性几乎与权力无缘。第四王朝伟大的金字塔建造者胡夫的妻子和哈夫拉的妻子身影稍纵即逝，而且在史册中着墨甚少，她们第十二王朝的继任也几乎不见踪影。不过，在新王国初期反对希克索斯人的解放战争期间，情况为之改观。遇到国家出现紧急情况，底比斯起义军的皇家女眷似乎担任起了日常行政管理工作，以便让丈夫专心打仗，争取埃及重归独立。从这段时间开始，王后特提舍丽、雅赫霍特普、雅赫摩斯-纳费尔泰利在建筑物中经常出现，这个模式一旦建立似乎就变成了第十八王朝的惯例。

即便是王朝中期较有争议的哈特谢普苏特统治，也并未影响以后皇家女性居要位任重职。阿蒙霍特普三世赋予他的正妻提耶极高的地位，甚至在努比亚的塞德伊恩加给她建了一座庙，与自己在附近索利卜的庙相呼应。帝王谷她父母的豪华埋葬规格更突出了她在王室的崇高地位。

皇家夫妻的共治模式在随后的统治中又达到了新高度。在阿马尔那好几栋大建筑里，奈费尔提蒂的雕像与丈夫奥克亨那坦同样大小；有些浮雕中夫妻二人比肩而坐，几乎融为一人，说明王国由两人共同治理。同时代王室大家族的图像也都特别突出女性：奥克亨那坦与奈费尔提蒂的女儿们经常出现，倒是皇子们（包括图坦卡吞）全然不见踪影。奥克亨那坦周围的女性均十分强势，我们甚至可以假设图坦卡吞之所以能继承王位，更多的是基于他与同父异母的姐姐（奥克亨那坦与奈费尔提蒂的女儿）的婚姻，而不是因为他是前几位法老的男性后代。

与其他古代中东和地中海社会相比，古埃及妇女的地位明显更高、更自主。在第十八王朝开始时，又为国家最高神明的崇拜建立了一个新办公室，由皇家亲近的女眷担任主管。这个"阿蒙神妻"一职保证了王室对日益富有、影响力日增的祭司职位的掌控权，同时也给国家的宗教生活带来了女性层面。虽然妇女不能担任祭司，但许多高官的妻室都在神庙中充当吟唱人或乐师。新王国时期特别崇拜哈索尔，也使得法老时期的宗教比早些时候多了一层抚育的含义。

或许最能凸显古埃及妇女地位的就是法律领域。埃及妇女与男子享有同等法律地位，这可是古代史上独一无二的特例。妻子可以指证自己的丈夫，离婚似乎也相当容易并常见，而且妇女保有对自己财产的控制权，婚后依然如此。妇女也有随意处置自己财富的自由。第二十王朝瑙纳克特的遗嘱就特别突出了埃及妇女

　　　　　　　　　　图坦卡蒙的号角

的法律自主权。这位女性自称"法老土地上的自由妇女"。在起草自己的遗嘱时,她坚持将财产只给尽责并愿赡养她晚年的子女。她吩咐书吏明明白白地记录她的指示:

> 我把这八个孩子抚养成人,给他们提供了一个家——所有他们该有的都有。可是,你看,我如今年事已高,再瞧瞧,他们并没有照顾我。所以,他们之中哪一个真正帮助过我,我就把我的财产给他;谁要是不帮我,就休想得到我的财产。[1]

埃及妇女对家务事做主还可以从德尔麦地那工人村找到证据,在那里,我们能看到妇女担任的不同角色。她们生产制成品、买卖财产、进行交易。曾有情歌将女性描述为夫妻关系中的平等伙伴;有的出自女性之手,讲到了女人家想要的东西。当时的社会男子平日都在外工作,家里大小事情都落在妇女身上。正如第十八王朝一段针对男性的箴言所说:

> 家中的妻子如果贤惠,就不要对她管这管那。[2]

---

1. Will of Naunakht, 译自 Wilkinson (2016): 135。

2. *The Teaching of Ani*, fiftieth maxim, 译自 Wilkinson (2016): 310。

尽管如此，古埃及到底还是个父系社会。女性按照神学理论不可能当法老。只有男子才可能出任政府官员。虽然妇女有影响力，但始终要受由男人建立、为男人服务的社会秩序所限。上面引述的这段箴言的下半节语气就不同了，又从典型的男子口吻发声，说女人是祸水：

切莫追逐女性。切莫让她偷了你的心。[1]

箴言的其他地方说的话更露骨：

慎防外方女子，任何来历不明的女子。她经过的时候不要盯着她看。切莫对她存非分之想。丈夫不在身边的妇人就像流向不明的一湾深水！没有旁人在场时她每天都跟你说"我不会对不起你"。其实她随时都会暗算你。一旦被检举告发，这可是天大的罪状。[2]

在德尔麦地那发现的法律文件显示有针对女性的暴力和强奸

---

1. *The Teaching of Ani*, fifty-first maxim, 译自 Wilkinson (2016): 310。
2. *The Teaching of Ani*, ninth maxim, 译自 Wilkinson (2016): 302–3。

案。一个流传甚广的民间故事《奇闻录》——成书于中王国时期，但写的是古王国斯尼夫鲁国王宫廷的事——最能反映当时男性是如何看待女性的。书里说，斯尼夫鲁打算搞一场游船会，又希望由宫中年轻女子来划桨。于是他指示手下：

> 给我挑出二十位身材好、丰胸、发辫的豆蔻少女。再给我准备二十张网，让这些女子不穿衣服只穿渔网。[1]

古埃及女性或许比同时代其他社会的女性处境好些，但根深蒂固的态度和社会规范还是偏袒男性。最后，尽管整个第十八王朝的皇族女性成员都有不凡的作为，但最后王座还是落到了图坦卡蒙而不是他妻子身上。

* * *

古埃及人的家居格局——前面的房间接待宾客、生产手工艺品，中间的房间用来吃饭睡觉，后面的房间是准备饭菜用的，屋顶则是闷热的夏天夜晚纳凉用——说明了他们的生活模式。留存至今的埃及居民区交易和争端记录，让我们得以略窥当时的法律、

---

1. *Tales of Wonder*，译自 Wilkinson (2016): 237。

经济和社会状况，其他七七八八的清单和情歌也让我们多少了解了一点尼罗河谷居民的个人生活。但最能提供可触摸到的证据，能直接说明商品的制造和加工、人们的服饰和打扮的却是物质文化——古埃及人制造和经手的物件。

在遥想很久以前的社会，特别是与我们时间距离如此遥远的古埃及时，一般人都喜欢强调其异域、不同寻常的一面，继而得出这些人跟我们不一样的结论。但历经几千年留存至今的日常生活物件，让我们看到的却是一个希望与恐惧、爱与恨、喜与悲交织的社会，与任何人类文化并无二致。埃及休闲娱乐的物质遗留是很好的对这一共性的说明。当德尔麦地那、阿马尔那、孟菲斯或底比斯的古老先民不在地里、工坊忙活，不在忙着做饭、吃饭、看孩子、照顾老人、祈祷或睡觉的时候，他们就有时间享受生活。

虽然墓葬壁画在描绘理想情景时往往比较严肃，但是从伴随的铭文里也能找到一些好玩的内容——虽然译文不一定反映得出来。图灵情欲纸莎草纸或许既非色情也非讽刺作品；不论如何定位，它都表明古埃及人并不总是那么严肃。另外还有一个明显带讽刺意味的纸莎草图像，展示的是动物从事人的工作，包括玩棋类游戏。这并非偶然，因为这类游戏是法老文化的组成部分。公元前四千纪晚期象形文字被正式化时，代表熟悉物件的个别符号也被征用来代表一个声音或一组声音。其中一个符号就是棋盘，棋盘被选来代表字母 m 和 n。这个符号出现在一个被测定为第一王朝初期的小标签上，也是以后最常见的象形。它还与其他符号一起来拼写阿蒙神的名字，因此成了在皇家名字中——包括图坦卡蒙的名字——最常见的符号。

从第五王朝的（重臣）梅汝卡的陵庙到第十二王朝拉美西斯三世的陵庙，埃及各个时期的艺术品都有男女下棋的画面。图坦卡蒙的随葬品里起码有四件完整的和两件不完整的棋盘。整个墓葬里最精致的物件之一就是放在附室里的一个带镶嵌的游戏盒小桌。它长44厘米，称得上是细木工绝佳作品。盒子选用的木料比较差，但外面有一层努比亚乌木贴面。盒子放在一张四足的乌木小桌上，每条桌腿都像狮腿，爪子部分还用了象牙。小桌本身又由木橇相连。盒子的两侧与两端都用象形文字书写了国王的名字

图25　游戏盒小桌

和王号，盒盖与盒底有象牙贴面，贴面上的突出的木条可描出棋盘。盒子的设计很巧妙，可以玩两种不同的游戏：一面可玩"墙壁"（djau）游戏（又名"二十格"），另一面可玩"超越"（senet）游戏。盒子带一个抽屉——发现时里面空无一物——原来应该有象牙制的"节骨"和乌木与象牙制的掷标。它们的作用相当于现代的骰子，是决定游戏双方每一次能前进几步用的。

"墙壁"游戏起源于亚洲，似乎是第十八王朝帝国扩张时传到尼罗河谷的。棋盘共有三排方格：靠外的上排和下排有四个方格，中排有十二个方格。其中三个方格里有表示不吉利的特殊符号。双方各有五个棋子，如果能避开不吉利的方格和对方的棋子，顺利走出棋盘，那么就赢了。

"超越"游戏历史更悠久，或许可溯源至埃及历史初成期。棋子的形状像棉线轴；一方持白色线轴，一方持红色线轴。具体游戏规则不详，但显然是可以阻挡或吃掉对方的棋子。棋子由棋盘右上方向左下方以反S形后退，移至最后五个分别标示为"吉"或"水"的方格，或有利或不利于游戏方，譬如得轮空一次等。与西洋双陆棋一样，目的是让自己的棋子比对方离盘早。

将棋类游戏带入墓中不但表明此类游戏在古埃及十分流行；与所有其他陪葬品一样，它们也有宗教含义。"超越"游戏在最终获胜前需历经考验、闯过陷阱，这是对进入来世旅程和最后审判的贴切比喻。《亡灵书》中有一段咒语，如果念对了逝者就可离开墓葬去下一盘"超越"棋，但他得认同众神并回答一系列刁钻古怪的问题。图坦卡蒙的棋类游戏作为陪葬品，不只是为了让他在来世有休闲娱乐，也是为确保他能进入来世。

* * *

不论是国王、朝臣还是普通百姓，大多数古埃及人肯定对自己的家庭和社区都有归属感。对大多数农民而言，他们唯一熟悉的地方就是自己生活的小圈子。他们偶尔或许会走访附近的村落换得自己的所需，或到附近省城去交税或向省长请愿，但一辈子绝大部分时间都在离家顶多半天路程的范围内活动。稍微富有一点的人，如新王国墓葬中描画的生意人或政府官员，远行的次数或许多一些。至于国王的朝臣，出于工作需要他们得经常走动。但家永远是所有埃及人——不论贫富——的安乐窝。

德尔麦地那的居民以当地的历史和地位为傲。他们纪念该城的奠基人——国王阿蒙霍特普一世及王后雅赫摩斯-纳费尔泰利，为他们举办庆典活动，并以继续其皇家服务传统为荣。第十九王朝和第二十王朝期间兴起了一种"城市颂"的文学作品，专门讴歌各大居民点，包括底比斯：

> 瞧，我不愿离开底比斯；
> 我被迫离乡背井。
> 扬帆北上之日我将欢欣起舞，

重回底比斯，

沐浴在阿蒙的恩泽中。[1]

《二灵书》也反映了地方属性的重要性以及个人、故乡与地方神明之间的情谊纽带，对首都城市孟菲斯有如下一段颂赞：

> 今天我从我神的所在城市孟菲斯来。它的确是全境所有省份中最美的地方。它的神是真理之神，是粮食之神，豪华富贵，应有尽有。各方人士纷纷前来一睹其风采：上埃及人顺流而去，下埃及人扬帆划桨而去，遵照神的嘱咐日日笙歌三祝。凡住在这里的人都没有"但愿有朝一日"的遗憾。[2]

这种情感也有实际的表达。第一中间期内战时，尼罗河谷沿河各省的省长都想保护他们的辖地不被攻击，免受内战和饥荒之苦。据传，伊苗特鲁的伊提和穆阿拉的安赫梯菲都曾在四面闹饥荒时赈济过本地的居民。1 500 年之后，波斯入侵埃及，有一个来自塞易斯——处于波斯入侵前线的三角洲城市——名叫魏加霍雷斯内特的人，使用外交手段使得当地神庙免被亵渎。他在自述铭文

---

1. Hagen (2007): 249.

2. *Book of the Dead*, Chapter 183, 引自 Hagen (2007): 244。

中自豪地讲述了这件事的来龙去脉：

外国土地的伟大国王冈比西斯来到埃及，随他前来的还有所有外国土地上的外国人。他征服了我们每一寸土地；接着他们就住下了……我向国王解释了塞易斯的伟大……奈斯神庙的伟大……我向双王冈比西斯就所有住在奈斯神庙的外国人一事请愿，请他让他们搬出来，好恢复奈斯神庙的昔日香火……因为我让国王陛下知道了塞易斯的伟大，陛下同意了我的请求。塞易斯是众神之城。[1]

公元前4世纪，埃及第二次遭波斯军队入侵，紧接着又被亚历山大大帝征服，赫尔莫波利斯的大祭司帕迪乌塞尔也采取了类似保护当地居民及其寺庙的举动。他希望别人记得他"从出生之日起就忠于赫尔莫波利斯之主"，"追随他的神直到临终"！[2]

这样的自我吹捧的背后是有实际理由的。箴言经常强调"在你熟悉的地方"谨言慎行的重要性。[3] 再说，行善当从家人开始，在一个过从甚密的社区里，每个人都依赖邻人的帮助：

---

1. Inscription of Wedjahorresnet, 译自 Wilkinson (2016): 31-2。

2. Inscription of Padiusir, 译自 Wilkinson (2016): 37-9。

3. *The Teaching of Ptahhotep*, twenty-ninth maxim, 译自 Wilkinson (2016): 268。

如果你的行为值得称道，

朋友会说，"欢迎"。

供应不会送到镇上，

但难过悲伤时你却需要朋友的安慰。[1]

　　除了对家庭和朋友有责任感、对当地社区有归属感外，证据显示古埃及还对区域有认同感。鉴于埃及幅员辽阔，地中海北部与非洲南部文化差异甚大，有区域认同感应不足为奇。古埃及故事中最为人长期传诵的是《辛努海的一生》，在描述同名作者的错位感时，说他"就像常住在三角洲的人在大象岛，（或）生活在沼泽地的人到了努比亚"那样不自在。[2] 区域方言在埃及语言的科普特期比较显著，但在象形文字里则很难察觉，不过偶尔也会说起尼罗河谷不同地方的人说话难懂的事。在一封新王国时期的书信中，作者大肆抨击对方来信抒发的一段异想："了无头绪，谁听了都会觉得不知所云。就像一个三角洲的人与大象岛的人对话，谁也听不懂谁的。"[3]

---

1. *The Teaching of Ptahhotep*, twenty-first maxim, 译自 Wilkinson (2016): 266。

2. *The Tale of Sinuhe*, R65–6, author's translation; published in Allen (2015): 55-154.

3. Wente (1990): 109, 引自 Hagen (2007): 250。

但超越地方和区域概念的则是国家观念。埃及人要比其他古老文明有更为独特、根深蒂固的独一无二感，他们认为这是拜神之赐。正如奥克亨那坦在《日星赞歌》中对造物主所言：

你让所有人各得其所……

他们语言不同，个性各异。

他们肤色有别，因为是你让外国人与众不同。[1]

这是一篇难得一见、不带偏见的皇家文献——通常法老思维总说埃及是有福之国，其他所有民族都没有埃及人幸运。官方的说法总带有惧外色彩，其实来自各个地方的人都能在尼罗河谷安家发达。在奥克亨那坦统治期间，有一名亚洲裔男子当上了维齐尔，他一直保留自己的迦南名字"亚佩尔"。新王国时期另一位高官迈赫普里尽管是努比亚人，但仍然一路飞黄腾达。从他墓葬的纸莎草纸上来看，他肤色很黑而且头发弯曲，但其他方面他就是一位典型的埃及朝臣。不论你是什么族裔或肤色，只要接受了埃及文化规范就算是埃及人。

古埃及人揽镜自照时看到的是什么？图坦卡蒙的宝藏中有两个精致的镀金木盒；镜子本身应该是抛光后的金镜或银镜，老早

---

1. *The Great Hymn to the Orb*, **译自** Wilkinson (2016): 104。

就被盗墓贼拿走了。第一个盒子放在一个椭圆形状的大盒内，形似十字章，是"生命"的符号，也是"镜子"的意思。盒内有银面衬里，盒盖上用彩色玻璃和半宝石标出了国王的王名，还带有象形文字凸雕带。第二个盒子上的符号更为繁多：盒内有金面衬里，盒的把手像"赫"神（"百万"的符号），手中拿着棕榈叶（"年"），坐在一只镀金的蝌蚪（"100 000"）和戒指符号（"永恒"）上。所以，整个物件都是为在国王照镜子时祝愿他万寿无疆。而图坦卡蒙的一个子民在照镜子的时候，希望看到更接地气的东西：成家后的男女，社区里的骨干，深得其他人的尊敬，生活幸福——一幅家庭生活幸福的画面。

第 **7** 章

人性

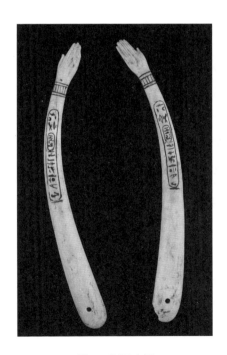

图26 象牙响板

正如所有古埃及人居家环境大同小异，古时候尼罗河谷的生活对每一个人来说，上自法老下至最底层的子民，都充满危险和挑战。尽管法老文明的文化十分先进，但它到底还是个前现代社会，贫穷、饥饿和疾病一样也不少。由于婴儿死亡率甚高，围绕分娩古埃及人有许多仪式和迷信，但仍有许多产妇和婴儿过不了这一关。他们平均寿命很低，童年也相对短暂。只有少数精英接受正式教育；多数男孩跟父亲学手艺，女孩则跟母亲学干家务活。青春期过后的下一件人生大事就是婚姻。古埃及人似乎对同居有着令人吃惊的"现代"态度，但又同任何社会一样十分重视男女关系；生活在大家庭里，祖父母与孙辈的关系特别亲。尽管有医生和巫师，疾病、残疾和死亡却仍如影随形，活到老年的古埃及人为数甚少。图坦卡蒙墓室中的物件虽然是为未满 20 岁的少年准备的，却涵盖了人生的各阶段，从婴儿期到成熟期；虽是为带神性的国王置备的，却处处流露出人性。

每一个埃及人面临的人生第一次考验就是出生。分娩时或分娩后婴儿死亡是所有家庭的普遍经历。因为分娩有风险——对母亲对孩子都是风险——所以分娩过程有一系列特别的仪式和规矩，目的在于给母婴提供最大的存活可能。

宗教思维必须对小生命的孕育给出神秘解答——通常都说是羊头神克努姆用黏土在他的陶工旋盘上捏出一个婴儿形象——但即便是哈特谢普苏特和阿蒙霍特普三世宣称的"神圣降生"概念也提到了生殖繁衍；两者都说阿蒙神于夜间以法老生父的形象出现在母亲的房里。新王国时期《王子的劫难》就更直白了；当众神同意满足国王求子的心愿时，用的就是自然法：

> 当晚他与妻子同房，她怀上了孩子。足月后她产下一子。[1]

留存至今的医药文献包括一份妇科专家纸莎草文和许多验孕办法。有些是异想天开，有的却有常识支撑，植根于日常观察：给女性号脉、观察她的肤色和眼睛、看看她是否有呕吐倾向。如果负担得起，还鼓励孕妇用油按摩腹部，一方面可预防妊娠纹，

---

1. *The Tale of the Doomed Prince*, 引自 Janssen and Janssen (2007): 1。

一方面也让分娩顺利。第十八王朝期间这种油一般是存放在状似裸体孕妇的特殊石灰华瓶中。有的瓶子还让人联想到通常以怀孕河马形态出现的生育和分娩女神塔沃里特。

古埃及文献里没有提到怀胎九月一事，不过怀孕期的长短应该是常识。产妇临近分娩时，会与几名贴身侍女退居到一间特别的产房中。德尔麦地那有的工人村的房子前厅就有一张常设的"产床"。将床单吊起，一般产妇就在此分娩。富有人家会用木桩和亚麻盖布，临时在房顶或庭院内搭建凉房。从德尔麦地那和阿马尔那工人村的墓葬壁画中，我们了解凉房四周应该挂满旋花属植物和葡萄藤——寓意生育和富饶——还有一圈圈芳香花卉装饰。

古埃及对产子过程记述最详细的是虚构作品《奇闻录》。其中一段故事说有位名叫卢捷德的女人生了三胞胎儿子，他们注定要成为第五王朝国王。故事的一开始就描写她的分娩过程：

> 一日，卢捷德开始了产前阵痛。萨克卜的主神"拉"陛下就对伊西斯、奈芙蒂斯、梅斯赫奈特、海奎特及克努姆说，"让卢捷德把肚子里的三个孩子生下来吧"……于是她们来到劳泽家……劳泽对她们说："诸位女神，看哪：这位妇人正经历产子的痛苦。"她们说："让我们看看去！别急，我们对分娩可是内行。"他对她们说："去吧。"卢捷德随着她们进了房

间。她们将整间屋子加封，与外面隔绝。[1]

这个故事里卢捷德周边全是假扮成巡回乐师的诸神。她们也并非随随便便的神祇：伊西斯为荷鲁斯之母，受人敬拜，且每位埃及国王都自称荷鲁斯在世上的化身；奈芙蒂斯与伊西斯是姐妹，是她在照顾产妇时最理想的助手；梅斯赫奈特是生育砖（见下文）的化身，她通常以头戴母牛子宫的形象出现；海奎特是与生育和分娩有关的青蛙女神。前面我们说过，克努姆是在陶工旋盘上塑造人——特别是国王——的工艺神明。

在实际生活中，产妇分娩要经历一系列仪式来"洁净"产房，将邪恶势力排除在产房外。这方面留下了一些奇怪的古物，如雕有塔沃里特、贝斯和各种神兽图像的弧形象牙杖。产妇的护理需用象牙杖将屋内扫一遍，同时口中念叨保护性咒语，可能还吟唱、高叫以驱赶邪魔。此时她们最喜欢用的打击乐器就是叉铃和象牙响板。图坦卡蒙墓葬就出土了一对象牙响板，与今人用的响板类似，或许说明在古埃及人心目中，出生与重生之间关系密切。响板形似人的手臂，长 15 厘米，上肩末端有孔，将两片响板连在一起，摇一摇就能发出有节奏的声响。图坦卡蒙的响板上写了他祖母提耶和他同父异母姐妹梅里塔吞的名字，突出了与女性族人和

---

1. *Tales of Wonder*，译自 Wilkinson (2016): 241。

图坦卡蒙的号角

女性事物的关联。或许图坦卡蒙的女性亲人生活中用过它们。

阿马尔那一所私宅中还出土了一些与分娩有关并且更实用的物件。在楼梯下方的柜子里，发现了等待孩子出生时才拿出来的四样东西。包括一位妇人和女孩敬拜塔沃里特的小陶碑；一名陶制全身赤裸的妇女，她有一对丰乳，头发编成两条辫；另外还有两张彩绘陶床。其他资料来源证实，产妇临产时头发必须绑紧；待到产子时再放开，据说这样能减轻分娩的痛苦。

待完成所有仪式，就等待产子了。《奇闻录》对卢捷德分娩过程描述如下：

> 伊西斯站在她的前方，奈芙蒂斯在她身后，海奎特在协助引产……孩子就这样滑进她的怀抱，婴儿长一腕尺，骨骼强壮……她们剪断脐带，将孩子洗净放在布枕上。[1]

其他文献和艺术证据显示，埃及妇女是蹲在一对生育砖上产子的，一些国家至今依然有这样的习俗。在阿拜多斯南边第十三王朝一位市长宅邸的废墟中，发现了唯一一块留存至今的生育砖。砖长 35 厘米、宽 17 厘米，原先它的六个平面上都有装饰。底面描画的场景与《奇闻录》完全吻合，虽然它把分娩的各阶段都反

---

1. *Tales of Wonder*，译自 Wilkinson (2016): 241。

映在一个画面里：母亲怀抱刚出生的婴儿；一位女助手站在她身后，抚摸着她的后脑；另一位助手跪在母亲前面，伸出双臂预备迎接新生儿。每一位助手后面都有哈索尔的图像；三位女性的头发呈现的都是这位女神神圣的颜色——绿松石蓝。砖边都有魔法图案，包括非洲薮猫、眼镜蛇、狒狒、几头狮子以及一名被斩首的敌人。砖的上表面已损毁，但仍可看出它原来的女主人家是谁：是一位名叫韧尼塞内布的国王的女儿，她住在市长家中，估计应当是嫁给了市长。

孩子出生后产妇还要在产房待 14 天。经过又一轮的仪式性洁净程序后，她才能重回外部世界，开始充满挑战的养育工作。

＊　＊　＊

在阿拜多斯南部发现生育砖的房子附近的街道上，许多人家的住房里都发现了婴儿被秘密埋藏在后室地下的惨剧，同时代卡洪城的住宅区还发现了两三个婴儿埋在同一木盒内的现象。在德尔麦地那村子上方的底比斯山丘，有一个新王国时期的墓葬群，埋葬着 100 多名儿童，分别在陶瓷、陶篮、木匣、木棺内，视死者家庭的经济条件而定。最简陋的墓葬通常埋的都是新生儿，一个天生畸形、名叫伊里奇的小男孩就是一例，他的头和躯体都特别大，但四肢却发育不全，这说明他出生后顶多就活了几个小时。

小伊里奇好歹还有个名字。更不幸的就是，图坦卡蒙和安克赛娜蒙的两个女婴均死产，无缘天日。就在卡特清理宝库时，他发现了一个简单的、不带任何装饰的木盒，没有存册标签也没有铭文。内中有两具小棺，小棺还有内棺。内棺里都放着一具极小的木乃伊。标签上仅注明"奥西里斯"（意思是"死者"），表明两者均为死胎。用计算机层析成像技术扫描检查木乃伊后，我们得知了她们命运如此不幸的原因。一个还连着脐带的胎儿已在子宫内发育七个月。无法确定性别，但可能是女婴。虽然她并不足月，但她还是有一个镀金面具。第二个胎儿肯定是女婴，接近足月；还带着短短的脐带，说明她在出生过程中或其后立即身亡。少年法老和他年轻妻子的两名夭折的女婴标志着第十八王朝皇家血脉的结束。正如卡特所说，"两个婴儿中如有一人活了，就不可能有拉美西斯"[1]。

图坦卡蒙时代的埃及经常上演这类悲剧。他的姐姐梅珂塔吞，似乎就死于分娩：在她阿马尔那的墓葬壁画中，只见她奄奄一息地躺在床上，她的父母亲悲痛欲绝，一名侍女臂膀中抱着一名婴儿。一如当时箴言所说：

> 当死神降临，他夺走了母亲怀中的孩子，也夺去了长者

---

1. Carter (1933): 19.

图27-1、图27-2 图坦卡蒙两个死产女儿的木乃伊

的性命。[1]

当然，也有幸福的故事。如果孩子生下来以后几个小时都很健康，那么他即将开始长达三年的母乳喂养。上述箴言要求男性感谢母亲的养育之恩：

---

1. *The Teaching of Ani*, fourteenth maxim, 译自 Wilkinson (2016): 304。

母亲给你的食物，你当加倍报答；当年她如何呵护你，如今你也一样呵护她。你是她极大的负担，但她没有放弃你。你足月出生后还是拴在她身上。你吸吮了她三年的乳汁，是她一把屎一把尿把你拉扯大的。[1]

从现存大量母亲哺育婴儿的画面来看，母乳喂养显然十分重要。或许有人以为哺乳可以避孕，但母乳确实是比其他任何东西都更安全可靠的营养来源。还有形似并装饰成哺乳母亲模样的特别陶罐，用来盛装母乳；容量约十分之一升，约为一次的母乳量。

古埃及家庭生活还有一个特点，那就是家里经常为出生的婴儿雇奶妈，这样，孩子的母亲就有时间干其他家务。似乎是社会各阶层都雇奶妈。德尔麦地那出土的一段经济文献里，有一位书吏在妻子分娩后向医生和奶妈付费的记录。有意思的是，奶妈的酬劳是 30.5 德本，医生只有 22 德本。也可能奶妈是这家三个孩子的奶妈；但从酬劳来看，奶妈还是个受人尊敬的赚钱行业。

皇家婴儿通常都有奶妈照看。尽管神话里说，国王吃的是女神的奶，养育皇家子女的奶妈或许因此名利双收，自己的孩子也

---

1. *The Teaching of Ani*, thirty-eighth maxim, **译自** Wilkinson (2016): 308。

因为与皇家子女一起长大而受益。第十八王朝高官伊纳蒙的墓葬画显示，他母亲正给未来的阿蒙霍特普二世喂奶，画中坐在他母亲膝上的储君一身国王打扮。伊纳蒙之所以飞黄腾达，一定与他母亲有哺育国王之恩有关。同样，图坦卡蒙的继承人阿伊之所以得势，似乎也是因为他的妻子特耶曾是未来王后奈费尔提蒂的乳母。其实阿伊曾自称"神之父"，即通过他妻子的关系自认为国王的岳父。

20世纪90年代最重要的考古发现之一就是图坦卡蒙乳母马娅之墓。浮雕上年幼的图坦卡蒙坐在她膝上，他最喜欢的小狗就依偎在她的椅子下。她的封号是"皇家保姆"和"哺育神身者"，还称她为"两地之主所钟爱者"，突出了乳母与婴儿间的特殊情谊。有意思的是马娅葬在塞加——孟菲斯行政首府的墓葬场，这也许表明图坦卡蒙部分儿时的时光并不是在他父亲所在的阿马尔那寓所度过的。

婴儿不吃奶的时候就被母亲或乳母用亚麻布兜在胸前、身旁或身后。而努比亚人则不然，他们将孩子置于篮中背负在身后。古埃及的作风一如现代尼罗河谷，当上母亲后女子的身份地位立即得到普遍尊崇。正如箴言所言：

> 年轻人娶妻安家后得关心你的孩子。要像你母亲教育你那样对孩子进行全面教育。不要让你母亲有责备你的理由，

一旦她向神倾诉神就会倾听。[1]

  有了孩子的父亲，其社会地位也得到提升。古埃及人认为最理想的情况是子承父业，许多存世铭文都讲到身为人父的喜悦和挑战：

    如果你是个有品德的人

    蒙神恩典育有一子；

    如果他像你一样为人正直，

    一丝不苟地照看你的家产：

    善待他，

    因为他是你的儿子，他承袭了你的精神。[2]

    如果儿子听取父亲的教导，

    他就不会误入歧途。

    教你的儿子好好听话吧。[3]

---

1. *The Teaching of Ani*, thirty-ninth maxim, **译自** Wilkinson (2016): 308。

2. *The Teaching of Ptahhotep*, eleventh maxim, **译自** Wilkinson (2016): 262。

3. *The Teaching of Ptahhotep*, epilogue, **译自** Wilkinson (2016): 272。

每个埃及人都希望有儿子，但证据显示，女儿也一样受疼爱。德尔麦地那的文献中记载一名工人因祝贺诞下女儿而误了一天工，这说明生孩子是家里的大事。如果图坦卡蒙的女儿没有夭折，她们肯定也能享受到来自父亲的爱。

* * *

如果古埃及的婴儿出生后数周安然无恙，孩子算是平安了。如果男孩或女孩无病无灾安然度过了童年，他们就算得上幸运儿。各个年龄段的儿童都容易受伤害，所以他们从出生之日起就与魔法和宗教结下了不解之缘。在给孩子取名字的时候要讨吉利。婴儿脖子上还挂着趋避邪魔的护身符。有时护身符就是一个盛放纸莎草卷叶的管状物；父母会请当地祭司为孩子长命百岁祈福，将神旨记录在纸莎草纸上，并戴在身上起保护作用。

孩子一旦过了学步阶段，就成了家庭的得力帮手。在一个绝大多数百姓都是糊口农民或手艺人的社会中，简单的田间劳作、工坊作业和家中杂务都由孩童承担。金字塔时代的私人墓葬中，有男孩放牧的壁画，一如今天埃及农村的孩童。收成季节男孩还可以协助驱赶鸟群，平日则帮忙搜集柴火、给牧人送水、给兄弟和父母传递信息。在一座第六王朝的地方墓葬壁画中，厨子在搅动锅中的东西，他的助手却在一旁吃上了。后者转身要一个小男孩帮他跑腿，男孩说："我这就去！"

男孩在田间劳作，女孩一般都留在家里做母亲和姐姐的家务小帮手。底比斯一座贵族墓葬画中，只见一群男孩女孩在收割后的田里拾穗，将拾得的麦穗放在篮子里。同时期另外两座墓葬里画的是几个女孩子——可能是家中仆人的孩子——在给男女主人家铺床。显然，男孩女孩早早就得开始干力所能及的活儿了。

　　不管古埃及的儿童平日有多少活儿，总有嬉戏的时候。他们会去探险、找朋友，免不了也会打闹。有一幅第十八王朝的壁画，显示一名门卫正在训斥调皮捣蛋的一个男孩和一个女孩的场景，照看两个孩子心力交瘁的保姆在一旁喝啤酒。为了不让孩子们捣蛋，孩子也会有简单的玩具。最早的玩具出土于前王朝墓葬中。底比斯北部涅迦达一座儿童墓葬中，发现了一套玩撞柱游戏的四个石球和一个石球必须从其中滚入的"石门"。这套游戏用到的石材——石灰华、角砾岩、斑岩和大理石——都比较昂贵，肯定为豪门之子所有。

　　在整个法老历史时期，球类游戏似乎一直很流行。中王国时期的墓葬中有女孩逐球的图像。德尔麦地那还有一幅诙谐画作，玩球的不是孩子而是一只老鼠。卡洪城的遗迹出土了木球和用几块皮缝制而成中间放甘草或大麦壳的球。有个皮球还有缝补过的痕迹，可见这个玩具很珍贵。卡洪城还发现了不少木陀螺，高度从 2 厘米到 7 厘米多不等，还有两头尖的"猫耳"木片——抛入空中后用木棍或木棒往远处击打的游戏玩具。考古学家还发现卡洪城的一所住宅内藏彩绘木偶以及大量用亚麻制作的头发，他把这所房子命名为"玩具制作工坊"。

古埃及保存至今最讲究的儿童玩具是各种各样的木制玩具。卡洪城附近的女童墓葬就出土了不少，包括一个手臂能转动的娃娃，还有一群跳舞的小矮人，通过绳索可以让他们像木偶戏里的人那样手舞足蹈。埃及别的地方还发现了一个下颌能移动的鳄鱼，一头狮子不但下颌能移动，还有水晶石眼睛和青铜獠牙。因为图坦卡蒙即位时只有 9 岁或 10 岁，逝世时刚满 18 岁，所以陪葬品中出现了一箱玩具也可以理解。箱内有分格和抽屉，其间收藏了各样物件，包括棋盘、一对弹弓和一套打火用具。通过这些简单的玩具，我们似乎对真实生活中的图坦卡蒙有了更多认识。

家里买不起玩具的孩子可以玩游戏。古埃及画作中男孩与女孩各玩儿各的，一如今日世界各地学校操场上的景象。埋葬在萨卡拉的第五王朝高官普塔霍特普的装饰墓葬给我们提供了最丰富的证据。在他的陵庙壁画中，男孩玩的一些游戏在 4 500 年以后的今天依然见于尼罗河谷。有一种"星星游戏"，两个男孩站在一群孩子正中，伸开双臂将另外两个（或四个）男孩围在其中，中间的孩子仰身后靠迅速旋转。还有一种游戏与现代啦啦队的动作类似，三个男孩将第四个扛在肩上。还有一个游戏，现代埃及人称之为 khazza lawizza（"跳鹅"），两个男孩面对面坐着，伸出双手双腿，变成由其他孩子越过的障碍物。吉萨曾出土一个第五王朝时期的雕塑，展示了一个"青蛙跳"的游戏，通常是一个男孩同一个女孩对玩；吉萨还发现过一个"小屋游戏"，孩子们得逃离想象中的禁锢场所而不被抓到。

对古埃及孩童而言，童年是短暂的，不久就得收起玩具经历成人礼了。画中发育前的男女孩童都赤身裸体，头发梳成年轻人的侧辫。不过，裸体似乎是艺术家表明这些孩子尚未成年的习惯手法。青春期后礼数要求男女都得穿衣。

我们没有找到对女孩行成年礼的证据，但男孩成年似乎都要经受割礼。最早对割礼的描绘是在第六王朝的一个萨卡拉墓葬中，行割礼的是一位手持尖锐石刀的成年人，另一位助手将男孩压住。还有其他一些零星证据来源。金字塔时代末期木制的裸体青年模型显示他们都行过割礼。第一中间期曾有一段铭文，叙述一位青年男子与"120人一起进行割礼"，可见那是一场集体仪式。卡尔纳克的一处第十八王朝的浮雕显示皇子接受割礼的情景，还提到曾对未来的维齐尔乌塞尔蒙行割礼一事。以后就再也没有提到割礼，直到第二十五王朝努比亚法老皮安基征服埃及的胜利铭文。他自称阿蒙-拉的虔诚信仰者，拒绝接见四名三角洲的地方统治者，因为他们都未"行过割礼，而且还吃鱼"。铭文中认为割礼是一种洁净仪式，但这也许是后人的解读。

行割礼后即进入了成人世界，这是一种痛苦的经历，但对获得社会认可是必要的。不过，如果埃及青年以为割除包皮后生活将安逸得多，那他可就大错特错了。

* * *

男孩的耳朵长在后面：只有挨了打他才听得见。

　　埃及谚语如是说。对一个有幸接受正式教育的男孩而言，管教严格乃正常现象。男孩女孩从小就由父母亲各自教授成人的职责。前面说过，埃及人的终极理想就是子承父业，对大多数百姓来说，这是唯一的机会。而少数特权阶级就不一样了，一旦接受正规教育，就等于拿到了进入文化官僚世界的证件，将来前途无量。

　　最早提到"教学之家"的是在中王国一位叫科提的省长墓室铭文中。当谈及他希望将来能到他墓前瞻仰的人时，他提到"曾在教学之家受教的每一位书吏、每一位学者"。虽然学校很可能在之前已经存在，但他这里所讲的几乎可以肯定是在孟菲斯附近皇家寓所内的官学。自第十二王朝以后，官学似乎吸引了不少尼罗河谷各地来自不同背景有能力有潜力的男孩，而不只是贵族子弟。

　　流传下来的《科提家训》一文，据说是作者对其儿子的教导，当时他们正从位于埃及东北边陲的扎鲁的家前往学校：

　　　扎鲁的杜奥夫之子科提，
　　　在送子佩皮南下，
　　　与府内高官子弟一起，
　　　前往书吏学校就读途中

对儿子的教导。[1]

科提决心让儿子学有所成，他认为能读会写是成功之道：

> 我要让你热爱文字胜于你爱你的母亲。
> 我要让你知道文字的好。
> 它比其他官职都大：
> 全国上下仅此一途。
> 在他（刚）开始成长，仍是孩童之时，
> 他就被赋予使命，
> 那时的他甚至不到裹缠腰布的年龄！[2]

科提的教导继而开始对其他职业讽刺有加，就是为了告诉儿子当书吏有各种好处，一旦培训成才，儿子就可置身官僚，成为统治阶级的一员。值得一提的是古埃及社会阶级流动性很强。法老历史几乎每段时期都有出身贫寒的人通过自己的努力和施展才干身居要职的例子。一个居住在偏远城镇的人竟然能千里迢迢把孩子送到精英的官学就读——即便这是个虚构故事——说明这种情

---

1. *The Teaching of Kheti*, prologue, 译自 Wilkinson (2016): 290。

2. *The Teaching of Kheti*, prologue, 译自 Wilkinson (2016): 290–1。

况并不罕见。

学校里似乎教算术，但还是以文学艺术为主。古埃及人世世代代必学的古典教材就是《文学提纲》（kemit），里面搜集了一系列书信范例、叙述文的书写方式和一般自传体的短语用法。学生通过背诵这些文章来练习写作和作文技巧。接下来学生就学习和传抄一系列其他古典作品。第十八王朝期间这种读物就包括《辛努海的一生》和《科提家训》。就因为这些书吏学子经常传抄这些作品，它们才得以流传至今。学生们传抄并不用昂贵的纸莎草纸，一般都是用可重复使用的书写板，考古界曾发现好几块这种书写板；在一座第十八王朝的墓葬中，只见一位高官身后，携带书写板和纸莎草纸的正是他做见习书吏的儿子。

多数男孩学习时是盘膝席地而坐，比照书吏最典型的坐姿。但少数特权阶级，如皇子，学校可能会给其预备椅子。图坦卡蒙的陪葬品中有一把用乌木和象牙镶嵌、带镀金侧板的儿童座椅。椅座置放软垫，略呈凹形，椅背笔直，能保证坐着的人精神集中。

上课形式我们不得而知，但《科提家训》多少透露了一些学校的情况。科提警告儿子：

午休时间一到，
如果你步出校门
走到街上，

图28　乌木和象牙制作的童椅

最后一定遭到众人非议。[1]

　　由此我们猜想上课应该是在早上天气比较凉爽的时刻，下午是自习和其他活动时间。新王国时期曾有一篇题为《真与假》的作品，里面提到一个孩子：

　　被送到学校来学习写作。他特别擅长战争艺术，学校里

1.　*The Teaching of Kheti*，**译自** Wilkinson (2016): 297。

比他年长的孩子都打不过他。[1]

可见课程里也有体育，起码在比较尚武的第十八王朝、第十九王朝和第二十王朝是如此。

到新王国时期，但凡家境小康的中等人家，都会送男孩去上学。同时代还有一段教谕提醒孩子，说母亲：

> 送你上学，让你学会读写。为照顾你，她每天在家给你准备面包和啤酒。[2]

不是每个男孩都可以进有名望的官学，所以埃及各主要城镇一定都有自己的学校。一位阿蒙大祭司贝肯宏斯自称在卡尔纳克的学校待过4年，最近的挖掘也发现，在拉美西斯二世陵庙的后面，有一系列小办公室和储藏室，以及校用课本残片。在学校打下了一定的基础，但在正式入职前还需要进一步培训。贝肯宏斯在学校待了4年，后来又在皇家马厩当了11年见习生，其后才开始他的神庙祭司生涯。15年的正式教育相当于完成了现代西方社会的大中小学课程。

---

1. *Truth and Falsehood*, 引自 Janssen and Janssen (2007): 71。

2. *The Teaching of Ani*, thirty-eighth maxim, 译自 Wilkinson (2016):308。

大祭司或王室管家、建筑师或维齐尔，法老时期埃及的每一个高位都取决于你读写能力的高下。掌握这些基本技能——大约只占人口的百分之五——并不容易，但绝对值得。正如《科提家训》所言：

在课堂里待一天你会受益：

虽然学习困难，却一辈子受用不尽。[1]

* * *

到图坦卡蒙时代，中下级官员的儿子与统治精英之子大概都能接受正式教育。禀赋优异的可以进名声最好的官学。当然，还有专为国王的近臣和埃及各附属诸侯之子提供的特权教育，那就是在王室内与法老的儿子一起上学的机会。即便在金字塔时代鼎盛期，王权的巅峰时刻，这样的成长机会也都是非皇族男子获得高官厚禄的进身阶。第五王朝一位叫普塔社普西斯的人在萨卡拉有一所豪华墓葬，此人的得势据说是因为他在皇宫内受教育时"特别受到国王的青睐"；后来他与一位公主成婚，与王室的关系就更牢固了。500 年以后，艾斯尤特的省长科提也在宫中长

---

1. *The Teaching of Kheti*, epilogue, **译自** Wilkinson (2016): 296。

大，他曾吹嘘"国王要我与其他皇子一起学游泳"。同样在第十二王朝，一位名叫伊克诺弗特的官员因为是国王养子而受了教育，后来被委以重任——皇家敏感任务使节，国王认为他"明智善辩，生而聪慧"[1]。

我们并不确知这些人是如何进入国王的核心集团的，有一个可能是，借助他们的父母亲。皇家奶妈的孩子都与他们母亲奶大的孩子一起成长，皇子太师的孩子亦然。古埃及，就像历代国王一样，皇子都由特聘太师在宫中教授。好几位太师都是法老历史上的名人。第十八王朝初埃尔卡布的市长帕赫里就曾经当过图特摩斯一世儿子的老师；帕赫里的墓中就有一幅王子坐在老师膝上的壁画。稍晚，底比斯一座墓葬的主人赫卡瑞舒自称任过四位王子的老师；他用王子们坐在他膝上的壁画来彰显自己与统治家族的关系。而且赫卡瑞舒的儿子赫卡内赫也是跟王子一起长大的。有了这层关系，他得以成为下一代的皇子太师。这个太师家庭特别有意思的地方是，赫卡瑞舒与赫卡内赫父子祖上都是努比亚人，他们后来为向国王表忠心而改了名字（分别是"统治者愉悦"和"统治者不朽"的意思）。

赫卡内赫颇以"幼儿园之子"为荣，第十八王朝有 60 多人有这样的称号，不少人后来都官至上品。作为幼儿园之子，有机会

---

1. Stela of Ikhernofret, 译自 Wilkinson (2016): 14。

与埃及皇宫贵族之子自幼相知相熟。国家未来的领导人从小就得为来日承担治国重任做准备，他们的教育比较务实，以职业为导向，并不仅限于学术范畴，明显偏重政治。在幼儿园住宿学习的小朋友也有外国诸侯王之子，带到宫中是为教导他们埃及的生活方式，希望向他们灌输对法老终身效忠的思想。

第十八王朝最重要的皇家幼儿园在古罗布，亦即有史以来诸王建立游乐行宫的所在。此地水鸟繁多，适于游猎，在附近后宫居住的女眷则忙于纺织。因此，古罗布城但见妇女儿童嬉戏欢笑。公主们与精英的女儿在此跟母亲学习女子必学的技艺：纺织、唱歌、跳舞，夹杂着少量阅读和书写。

但在教育王子和他们的同伴时则比较严苛。课程以读写为主，指导老师是"皇子之家"的书吏。正如《科提家训》所言：

> 不论书吏在宫中担任什么职位，
>
> 他都不会招罪。[1]

待年幼的王子们和同学掌握了埃及语文，就得学习当时通用的外交语言——巴比伦文。课程内容也包括数学和音乐，因为要成为上流社会的成员，不懂得欣赏歌唱艺术和器乐是不行的。对

---

1. *The Teaching of Kheti*, prologue, 译自 Wilkinson (2016): 290。

图29 带内弗鲁拉公主婴儿像的盒盖

未来领导人的培训自然也少不了体能训练，这与第十八王朝的尚武文化认为体育与智育同样重要有关。赛跑、跳高、游泳、划船、摔跤都是每周的必修课，培养体能、耐力和团队精神。未来的阿蒙霍特普二世——他比其他同学更热衷于体育和体能训练——还有一位专门教他练习箭术的老师，此人是外省的市长，名字叫"敏"，对此，他还在自己底比斯的墓葬中很自豪地留下了浓墨重彩的记录。

这就是王子和他精挑细选的玩伴的成长和教育经历。开设专门的教育机构让未来的国王有一批发小与他终身为友，将来可以靠他们来执行他的政策、帮助他稳定政权。至于这帮特权精英的女性亲人，她们的选择就少得多了。没有证据显示任何社会阶层的女孩上过学——连高官的女儿顶多也只能凭容貌魅力被选入宫中，在国王周围起"装饰"作用。哈特谢普苏特的女儿内弗鲁拉公主有自己的老师，但是老师主要还是监护而非教学。

图坦卡蒙的六个姐妹都在宫中地位显赫，陪同父母出席过不少大典，但她们接受正式教育的可能性不大。图坦卡蒙墓葬前室曾出土一个盒盖，上面用镶嵌艺术展现了他小妹妹内弗鲁拉吸吮大拇指的模样。虽然娇生惯养，但从一开始，她的人生道路就已经被决定了。公主也好农民也罢，每一个埃及女孩的命运都是结婚生子。

* * *

趁年轻赶快找个媳妇，让她为你生个儿子。她应该在你还年轻的时候给你生儿育女。让香火得以延续！多子多福：孩子多受人敬重。[1]

这是古埃及对男孩的劝诫，由此可见，法老社会多么看重孩子和为人父母。未婚生子的事也时有所闻，但大家还是更认可婚后生儿育女。大多数存世的婚姻证据都与生儿育女关系密切。中王国时期有一段教谕，表面上看似乎是鼓励婚姻和谐，其实另有深意：

---

1. *The Teaching of Ani*, sixth maxim, **译自** Wilkinson (2016): 302。

如果你成功了并且有了家室，

好好爱护你的妻子，

让她不愁吃穿。

让她身上抹油。

你有生之日都要讨她的欢心，

因为她能为她的主人传宗接代。[1]

最后一句话才吐露了真情：因为妻子的主要职责就是生孩子，善待她将能确保家族兴旺。

这并不是说，婚姻只是抚养子女的最佳安排。上面引述的教谕也鼓励夫妻长相厮守：

如果你娶了一位尽人皆知的

丰满乐观的女人，

如果她忠贞不贰容貌依旧，

让她放开吃不要在意，

只有她高兴了，一家人才有欢乐。[2]

---

1. *The Teaching of Ptahhotep*, twentieth maxim, **译自** Wilkinson (2016): 265。

2. *The Teaching of Ptahhotep*, thirty-sixth(last) maxim, **译自** Wilkinson (2016): 271。

　　　　　　　　　　　　　　　　图坦卡蒙的号角

出现在浮雕和雕像中的妻子一般都很亲昵地将手臂揽着丈夫的腰部或肩部。二人雕像——对已婚夫妻出双入对的描绘——第一次出现是在第四王朝早期，其后一直流行。二维艺术画也包括夫妻二人共餐、玩"超越"棋、一起从事休闲活动的场景。

此类作品中的杰作当数图坦卡蒙墓葬的小金神龛。神龛高50厘米、宽26厘米、深32厘米，比照上埃及古神龛形状打造，神龛的底座是被银皮包裹，并覆上一层厚厚金箔的木橇。神龛两侧和它的两扇门上共有18个浮雕镂刻画面，许多画面里都有年轻的国王与妻子安克赛娜蒙。他俩一起在沼泽地猎捕水鸟；他们手拉着手，安克赛娜蒙送新鲜花束给丈夫。最能显示二人亲密关系的是安克赛娜蒙为丈夫系扣项圈的画面。同时代还出土了一个彩绘浮雕，显示他们在阿马尔那的儿时居所园中散步的情景。虽然是完全符合埃及艺术规格的作品，但还是流露出两人之间满满的柔情。

婚姻既然这么重要，却找不到特别婚礼仪式的证据，这着实有点儿奇怪。古埃及文没有"婚礼"一词；最常用的说法是"成家"、"入门"或"生活在一起"。阿蒙霍特普三世为欢迎他米塔尼新娘的到来，发行了一套纪念性圣甲虫，但他并未提及任何成婚的仪式。新王国晚期，拉美西斯二世迎娶赫梯公主为妻。他的纪念铭文只说他对这桩婚事很满意、公主已安置在宫内居住、其改了埃及名字，但没说有婚礼。

古埃及文有"妻子"一词，但更多时候已婚妇女多以"家庭主妇"称之,突出她管理家务的职责。结婚行为并无仪式,所以不涉及宗教层面。唯一重要的婚姻行为就是同居,已婚与未婚待遇上并无差别。社会承认与否显然取决于关系是否稳定和持久,而不是它的法律地位。由于这方面没有法律支撑,有的新娘的父亲因此坚持未来的女婿必须在一群证人前宣誓。德尔麦地那曾有一段拉美西斯三世统治期间的铭文,记录了当时一位叫特尔蒙的人要求他女儿的追求者内科姆特:

> 让内科姆特对神灵发誓他不会抛弃我女儿。

内科姆特于是遵嘱发誓:

> 当着阿蒙和统治者,我发誓如果将来抛弃了特尔蒙的女儿,我将蒙受一百下鞭笞,并损失与她共同生活时获得的一切。[1]

婚姻不具法律地位的一个直接后果就是,离婚比较常见。工人村发现的文献说明,有些措施可以保护妇女不致因离婚而顿失依靠,包括正式保证她们的财产权。没有婚姻法也意味没有明文规定禁止重婚,虽然古埃及人一般是一夫一妻制:对大多数人来

---

1. Janssen and Janssen (2007): 93.

说，经济和个人考虑也使得他们只能有一个妻子。一位第九王朝叫莫尔亚的官员在墓葬里竟亮出自己有六个老婆实属例外。

图坦卡蒙时代的埃及社会有一个奇怪现象，那就是近亲通婚趋势普遍。国王经常跟他们同父异母的姐妹结婚，部分为政治理由——维系对权力的操控——部分为有意效法众神所为。阿蒙霍特普一世的父母亲就是兄妹关系，他的祖父母亦然。图坦卡蒙本人也是跟自己的姐妹或同父异母的姐妹结婚，最近 DNA 的分析显示他的父母也是近亲。基因库的萎缩对健康的不利影响或许能解释少年国王早逝和他的两个女儿为死婴的原因。法老原来应该是人人敬畏但不一定是人人效法的人：王室之外却还有一起近亲婚姻的确凿案例和两起嫌疑案例。这三个案例中的丈夫和妻子都是异母兄妹而非同母兄妹。肥水不流外人田也是有局限的。

*　*　*

古埃及普通夫妻并不一定是近亲组合，但绝对关系紧密，不时也会出现分裂。正如无数法老历史时期墓葬陵庙中展现的标准家庭风范那样，男性墓主人身旁总有妻子、孩子和仆人。这些人物形象一般都要比男主人小一些，以强调主从关系。壁画也可能遵从社会规范，展示一家之主对自己的父母献祭的情景：

为你在冥界安息的父母献上祭酒。

当众神见到你的行为，他们会说："多谢！"[1]

但这种由一位成功男士组建的理想小家庭终究是理想。文献证据显示，现实情况要复杂得多。赫卡纳克特的书信不仅让我们看到了一个雄心勃勃的精明商人，也看到了一位气势汹汹、嫉妒心强、脾气暴躁的丈夫，他的家庭关系远远称不上和睦。

赫卡纳克特生活在一个大家庭里。除了老婆孩子外，起码还有三个亲戚跟他们同住在一个屋檐下：赫卡纳克特的母亲，他的姐姐（或姑姑——古埃及语不区分年长女性族人的辈分），还有他的弟弟。这也是尼罗河谷农村生活的基本模式：寡居或未婚女性以及未婚、未成家立业的男性往往都与户主同住。赫卡纳克特家里还有管家、书吏和地里的帮手及女仆各一名。就好像这么一大帮人还不够热闹似的，又多加了一层复杂因素，他此前还有过一段婚姻，孩子们（推断应该是前妻生的）跟他的再婚妻子处不好。女仆也跟现任妻子关系不怎么样，他声称女仆有意跟他的再婚妻子做对。三代人，或者四代人同住一个屋檐下，加上杂七杂八的其他雇佣人员，家里怎么可能消停。

大约与赫卡纳克特书信同时，卡洪城的人口普查表又是一份了不起的幸存文献。这些资料让我们得以追踪住家组成的变化。

---

1. *The Teaching of Ani*, twelfth maxim, 译自 Wilkinson (2016):303。

一位名叫霍里的士兵拥有一所普通民宅，在第一次普查时，家里除了他还有妻子谢普赛特和刚出生不久的儿子斯尼夫鲁。多年后家里多了五个女儿和霍里的寡母哈瑞克尼。再后来，应该是霍里辞世后，斯尼夫鲁成了户主。跟他一起住的还有他的寡母、祖母和两个姑姑。差不多1 000年以后的第二十王朝，德尔麦地那一名叫殷禾考的工头的墓葬反映的情况与此类似，壁画显示除了他和妻子外，还有他们的四个孙女。在很多埃及大家庭里，有祖母同住可以帮忙看孩子，干些家务活，减轻母亲的负担。

在这种情况下，孩子们与祖母关系很近也就不奇怪了，他们平常见到祖母的时间可能比父母还多。不只是农村家庭如此，社会顶层的家庭也如此。阿蒙霍特普三世去世后，他深爱的正妻提耶好像就搬家了，去了儿子奥克亨那坦的新首都，起码在那里住了一段时间。阿马尔那好几个浮雕都有她的身影，她还有自己的管家，管家的墓葬相当奢华，说明他是王室的核心成员。奥克亨那坦和奈费尔提蒂一天忙于政事并出席宗教仪式，他们的孩子在阿马尔那的北宫——此处似乎是皇家女眷、宫女和孩子们的特别住区——应该是围着奶妈和女仆转，或许也围着他们的祖母转。

图坦卡蒙与祖母感情特别深，从他的墓葬中找到的最感人的一件东西可以证实。一口小棺木，木头涂了树脂镀了金，里头藏着一口更小的镀金棺木；在这两重保护性棺木的里面，是第三重更小的漆木棺和一束用亚麻布紧紧包裹的东西。打开后发现是一个纯金打造的国王蹲像吊坠。最里层的微型漆木棺里还有第四个像棺木的小盒子，外面由涂满油膏的亚麻布包裹，盒子上写了提耶的名字。盒内装的是一绺编辫的头发。最近经 DNA 分析，证实了那是提耶的头发：这是对他深爱的祖母最珍贵的留念。在奥克亨那坦在位第 15 年前后，铭文里就不再出现她的名字，说明她是在图坦卡吞王子五六岁时去世的。少年国王显然还记得儿时曾是他温暖港湾的祖母。

官方记录几乎从来不提这位幼年王子，似乎有意不让他参与宫廷生活。在他父亲在位期间，他的名字只出现过一次：一处被拆毁的建筑壁画——如今这幅画已不复存在——的解说词里不经意

图30 提耶的头发

图坦卡蒙的号角

地提到了他。奥克亨那坦的革命性的王权思想似乎容不下另一位男性亲人；若承认有一位王子和继承人，就等于承认他的统治结束后仍有未来，这对一个自认已重定创世时刻的法老来说是无法想象的事。

图坦卡蒙在阿马尔那不见踪影，但他的姐妹们——梅里塔吞、梅珂塔吞、安克森帕吞、奈费尔内费鲁阿吞-塔诗里特、内弗鲁拉和塞特潘拉——却在浮雕、绘画、雕塑和铭文中频繁出现。此外，公主们萌态可掬的真实形象展现，在埃及艺术史上亦属首次。有一幅画，奈费尔内费鲁阿吞-塔诗里特与内弗鲁拉坐在一起，其中一人的手触碰着她姐妹的下巴。还有一个展现奥克亨那坦、奈费尔提蒂和三个女儿家庭照的著名碑雕。奥克亨那坦举起梅里塔吞要亲吻她，大手轻轻地托起女儿的小脑袋；梅珂塔吞坐在母亲的膝上，面对母亲，并拉着她的手，指着父亲和姐姐的方向；安克森帕吞则依偎在奈费尔提蒂的肩上，玩弄她冠饰上的吊串。虽然国王夫妇是坐在御座上，还戴着王冠，画面上人物的重点却是他们的女儿。

描绘家庭的恩爱已属创举，描绘的对象是王室那更是革命之举。在另一幅碑画中，奥克亨那坦与奈费尔提蒂坐在一起，他的手碰着她的下巴。还有一幅画是两人对坐，她屈身帮他佩戴项圈，两人的鼻子都快碰到一块儿了。第四幅碑雕里，只见奈费尔提蒂领着两个女儿坐在奥克亨那坦的膝上。另一幅未完成的作品是奥克亨那坦正在亲吻女儿的雕塑。所有这些艺术作品都显示奥克亨那坦一朝王室家庭在意识形态上的重要性。

有意思的是，这些最亲密的画面都是在私人的石雕收藏而非公共展品上发现的，它们被摆放在高官家中供人敬仰。在奥克亨那坦英勇的新世界中，王室不只是埃及的第一家庭，也是神圣家庭，他们取代了传统神明，变成了效忠对象。

* * *

奥克亨那坦宣扬对王室祈祷即可获得上天祝福，但有些危险是连法老也挡不住的。古埃及人必须每天与疾病及其毁灭性效应做斗争。

法老时期为此深受其苦，这一点既有考古证据，也有文献证据。从木乃伊和其他古人遗体中，可以看出他们得过某种疾病。通过脏水和被污染食品传染的寄生虫病非常多见，从吸虫病、霍乱到其他各种各样的传染病。还有通过苍蝇传染的盘尾丝虫病（河盲症），这是一种寄生虫病，也是导致眼疾的主因。各时期的木乃伊都显现得过霍乱和良性及恶性肿瘤的迹象，新王国时期死者有不少感染过肺结核或沙性尘肺病，并有心血管疾病风险加大的迹象。

除了这些危及性命的疾病外，古埃及人也容易因卫生条件差而患上小病。跳蚤、虱子似乎相当普遍，也许这也是人们喜欢留短发戴精美假发的原因。皮肤病很常见，牙病也不少。古埃及没有糖，所以龋齿现象很少，但是植物茎叶粗糙，面粉和面包里免不了带沙子，也容易引起蛀牙和牙齿发炎。史料记载最早的医务从业人员——就是葬在左塞国王阶梯金字塔旁边的第三王朝早期的高官——是位"牙医主治大夫"，这看来并非巧合，王室与一般老百姓一样都需要搞好口腔卫生。两位最伟大法老——阿蒙霍特普三世和拉美西斯二世——的木乃伊检查显示，他们患有牙脓肿的毛病。

除了这些身体上的物理证据，现存纸莎草纸也提供了佐证，其中提到了一系列其他疾病，包括各种眼疾，从视力衰退到白内障。在德尔麦地那的一块碑画上，一个瞎子将他的不幸归咎于超自然的天意：

> 我曾经在真理之神卜塔前发假誓，
> 他就让我白天也只见一片黑暗。
> 我要向无视他和认识他的人，
> 向大小人物一起宣扬他的力量：
> 要留心卜塔，真理之神！[1]

专家文献对疾病的了解比较科学。医药学的纸莎草纸文献提

---

1. Stela of Neferabu, author's translation after Lichtheim (1976): 110.

到了不同种类的肠道寄生虫，这说明古埃及人对寄生性媒介的观察相当敏锐。关于外伤的诊断和治疗的纸莎草纸文献还讲到破伤风的各种症状，以及脊柱受伤会对神经造成的影响，说到心衰时，文献如是说：

> 至于"心脏虚弱"，意指心脏不能言语，或者心血管失语了。[1]

妇科病——子宫下垂，尤其是卵巢囊肿——是产妇和婴儿死亡率高、家庭又依赖下一代的社会的一大关切。肠胃疾病看来也很普遍，因为在医药文献中经常提及。

最糟糕的是，不时还会发生极易感染的传染病。文献对这个问题没怎么发声——经历太惨痛无法诉诸文字——但邻国的铭文加上一些间接证据显示，古埃及曾经历过好几波黑死病。巴比伦国王布尔那布内亚什给奥克亨那坦的外交信函里提到阿蒙霍特普三世的一位二房妻子死于黑死病的事。黑死病似乎也在东地中海其他地方肆虐。它夺去了阿拉希亚（塞浦路斯）统治者的某位妻室，他惶恐地写道："内尔伽勒（瘟神）的手伸到我国，还伸到我家里

---

1. Ebers Papyrus, paragraph 855e, 引自 Nunn (2001): 399。

来了。"[1]黎凡特一个城邦的统治者对国民采取了保护措施,他宣布:"不允许苏姆人入境,苏姆有瘟疫。"[2]阿蒙霍特普三世曾命人制作700座埃及瘟神——狮头女身的塞赫麦特——雕像置于底比斯东西两岸的主要建筑内,这是法老历史上最大手笔的一次性雕像订单,很可能事出有因。奥克亨那坦当政期间王室可能有人死于传染病大流行,在他在位最后几年还夺走了太后提耶和奥克亨那坦两个最小的女儿的性命;或许这也是阿马尔那南墓葬区葬的多半是孩子和年轻人的原因。赫梯王国统治者穆尔西里多次焦急地为"黑死病祷告",他认为自己国家的疫情都是在图坦卡蒙在位期间或刚卸任不久与赫梯王国交战后带回来的埃及战俘传播的。

侥幸生还的人可能一辈子也走不出这个阴影。古埃及塑像和绘画很少描绘发育畸形——艺术的目的原本要表达的就是一种理想状态——但骨骸和木乃伊遗骸却讲述了一段不同的故事。有人得了疝气或脊柱疾病,患者因此出现驼背或脊柱弯曲现象。在前王朝上埃及的阿达伊玛墓葬,出土了两具患有脊柱侧弯的骨骸,同时出土了描绘发育畸形的陶片。病患对自己的残疾如此不避讳的例子实属罕见。同样,从第十八王朝晚期一个守门人的石碑看

---

1. EA35, from the king of Alashiya (Cyprus) to the king of Egypt, 译自 Moran (1992): 108。

2. EA96, to Rib-Hadda, 译自 Moran (1992): 170。

出，他右腿细小、右足畸形，身体得靠一根长棍支撑。

另外值得一提的是，在整个法老历史期间，侏儒都享有特殊地位。软骨营养不良导致的侏儒症的例子很多，而且经常在艺术品中出现。金字塔时代，斯尼布和裴年库这两位侏儒都在宫中担任要职。侏儒经常受雇于国王私人住处，专任舞者、演唱者、侍者或服装管理员。大概也是出于这个原因，保护家业的喜神贝斯形象是位脸蛋胖乎乎的侏儒。但侏儒症的后果也有不幸的一面，一位母亲就因为她的产道畸形、特别小，婴儿的头无法伸出而死亡，有骨骸为证。

同疾病一样，畸形不只发生在王室成员身上，也发生在国王身上。底比斯西部哈特谢普苏特的陵庙中有一幅有名的邦特女王画像，画中展示的是个得了象皮病的女人。在对新王国时期王室木乃伊进行检查后，我们发现，西卜塔国王左脚萎缩，这是脊髓灰质炎或脊柱疾病的症状，而拉美西斯五世似乎得过天花和阴囊疝气。被近代人称为"埃及金童"的图坦卡蒙似乎疾病缠身。对他的木乃伊做了计算机层析成像技术扫描，X 射线和 DNA（脱氧核糖核酸）分析后，发现他有龅牙、下齿不齐、腭裂、颅骨狭长、脊柱侧弯、一条腿萎缩、畸形足，还多次得过疟疾。正如阿马尔那一位考古学家所言：

图坦卡蒙，体弱多病……英年早逝，看来正是一般老百姓的写照，而不是非正常家庭的悲剧结果。[1]

* * *

面对各种各样的致衰、致畸和致死的疾病，埃及人也并非完全束手无策。他们除了借助于祈祷神明、念魔咒、戴护身符来防病除灾之外，也借助医学，其表现方式可谓相当现代。古埃及文"大夫"一词早在法老文明形成之初就有了。似乎很早大夫就有层级之分，有医师、医师长、医师总监和主治医师。大多数医师是男性，女性一般充当助产士和奶妈，但古王国时期也有女性出任医师长的例子。除了全科医生外，还有专科医生：从第一王朝开始，文献中就提到蝎子女神塞尔凯特，她作为祭司可能特别擅长治疗蜇伤。第三王朝早期的伊姆霍特普和第十八王朝晚期的阿蒙霍特普——哈普之子，这两位高官后来都被尊为医生和术士。

古埃及的人体遗骸有时还能看出有医疗干预的迹象，包括环锯切骨术、夹板固定术和缝合术。行割礼这事儿可以从木乃伊和画作中得到证实；虽然它是一种成人礼，但可能也是出于卫生考虑。上古时候医药的范围和先进程度可以从现存的纸莎草纸文献看出。最古老的专科医疗文献是在卡洪发现的；从妇科到兽医治

---

1. Kemp (2012): 229.

疗都有，看来医生和兽医属于同一职业。稍晚在拉美西斯陵庙发现的文献，则专门谈论妇科和儿科的部分——说明埃及人对繁衍后代、生育和儿童死亡率特别关心——还有眼科和血管科部分。

现存最重要的两篇医药著作都是第十八王朝早期的著作，可能出于同一个书吏之手，或许他本人就是医生。一篇谈论的是外伤，另一篇谈论的则是内科。前者即人们熟知的《艾德温·史密斯外科纸草文稿》，它可能是后人对前人著作的传抄，因为书写的风格和文法更像古王国时期。疗法非常现代化，它系统地讲到各类外伤，从头部开始往下直到椎骨，一共谈了48个案例。每一个案例的开头都是"如果患者有……"，下面就叙述眼、鼻和其他感官方面的各种症状。接下来就是诊治，不外乎三种形式："我会这么治"、"我这么考虑"或"我不会治"。如果可以治，就会叙述接下来的程序。最常见的治疗外伤办法包括包扎、夹板、膏药、推拿、在伤口上敷蜂蜜和盐、切除肿瘤时要用加热后的刀等。除了这些医疗干预，通常还建议将病患"待在原地"——换句话说就是强制卧床休息——说明这是常识，因为他们知道身体有自愈能力。后来增订的内容，包括如何制作栓剂、如何抗老化等，则并不特别有创意，后者还自称是"返老还童方"。

另一篇论文人称《伊伯本草》，专门谈内科疾病，其医学知识与前现代欧洲不相上下。比方，有证据显示他们了解鸦片的药性，并用它治病。古埃及人对循环系统也有粗浅了解，他们认为那是以心脏为中心并延伸到各器官和身体其他部位的血管系统。这个了解并不全错。他们还相信循环系统除了血液、水和空气，还运送体内废物（他们称之为 wehedu），许多疾病都由此而生，所以建议用泻药或灌肠法排出体外。这一信念一直延续到古希腊时代，与中世纪对人体的了解相呼应。许多《伊伯本草》的内容被人在以后的医书中整段抄录，可见它是大家认可的标准参考书。

文中最了不起的段落就是如何医治偏头痛，它的非凡意义直到最近才为人们理解。这个病的英文词根源自希腊文，字面的意思是"半个头"，而希腊文又是古埃及文（ges-tep）的直接翻译。所以病名源自埃及，同时埃及人对缓解症状的疗法也相当先进。《伊伯本草》的相关段落是这么写的：

> 另外一个减轻偏头痛（的方子）是：将鲇鱼的头上涂油置于（患者）头部。[1]

最初翻译过来的时候，大家假设这个怪方子说的是患者得吃油炸的鱼头。再仔细查看案文，发现鲇鱼抹油即可，不需烹调。尼罗河的鲇鱼通过头部放电来捕食。在鱼头上薄薄抹一层油再敷在患者头部，既可传导电流又能缓解患者的疼痛。如果对案文这样解释没错，就说明古埃及人发现轻微的电击或可有效治疗偏头

---

1. Ebers Papyrus, paragraph 250, author's translation after Nunn (2001):400.

痛。西方医药还要等 3 500 多年才洞悉个中奥秘。

相比之下，一些其他的埃及药方比起《艾德温·史密斯外科纸草文稿》和《伊伯本草》就很不科学了。前面说过，人们相信祈祷和祈求（瘟神）塞赫麦特母狮神饶恕是有效的驱邪行为。到晚期，在神庙大院里和其他公共场所都竖立了不少人称 cippus 的特别碑石。碑石上只见哈伯克拉底神站在一只鳄鱼身上，手上抓着危险的蛇蝎之类的动物。人们相信泼过铭文的水有治愈力，喝了能治咬伤蜇伤，或许它还真有安慰剂作用。

介乎医学真知和一厢情愿两个极端之间的就是图坦卡蒙墓葬出土的急救包。这是一个由乌木和雪杉打造的圆盒，里面有大小不同的绷带、一个（像针箍的）护指套、一个保护性的亚麻长手套和一个用途不详的透明石灰石臂环。这些零零碎碎的东西应当可以预防并治疗切割伤和碰伤，但也就是这些作用了。

* * *

鉴于埃及婴儿从出生之日起就要经历各种各样的考验，古尼罗河谷的人能活到老年就算是奇迹了。但人算不如天算，还真有少数幸运儿相当长寿。60 岁以上的骨骸很少见，但从存留文献和铭文来看，确实有几个人寿命很长。起码有两位国王——第六王朝的佩比二世和第十九王朝的拉美西斯二世，两人在位起码都有 60 年以上，换言之他们都活到了 80 多岁。在这个平均寿命只有 30 岁到 36 岁的社会里，这些领导人在子民眼中大概还真像神人。也有平民寿命创纪录的：哈普的儿子阿蒙霍特普——阿蒙霍特普三世的宫廷高官——在一个雕塑上自称已年逾八旬，后面还说"我打算过完 110 岁"（110 岁是理想寿命）。几代人以后，拉美西斯二世在位时期的一名阿蒙大祭司贝肯宏斯在其自传铭文中声称，他死的时候至少 90 岁了。

对生活在皇家温柔乡之外的普通埃及人来说，"活到老"是经常表达的希望，但这并不表示老年人特别令人羡慕或受尊敬。先人才有智慧，老年人难免疾病缠身：

> 老年来临，耄耋将至，
> 已然虚弱，更感无力。
> 老眼昏花，双耳失聪，
> 体力不再，心如衰翁，
> 张口结舌，已不能言，
> 昨日之事，今已忘却，
> 老骨头不听使唤。
> 整个人由盛转衰，
> 面对珍馐，食不知味！
> 日薄西山，鼻息不畅；

一站一坐都颇费商量。[1]

这样的描述极具震撼力，所以在《奇闻录》中，作者禁不住要对一位老年魔术师充满青春活力的体魄表示赞叹：

你看起来比你的实际年纪要年轻得多——（通常）人一老就等死，等着被埋，等着入土为安——可你一觉睡到天亮，什么病也没有，连咳也不咳！[2]

埃及艺术也强调年轻体健：男子肌腱发达，婚龄女子个个苗条。在刻画老人时，往往强调他一生成功打拼挣得了多少家业。在萨卡拉第六王朝官员肯提卡的墓室，墓门这一边壁画上的墓主人是个充满朝气的年轻人，另一边画的也是他，但已经变成了肚大腰圆胸部隆起的老者。古埃及社会认为躯体和腰部的肥肉是财富特权的象征，因为只有吃得好不怎么动的人才会这样。胡夫大金字塔的总师赫缪努的坐雕就突出了这些特点，第五王朝一位不知名高官的木雕也一样。这个木雕被第十九王朝发现它的埃及工人们冠以"村中老者"（Sheikh el-Beled）的称号，因为它让他们

---

1. *The Teaching of Ptahhotep*, preamble, **译自** Wilkinson (2016):256–7。

2. *Tales of Wonder*, **译自** Wilkinson (2016): 239。

　　　　　　　　　　　　　　　　　　　图坦卡蒙的号角

想起自己村里大腹便便的领导。1 000 年以后，底比斯的赛内夫墓葬与哈普的儿子阿蒙霍特普的雕塑——这个雕塑显示他是位受人尊敬的长者——又提供了进一步的证据。

　　除了这些理想化的长寿形象外，也有比较写实的反映年龄印记的作品，既无意追捧，也无意取笑。图坦卡蒙在位期间，一幅彩绘的石灰石浮雕里就有一位双下巴、颈骨突出、手腕纤细、瘦削、面部从容、一脸睿智的高官。它或许是古埃及艺术中最令人难忘的老人形象。700 年之后底比斯市长的塑像展示的是一位面部肌肉下垂、尊贵气质不减的人物。最不寻常的是雕塑家和画师在墓葬里点出的星星华发。第十九王朝的一个工人在德尔麦地那的墓葬里有一幅他的大家庭的团体画像，各个年龄段的人都有：他的姑姑戴着一顶黑色假发，末端露出灰色发梢，他的岳父一头灰发，岳母也有灰发，他父亲的头发则已全白。胡伊——图坦卡蒙时代的库施总督——的墓葬壁画中一些小人物的头发也呈灰白色。

　　对这些上层和中产阶级长者流露出几分敬意，对老农则偶尔讽刺有加。底比斯有一座第十八王朝的墓葬壁画里就有一个赤身裸体的劳工，挺着个大肚子、有点儿谢顶、一脸胡子，手里拿着几束纸莎草。早些时候，埃尔卡布的一幅墓葬壁画显示，一个年轻工人正在讥讽一个同样赤身裸体、挺着大肚子、秃头的老农：

图31 阿马尔那的浮雕描绘了图坦卡蒙及其妻子，年轻的国王靠长手杖站立

"快快，别再闲聊了，你这老秃子！"[1]中埃及梅尔一座第十二王朝
的墓葬中，有一幅画描述了一个没穿衣服的肥胖老人跟一个船工
在闲聊。他拄着手杖站在那儿，证明他年纪肯定不小。

---

1. Tomb of Paheri, author's translation; illustrated in Janssen and Janssen(2007): 147 fig. 55.

图坦卡蒙的号角

其实，古埃及象形文字的"老"字的图像就是一个手拄拐杖、弯腰驼背的人。如果一个人有幸活到老年，他可以请求政府雇用他的儿子做他的副手，将来接他的班。这样被雇用的年轻人被称为"老年人的手杖"，形象地比喻他将像手杖一样扶持他的长辈。

手杖与年长是同义词，但耐人寻味的是，如今存世最多的古埃及手杖收藏——有130根之多——竟然出现在一个十几岁的人的墓葬中。图坦卡蒙死的时候还不到20岁，他需要手杖代步不是因为他年纪大了，而是因为天生有残疾。在小金神龛上，他年轻的妻子显然是在扶她，她一只手抓住他的右臂，另外一只手握住他的手。阿马尔那有一幅有名的石灰岩彩绘浮雕，被人称为"花园漫步"，只见一对王室夫妻——没有具名，但肯定是图坦卡蒙和安克赛娜蒙——一起散步，她手中捧着花，他则靠着长手杖站立。

最终，埃及人相信长寿与王权一样，都是神明的赐予。图坦卡蒙"回归正统的铭文"的开头和结尾都信心十足地写道："图坦卡蒙，底比斯的统治者，他的生命像'拉'那样将生生不息。"结果这个希望变成了泡影。

第 **8** 章

虔 信

图32 响板（手摇叉铃）

为驱邪避害并理解周边世界，古埃及人求助于多种信仰和仪式。他们认为魔法、宗教和医药三者是相辅相成、交错重叠的。携带护身符、念一个魔咒、祈祷一番、献上供奉或求教神谕，都能请出神明单独或共同助力。

　　法老时期的宗教是个广泛的大题，反映了被交织成一张复杂信仰网络的不同传统。频谱的一端是专业祭司想象出来的巧妙神学：创世说与神灵、神秘的仪式和深奥的神话。频谱的另一端则是个人的宗教崇拜：护身符和简单的祈祷、家神和祭祖。居于两者之间的就是由专业和业余祭司在神庙内主持——名义上代表国王，其实扎根于地方——的敬拜仪式。节庆和朝圣活动让宗教得以深入群众，从而织就了一整张挂毯。图坦卡蒙墓葬中与崇拜和魔法有关的物件，虽然旨在促进上层精英的宗教经验，但还是吸收了更广泛的信仰。从中可见，受宗教虔诚浸润甚深的文明是如何指导人们走过生命、准备死亡的。

$$* \quad * \quad *$$

　　每一个宗教传统的内核都起源于一个神话，从澳大利亚原住民的彩虹蛇到（基督教）《旧约》的七天创世。恰恰能说明法老文明思维先进的是，古埃及人认为一个创世神话不够，他们至少想出了三个。埃及人的思维方式也与众不同，他们以为不同传统的存在非但不是问题，反而更凸显了天意的深不可测、妙不可言。此外，还可以通过创世故事将各地的不同传统编织成一个国家信仰体系。有些文明完全依赖一个单一、原汁原味的神话，法老文化却得益于其宗教传统的层层叠加。

　　正如一位首屈一指的古埃及宗教学者所言：

> 在猜想生命之始时，埃及人利用了周遭所见的各种创造模式：人与兽得以繁育的性行为，生产作物的播种行为，以及心手并用的造物力量。[1]

　　埃及也深受自然环境的影响，特别是一年一度的尼罗河谷洪泛后重现的土地因滋养而焕发新生。这周而复始的年度再生循环

---

1. Pinch (2004): 48.

更因日复一日太阳带来的万象更新而得到补充和加强。一个土丘从洪水中显现，一轮红日从东方地平线冉冉升起，这两个形象给埃及人的潜意识留下了深深的烙印。那太初的土丘和太阳就是法老神话中象征大自然的神秘与神奇力量的两大主旋律。

三大创世神话中最抽象的是中埃及赫尔莫波利斯的创世说。这座城市古名科姆努（Khemnu），本意是"八"，指的是创世说中的八个中心角色，亦即居住在混沌水域中并代表混沌水域的一群原始存在。它们构成分别具有男女属性的四对，以青蛙和蛇为形象代表：阿蒙与阿蒙奈特代表隐匿，哈赫与哈乌特代表无形，库克和库克特代表黑暗，努恩和纳乌乃特代表水渊。这些原始要素互动后促成了能量爆发，产生了太阳，随即开始了创世过程。神话的一个版本称，太阳神出生在一个叫"火焰岛"的原始山丘上；后来的人又说是托特神放了一个蛋在土丘上，从而孵育出了太阳神。古埃及人特别喜欢在神学精细化上做文章，所以又把这一组存在想象成八只狒狒，因为这些灵长目动物习惯臀部坐地观看日出。

在最为人传诵的创世神话里，太阳占据了中心位置，而这个神话又与赫利奥波利斯为太阳神"拉"的崇拜中心有密切关联。赫尔莫波利斯的神话最早出现在公元前三千纪末的"棺木文献"中，然而赫利奥波利斯的神话已被最古老的存世宗教典籍"金字塔文献"所引用。故事梗概是，混沌之初，笼罩世界的水域中只有阿图姆神。为了有一个伴儿，他用自己的体液神奇地缔造了一对双胞胎：儿子舒（Shu，干燥的阳光）和女儿泰芙努特（Tefnut，潮湿）。金字塔文献另有一说，称阿图姆打喷嚏喷出了舒，吐出了泰芙努特。这是一个聪明的文字游戏——"打喷嚏"是yshsh，跟"舒"字音近，而"吐"是tef，正好是泰芙努特（Tefnut）的词头。同样，"眼泪"（remyt）和"人"（remetj）两个词也十分相近，这个神话的后来版本又说阿图姆让自己的一只眼到水渊中去寻找孩子。化身为女神的眼睛回来后发现，阿图姆又长了一只新眼；伤心之余她泪水涌出，泪珠都变成了人。

另一篇金字塔文献对"舒"和"泰芙努特"的诞生就比较朴实，承认自然创造的驱动力是性行为。故事说，阿图姆用手抓住自己的阴茎，自慰并射出了他的双胞胎。法老文明晚期的女祭司有一个十分奇怪的"神手"称号，指的是造物主借助这手来创世。这两个阿图姆自慰和吐出孩子的版本有时又合而为一，说是阿图姆将自己的精子放入嘴里才吐出了孩子；显然这是仔细观察罗非鱼后编造出来的，罗非鱼是吃了精子和卵子后才吐出小鱼的。

"舒"和"泰芙努特"不但具有进一步生长的必要元素（光与湿气），还掌握了永恒的两个方面——周期性和线性时间。所以奥克亨那坦在位期间国王与王后有意采用"舒"和"泰芙努特"的图像，并将之与创世神——日星阿吞——联系起来，其目的就是想把世界拉回创始时刻，即原先完美的三方组合统治地球的时刻。

赫利奥波利斯的神话并未在"舒"和"泰芙努特"出现后画上句号。创造力一旦被阿图姆释放就停不下来。两性的结合按自然法则又生出了一对双胞胎，盖布（大地之神）和努特（天空之神）——如此一来就给第十八王朝的王室的姐弟兄妹联姻找到了神界的先例。果不其然，故事发展到后来，第二对兄妹彼此相爱，难舍难分，他俩的父亲"舒"硬生生地将两人分开，但此时努特已然怀孕，她生了两对双胞胎——奥西里斯与伊西斯，赛特与奈芙蒂斯。这样一来神明就有九位了，三三得九，这是埃及人心目中多数的多数，亦即全部。这九位神明在创世神话中各司其职；他们一起给这个世界的形成和发展做了铺垫，就等埃及国王完善这个创世秩序。赫利奥波利斯的创世神话的结尾就是奥西里斯与伊西斯结为连理，他们育有一子——荷鲁斯，荷鲁斯就是统治埃及并连接"神明时代"和人性国王时代的桥梁。

卡特在清理图坦卡蒙墓葬时看到宝库里有一溜 22 个木柜，每一个高 90 厘米，外面有黑色脂涂层，有意让它们看来像简单的神龛。柜子的双扇门原来封得很严，但被盗墓人强行撬开了。盗墓人——与卡特——发现里面没有贵金属，每一个神龛里面放的都是站在有树脂涂层的木制基座上的镀金神像。神明的眼圈有铜合金描画，虹膜和瞳孔分别镶有方解石和黑曜石。从特征上可以分辨出一些神明，但其余神像基本上只能靠基座上的名字才知道是谁。其中一个神像是站立的男神盖布。皇族下葬时选择大地之神可以说理所当然，因为他代表法老的辖地埃及；他还是土地肥沃和大地生产潜力的象征；同时也是最初创世神话的要角，这个地位能与人们引起共鸣，使他在埃及宗教里的中心位置历久不衰，一直持续到法老文明的终结。

＊ ＊ ＊

与赫尔莫波利斯和赫利奥波利斯的版本相比，第三大创世神话从神学上讲最为成熟。或许它出于第十九王朝——图坦卡蒙之后一两代人时间——埃及传统的行政首都孟菲斯祭司之手。孟菲斯的主神有史以来就是一位叫卜塔的工匠，他因此也顺理成章地成了孟菲斯神学的中心。根据唯一现存的文献可知——这篇铭文成书于法老文化试图从较早时期寻找灵感和确认的第二十五王朝——卜塔是通过思想和道来创世的。首先，他在心中设计好了所有的神明、人以及各种生物，这个思想过程人称 sia，"悟"的意思。然后再通过他的"权威表述"——hu，让这一切成形。这不禁让人想起《圣经·约翰福音》里的创世描述，"太初有道，道与神同在，道就是神"——两者何其相似。至于卜塔本身，一如犹太-基督教传统，他是自己生成的，他是"众神之父，万物是借着他造的"。

为了将孟菲斯的神学与其他创世说联系起来，同时又维系自己城市主神的地位，孟菲斯的神学家就将卜塔与太初的土丘［化身为塔特能（Ta-tenen），"成为独特的土地"］联系起来，说是他造了阿图姆为自己的思想和道的代理。埃及宗教的大殿就是经过几个世纪这样一步一步搭建起来的，地方传统被系统地吸纳为全

图坦卡蒙的号角

国性神话的一部分。如此一来，不但维系了地方的忠心，也铸就了一个国家宗教，对卜塔的崇拜就是这一过程的最好说明。

已知最早的孟菲斯神的典型形象（像木乃伊，头上戴着一顶紧紧包着脑袋的无沿帽，手持权杖）出现在第一王朝中期萨卡拉主要墓地出土的一个碗上。所以，对卜塔的崇拜可能就发生在朝代文明开始之际或之前。据希罗多德从孟菲斯祭司处获悉，卜塔的神庙为埃及第一位国王美尼斯所建。从起源上看，加上他原来就是该城的地方神明，卜塔似乎与手工艺有密切关系。他的名字或来自"雕刻"的词根，金字塔时代崇拜他的大祭司也以"工匠导师"著称。从这个联系到把他变成塑造众神、塑造大地、造人的创世神，只需要迈出一小步。

卜塔与塔特能合而为一后，也可以在来世发力，因为太初的土丘是最强而有力的再生象征，很快，他又吸纳了先民对古猎鹰头的尸神索卡尔的崇拜。再后来，卜塔-索卡尔又与冥界主神奥西里斯关联上了，形成了卜塔-索卡尔-奥西里斯的三方组合。拉美西斯二世在阿布辛贝的石窟神庙的圣所内，与第十九王朝其他主神一起出现的还有作为地府鬼神的卜塔。神殿设计的朝向保证每年会有两天太阳能照进来（人们猜测其中一天是拉美西斯二世的生日），但卜塔的身影却永远在阴暗之中。不论卜塔是不是藏身于幽暗，他当时在宗教中的分量都举足轻重，两位法老的名字里都有他的身影即为明证：拉美西斯二世的继承人莫尼卜塔（"卜塔的心爱"）和该朝最后一位国王西卜塔（"卜塔的人"）。

卜塔还有一点与众不同，他有亲和力。在历史上某个点，他获得了一种长在孟菲斯地区神树的力量。进不了城里主神庙圣所的普通老百姓纷纷来到户外"辣木下的卜塔"求神问卜。这一条直接通道慢慢演化为"卜塔的听耳"：孟菲斯卜塔神庙墙外敬献的石碑上有许多人耳形象，他们相信神会听到信众的祷告。到中王国时期，他又获得了"生命十字章之主"的称号，这意味他已经晋升为整个孟菲斯区域的神祇；到第十九王朝，他在埃及其他地方，包括底比斯，也被奉为神了。德尔麦地那的一块石碑上，只见四周全是耳朵；主要神庙外围——包括在哈布城附近——立了不少"听耳神堂"，在卡尔纳克阿蒙-拉神庙内他也有自己的神堂。于是，孟菲斯派神学大师顺水推舟，将他进一步提升为不但是所有男女神明的创造者，也是埃及全境所有城市和神龛的建造人。

尽管他在全国都受欢迎，但卜塔的最高崇拜中心还是在他的老家孟菲斯。今天，这个地方只留下一堆杂草丛生、乱石遍布的断壁残垣。不过在它鼎盛时期，卜塔神庙可是尼罗河谷最雄伟、壮观的崇拜中心。它坐落在皇家三角洲的南侧，从一个古时候的"墙南的卜塔"神庙模型来看，它高墙耸立，墙上设有城垛和扶壁式塔台，看起来更像城堡而不像宗教场所。建筑的设计不但要起震慑作用，还要起排除作用：埃及的神庙都是国王及其核心人员的专用场所，一般百姓无缘介入。卜塔作为埃及最为人敬仰、最重要的神明，也是皇家的奉献对象。图坦卡蒙即位后所做的第一件事就是，恢复在前朝逐渐被荒弃的诸神神庙，承蒙他特别眷顾的就是埃及首都城市的神明：

> 他塑造了墙南的卜塔——孟菲斯之主——（的形象）……用琥珀金、天青石、绿松石和各种宝石打造的神圣形象。[1]

或许就是为了回忆这一奉献，在少年国王墓葬众多的镀金像里也有卜塔。如同其他神像一样，它也是木制，涂上石膏层后再用金箔包裹。凸雕装饰显示他身戴宽项圈，外面是一件紧身的羽衣斗篷。他向外伸出的手里拿着他特有的权杖，用青铜镀金展示出"权力"（user）、"稳定"（djed）和"生命"（ankh）的象征。有时候他留直须，戴一顶蓝色彩陶制发亮瓜皮帽。为加强他的造物主形象，他站在一个形似量尺的木制基座上，当然也可以解释为创世时的土丘或象形文字里的"真理"，这就是他给人的各种联想。

虽然孟菲斯的守护神并不是古埃及最有名的神——这一荣誉肯定属于太阳神"拉"或底比斯神阿蒙——但他或许算得上法老万神殿中多面手之最。他是工匠、造物主、冥界要角、王室保护者以及祷告聆听者；在辣木树内有他的身影，他拥有能听见祷告的

---

1. Restoration Decree of Tutankhamun, 译自 Wilkinson (2016):209。

耳朵，地方神龛里就有他——这都是他的祭司们的聪明才智与埃及人民对神助的渴望的结果，卜塔因此在埃及宗教的每一方面都举足轻重。他甚至把自己的名字给了这个国家：当希腊人征服埃及时，他们对孟菲斯的"卜塔神灵之宫"（Hikuptah）深感震撼，于是决定用这座神庙的希腊文音译——Aigyptos——来代表整个地方。所以在卜塔崇拜开始后的 5 000 年，卜塔神的名字依然活在"埃及"（Egypt）英文词的最后两个字母里。

* * *

自有埃及宗教记录以来，信奉并敬拜诸神与更深奥神秘的一些魔法习俗一直"并行不悖"。可以说，法老文化、魔法和宗教是相互纠缠的信仰和仪式，根本不可能厘清其中的脉络。

金字塔文献里魔咒比比皆是。其中不少似乎颇有历史，是口口相传而来的；有些或是传承自史前时代。尽管金字塔文献铭刻于皇家墓葬内，除了崇高的协助重生、升华至来生的魔咒外，也有每日念诵的免遭蛇咬蝎蜇的咒语。埃及人相信，造物无论好坏，从最高级到最低级的造物都得用魔力。从太初开始就有魔力——甚至有的文献宣称它的时间早于众神——每一个生物都有原生魔力。

人们以为神祇有魔力，可以用"正统"宗教仪式来抚慰、收买、胁迫神明，用魔法也同样有效。古埃及宗教著作中最著名的

图坦卡蒙的号角

一段是金字塔文献当中的"食人颂"。虽然最先是在第五王朝最后一位国王的乌纳斯金字塔中出土的，但这只是它的记载时间，原文可能存在更久。当然它的形象描绘也十分原始：

乌纳斯吃人，靠众神维生……

乌纳斯摄入他们的魔力、吞噬他们的灵魂。

最好的早上食用，

中等的晚上食用，

最小的夜间食用。

年纪大些的男女是他的能量来源。

北方上空的神吃了最带劲儿，

大坩埚中烧烤的是他们长者的腿。

天上诸神都为乌纳斯服务。

他们用女人的腿为他把锅打扫干净……

乌纳斯吃智者的肺，

靠他们的心和魔力满足自己的食欲。[1]

---

1. The 'Cannibal Hymn'，译自 Wilkinson (2016): 90–1。

"食人颂"中的用词都有隐喻，用文字游戏来表达奥秘的知识。最好将其视为屠宰仪式的神话版本来理解，内容是说国王宰杀、烹调、享用诸神，吸纳他们的神力以协助自己死后重生并升华。

图坦卡蒙墓中埋葬的一对最奇怪的东西与此或能遥相呼应。它是镀金木制长杆，高 167 厘米，上面绑着由讲究的动物皮制作的模型，模型体内有填充物，但无头，长杆放在一个石灰华的大罐里。虽然罐子外面镌刻了国王的王号，这个人称伊米乌特的东西却可溯源到埃及久远的史前时代。它第一次出现在铭文上是第一王朝早期，但历史可能更悠久。历史萌芽期，国王王座旁边的地上就插放着伊米乌特，象征着保护。而那个无头、躯体被穿刺的动物或许就是国王的敌人，既然无头，肯定已无行为能力。后来，人们认他为阿努比斯，木乃伊之神——伊米乌特的意思就是"等待防腐处理的人"。这个联系似乎有点儿牵强；不过它起码反映了埃及人有将各个城镇乡村的信仰风俗加以吸纳整合为单一国家宗教系统的能力。这是将各个根深蒂固、传统各异的地方组成国家联合体的绝佳办法，这也是埃及的宗教看起来这么复杂往往还自相矛盾的原因。正如一位学者所言，"我们要求宗教思想要前后一致；但他们不……我们有权威经文，他们没有；我们不接受魔法，他们接受"[1]。

到图坦卡蒙时代，大家已认定伊米乌特就是阿努比斯，但他作为随葬品出现在皇家墓葬里则与古代返祖力量及其后与尸体的防腐联系同样有关。图坦卡蒙墓葬中的两个伊米乌特分别出现在墓室的西北和西南角，似乎是有意在棺木四周提供保护。

根据中王国晚期的文献材料，魔法是造物主给人类的"辟邪武器"。[2] 各类人等经常在其他干预办法失灵时求助魔法。护身符和魔碑就介乎魔法和宗教之间，两部医药著作（见第 7 章）很自然地将魔咒也包含在药典处方内。神庙在奠基时可能就将写着敌人名字的破碎陶片，甚至被毁损的受害人尸骨埋入土中。每一所大神庙的祭司都有仪式助理，名义上是负责读经，但这些人一般对魔咒、仪式和偏方比较了解。在底比斯西边拉美西斯陵庙附近，就有一名上述助理的墓葬，里面出土了一组关于魔法的纸莎草纸文件，一个象牙杖，一个戴着动物面具、手中抓着一条蛇的女性雕塑。这是法力无边的魔术师的必备，在埃及最神圣的地方埋葬这样的人，大家也并不觉得不合适。

魔法与宗教界限不清、混为一谈，这让古埃及人在经历生命中各项考验时有一系列不同的可能介入方式，同时也让他们可以

---

1. Schafer (1991): 3.

2. *The Teaching for King Merikara*, lines 137–8, author's translation.

尝试不同"层次"的超自然操作。诸神与造物的力量要受人膜拜，要得到安抚，但人们也希望他们不负众望。

＊　＊　＊

　　或许贯穿整个法老文明时期，在埃及大地的众神中最重要的神明就是太阳神"拉"了。要了解为什么，只需造访尼罗河谷便知；虽然尼罗河是埃及最重要的地理特征，也是生命的孕育者，太阳却是最抢眼、最实在的自然现象。日出日落是发生在瞬间、令人震撼的场景；白昼到黑夜的转换如此突然，太阳的消逝跟它的存在一样令人深有感触。白天，埃及的太阳火热，不论冬夏。最后同样值得一提的是，太阳每二十四小时升起，应许每一天的再生和重生，而尼罗河的泛滥一年只有一次。所以自古以来，埃及人就对太阳充满敬畏。

　　与躲在暗处的卜塔或"隐者"阿蒙不同，围绕着"拉"并无谜团。他的名字就是"太阳"的意思，他的力量所有人都能看见都能感觉到，无须祭司牵线搭桥或解释。奥克亨那坦就是有鉴于这种直观感受而决定将这颗可见的闪耀日星作为他唯一的神祇。"拉"作为最高造物主的稳固地位——从赫利奥波利斯祭司们编造的创世神话中已表露无遗——使得他在保留"拉"原有特性的同时也吸纳了许多其他神明的特质。比方，从很早以前开始，对"拉"的崇拜就与天空之神荷鲁斯有联系，因而弄出了 Ra-Horakhty

（"主管两域的拉-荷鲁斯"）的二重组合，与早上和中午的太阳关系密切。中王国开始，一系列底比斯统治者先后登上王位，他们又想在对太阳的崇拜中加入地方神明阿蒙，来增进自己在全国的合法性，于是就产生了阿蒙-拉。阿蒙-拉作为"两域王位之主"，一直保留着埃及主神的地位，直到法老文明终结前夕。底比斯各大神庙都认他为底比斯与王权的守护神。为赢得他的祝福与保护，一代代法老不断捐赠土地、黄金、牲口和宝物给他的神庙，使之成为全境财富与权力均仅次于王室的机构。所以，阿蒙-拉——"众神之王"也就变成了众王之神。

第十一王朝将阿蒙-拉提升为国家之神并非太阳崇拜被皇家意识形态或政治权宜所用的首次。早在第二王朝，就有神学家明确地将统治者与太阳的力量挂钩了。埃及曾有一位先王名叫奈布拉（"太阳之主"）；从第四王朝开始，大多数王名都含"拉"字，表明国王的职权来自太阳神。吉萨第二和第三金字塔的建造人分别是哈夫拉（"升起的拉"）和孟卡拉（"拉的精神永存"），而图坦卡蒙的王名则是奈布克佩鲁拉（"拉为万物之主"）。除了这些越来越复杂的神学表述外，埃及国王更大胆地直接自称"拉之子"，表示自己与太阳神之间有密切的个人关系。

每天白天都能见到的太阳，对统治百姓的国王来说，确实是强有力的隐喻。埃及人对太阳每天在天际的移动也极感兴趣，他们相信它每晚一定也穿越冥界。作为一个河流文明，埃及人想到长途旅行，就会认为船只肯定是交通工具。从有朝代历史开始，他们就想象"拉"走过苍穹用的是船只。他们管他清晨使用的船叫日船（mandjet），晚上穿越冥界使用的船叫夜船（mesketet）。金字塔时代的每位国王都希望自己死后能伴随"拉"进行这趟宇宙之旅；许多金字塔文献（甚至连金字塔本身）都是协助国王有朝一日达到这个目的的。能成为日船和夜船的船员，既是皇家特权也是王室职责，创世靠的就是它。在中王国时期一篇文学著作中，明确地将国王正确履行职责与这个更大的宇宙之旅联系起来：

> "拉"的船上一片欢欣鼓舞，
>
> 王权又恢复到了过去。[1]

为了让国王能够永远参加创世之旅，皇家葬礼经常配备一艘或多艘模型船。第一王朝的一位国王在阿拜多斯的冥宫旁就象征性地"停泊"了12艘真实大小、窄长、用香柏打造的船只（白天每个小时一艘）。埋在吉萨大金字塔旁边坑里的2艘太阳船也是为同一目的准备的（一艘白天用，另一艘晚上用），它们都保存完好。1 000多年以后，图坦卡蒙随葬品中出土了4艘太阳船模型，足可证明上述皇家思维历久不衰。每一艘船都有往回收的船尾柱和直立如莲花状的船头，与日船和夜船的特征一样；每一艘船还

---

1. *The Teaching of King Amenemhat I for His Son*, **译自** Wilkinson(2016): 279。

图33 太阳船模型

在船尾处配备了一对划桨，在船中间预备了一个镀金御座。太阳船的独特形状让人想起前王朝时期东部沙漠岩画上的神船。

第十八王朝盛大宗教庆典——特别是圣所节阿蒙-拉要从卡尔纳克前往卢克索，以及河谷美节阿蒙-拉得渡过尼罗河前往西底比斯——的压轴戏水上游行，就是为了回忆并模拟太阳神的宇宙之旅。这些活动的核心就是船上放置众神像的神龛。让这些圣物重获新生、貌美如初是王室的另一职责，图坦卡蒙颇以自己在这方面的成绩为傲：

国王陛下……用山巅的新香柏建成船只……用山丘处最

好的金子加工，让河水在船身的照耀下闪闪发光。[1]

少年国王这么做也是在延续一个家族传统。最耀眼的太阳船是他祖父在位时的产物，埃及最令人赞叹的船队游行也是在那个时候举办的。阿蒙霍特普三世不但虔心崇拜太阳神，而且在位的时间越久他就越以为自己就是太阳神。他修建了太阳宫和殿，让人用石英石和红色花岗岩（有强烈的太阳含义的石头）为自己打造硕大高耸的雕像，而且最精彩的是，他在庆祝自己在位 50 年时还想出来一套非凡的祭祀太阳的仪式。参照最早的法老文化，他保留了塞德节的某些核心内容：他穿一件特别的长袍，并建造一所专为纪念 50 周年的宫殿。过去的国王在强调埃及的"领土主张"时就跨越两个石堆，可是阿蒙霍特普则把这个沿袭了多年的仪式改成了盛大的水上表演。他在尼罗河两岸人工开凿了两个大池子；其目的和节日当天的活动序列在国王的一位高官克鲁埃夫的墓中有第一手描述：

> 国王在他的皇宫"欢乐之家"内门处现身。贵族、皇家侍卫、王室管家、门卫、王室友人、驳船的划手、主计长和王室贵宾鱼贯而入。他们获赠"荣誉金奖"，收到金鸭金鱼的

---

1. Restoration Decree of Tutankhamun, 译自 Wilkinson (2016):210。

赏赐以及绿色亚麻布的彩带，人人都按级别高低依次排开。他们享受了王室早餐：面包、啤酒、牛肉和鸟类肉。他们奉命到陛下开凿的大池里去划王室驳船。他们拿起夜船的船绳和日船的船头绳，将船拖至大殿，直到王座台阶下。这是国王陛下参照古籍做的安排。这样的周年庆已失传多时。[1]

通过这些盛大的庆祝活动，阿蒙霍特普三世宣告他已与太阳神合为一体。他不再是"拉之子"，而是世间的"拉"了。此刻此景肯定给国王的谋臣、给河岸上观望的普通百姓都留下了深刻印象。就因为太阳崇拜的重要性深植人心，尼罗河谷早先的基督教经文偶尔也会出现祈求"耶稣、圣灵和拉"的字样。

* * *

第十八王朝期间底比斯的宗教生活都以盛大的船队游行为主，这不但影响了观礼的人，也影响了古埃及的神庙结构。尼罗河谷最早的神庙——起码从当时的描画残片和有限的考古遗址来看——十分简陋，都是木柱支撑的轻型结构，周边是藤制围墙，四壁有草席。从建筑判断，应该是临时性的，倒是有一个尽人皆知的例

---

1. Tomb of Kheruef, author's translation; published in Helck (1958): 1867.

外，那就是前王朝时期耶拉孔波利斯的神庙，似乎好几代人的敬拜活动都集中于此。其实，很可能所有上埃及都以它为神殿的黄金标准，也就是人称的"大房子"（per-wer）。在埃及的另一端，三角洲西北的居民区布托城，水道两边的系列芦苇小屋在下埃及都被认为是圣所，是整个地区神殿的代表建筑，从名字上看——"抹油膏的房子（per-nezer）"——或许在早期的加冕仪式中有一定的作用。

这些在君权神授说尚在萌芽阶段建立的简易神殿，在埃及人的意识和皇家思维中都是所有神圣建筑的理想形式。即便在金字塔时代，石头使用就已非常普遍，国家营建的建筑也有意向简易、临时的前身看齐。这一点在阶梯金字塔表现最突出，阶梯金字塔建于第三王朝初，建筑南边的庆典堂就用石灰石来模仿从前木柱和编席的老式样。

这么早的时候已经出现了好几种明显的建筑风格。第一种是矗立在一个高台上的长方形篷子，篷顶呈弧形，四边通透，有几个台阶可引领上高台。每逢重要仪式国王就出现在这种高台上。第二种风格与此类似，前面有半人高的席子遮挡，许多仪式性建筑都采用这个形式，遮挡席两端的绳结在埃及艺术品中变成了一个广泛使用的装饰图案。第三种建筑是一个长方形篷顶，四周有围墙——不论是编席的还是木制的——外部看来简单朴素；墙的上缘及建筑的角落里都有成捆的芦苇来加强其稳定性。这个让外界完全看不到里面的建筑风格后来被接纳为神庙外墙的理想安排，包括第十八王朝以后所有神庙的雄伟的进门通道（"塔门"）。这个建筑形式存在的时间最久，影响深远，这可以从图坦卡蒙墓葬内出土的胸饰看出，他有四个形状像古典帐篷神龛的胸饰。其中一个是镶嵌着红燧石、绿松石和天青石的讲究胸饰，可见点缀其中的神龛内人物：国王坐在塞赫麦特女神与卜塔神的中间。

法老的神庙不但有意模仿很久以前的柱子和编席结构，还刻意在建筑中重现创世的时刻。神庙奠基的第一步就是在地上标出建筑物的布局。"拉绳"典礼一般都由国王作为每一种崇拜的大祭司出面主持。一旦标识完毕，会在地基下面挖一个坑，在坑里放一些有魔力的东西，保护建筑物不受邪恶势力破坏。仪式的第三要素——"倒沙"——将坑封妥，净化工地，同时在新的神圣建筑中心地带重现创世神话的太初的土丘。放置神龛的内部圣所在神庙的至高处——沙丘的顶端。这就意味祭司需自下而上进入圣所；地面是个向上的斜坡，而屋顶则徐徐向下，两者配合增加对神明住所的神秘感。圣所外观像洞穴，或许是对尼罗河谷居民最早的圣地的回忆。

但神明也不能永远不跟人见面，为了让人相信，男神女神都得露面——或起码让人们感受到。埃及神龛和神庙充分利用隐与显之间的矛盾来引发戏剧性效果。大象岛上的一座小庙是少有的能体现这块圣地是供当地居民所用的实例。据考，这座小庙建于前王朝晚期或早王朝早期，在两块巨大的天然花岗岩石块间，用泥砖隔出了几个房间。像洞穴似的圣所应该就是摆放神像的地方，相当隐蔽；它前面是一个空旷的庭院，这里就是神像向信众显露真容的地方。从当时的壁画来看，神像得用一顶帐篷式的神龛或轿子请出来，放在一处祭台上，大象岛小庙的前院就有一个这样的祭台。

经千年的演变，原始靠人抬的神龛变成新王国时期底比斯大节庆时扮演重头戏的神船。连接卡尔纳克和卢克索的狮身人面大道隔不多远就有一个"休憩所"，供肩扛神龛的祭司们休息用。两端的神庙都摆放了仪式用轴线，标明神龛行经路线，经过一系列庭院、塔门，以达到宗教游行的最大效果。埃及的寺庙建筑就这样在不忘古老先例的前提下逐步演化转变，以适应新的崇拜形式和仪式。

* * *

多数埃及神庙选址都是有讲究的。阿马尔那的阿吞小庙与皇家陵墓所在的干河谷在一条线上，而卡尔纳克神庙则面对尼罗河，这样水上的游行船只——还有平日给神庙提供所需的货运船只——能够在便利的专用码头靠岸。祭司与官员沿着羊头狮身人面大道——将古时太阳神"拉"（狮身人面像）与阿蒙的圣物（公羊）图像合并后卡尔纳克因此成为阿蒙-拉的住所——进入神庙。

主要通道的入口处十分庄严，两座高塔摆出象形文字的"地平线"的图像，说明神庙是造物和再生的地方。神庙四周的高墙将混沌势力——以及百姓——拒于门外。有时，比如在卢克索神庙，高墙的砖都摆出波浪图案，让人想起创世时的水域。从入口处沿中轴线要经过多个塔门和庭院才能抵达圣所，沿途两侧有许多附属空间：奉献室、小神的神堂、神庙设备存放室、祭司更衣室、皇家仪式厅以及神庙宝库。

神庙的每一处在抚慰驻地神明的日常仪式中都有特定作用。神庙其实就是神的住所，崇拜的神像就像神的肉体一样被照料着：每天有吃有喝，还得沐浴、穿衣、涂油膏。这样才能让躯体内的神灵日久常新。祭司们得在奉献室准备早上仪式的祭品，将酒洒其上并焚香祝祷，然后才能将祭物献给圣所内的神明。中午和晚上还要走一遍同样的仪式，只是比早上的简短一些。有些大神庙每个小时都有仪式，不分昼夜。给神像供奉的食物和饮料均来自寺庙自有的土地以及忠实信徒的虔诚奉献；在神明"食用"过后，祭物即分送给祭司们。敬献食品对宗教仪式来说有重要意义，所以，象形文字的"奉献"和"享用"展示的都是奉献平台上摆放面包的图像。

古埃及宗教没有单一的一套正式经文，而是通过代代相传的宗教著作的累积，给宗教的解释和规矩提供了丰富来源。解经的工作在所有神圣建筑中最重要、最神秘的"生命之屋"进行。"生命之屋"第一次出现是在金字塔时代末期，它首先是神庙的藏经室，是宗教著作和仪式性咒语的汇编和研究所在。它早早就被认为与深奥知识和魔法密切相关。比方，中王国时期就有"生命之屋秘密总管"一职，官位很高；还有一个职位是"生命之屋所有著作总监，所有私事均可向他透露"。

新王国时期，有为数不少的"生命之屋书吏"，其中一个叫阿蒙瓦赫苏的人在拉美西斯二世时葬于底比斯，他颇以"生命之屋中书写男女诸神年鉴的书吏"称号为荣。神庙藏经室唯一的考古遗址在阿马尔那：在"法老的通信站"旁边，小阿蒙神庙以东100米，出土了两栋建筑物遗迹，砖上印有"生命之屋"的字样。其中一栋内还发现了丧葬纸莎草纸残片，除此之外一无所获，肯定是在图坦卡蒙统治早期放弃阿马尔那时已将所有的经文都运走了。

生命之屋的书吏应该都是法老时期埃及的资深学者，深谙古人的智慧，同时又对诸神的崇拜、神谕的解读，以及宗教仪式和节庆的规矩烂熟于心。所以，在埃及文明晚期，生命之屋的祭司都被称为"魔法大师"。掌管这个机构并监管写作艺术的主神是众神的书吏托特。第二十王朝的拉美西斯四世曾试图了解前期各朝的成就，他自认为理解力"如托特般过人"，"曾仔细揣摩多本年鉴，就像年鉴的编纂人一样，还查阅了生命之屋的大量著作"。[1]

对托特的崇拜由来已久。他的两个圣兽——狒狒和朱鹭——自埃及有史以来就被人膜拜。在金字塔文献中他为离世国王发声；在荷鲁斯与赛特的神话里，他力挺荷鲁斯，反对他诡计多端的叔

---

1. Wadi Hammamat inscription of Ramesses IV, 译自 Peden (1994): 84–5。

图坦卡蒙的号角

叔；在《亡灵书》中他是保护神，也是记录和宣告最后审判结果的人。就因为他角色众多，托特变成了殡葬信仰和葬俗的重要人物。图坦卡蒙的木乃伊脖颈处就挂着一个带着朱鹭头托特像的护身符；它是高5厘米的黄金制品，上面镶嵌了蓝绿色的长石，让人想到尼罗河河水、植被和青春的新绿。借助古埃及复杂的宗教思维，这个象征把托特与他在赫尔莫波利斯的创世神话中的作用连接了起来。

法老文明末期，象形文字只在宗教文献中使用，对托特的崇拜到达顶峰。此时的尼罗河谷正受到外部势力的威胁，敬拜古老的书写和创世之神给埃及人提供了表达和纪念自己固有传统的机会。第三十一王朝一位来自赫尔莫波利斯的托特大祭司帕迪乌塞尔，"在外国统治者掌管埃及，一切全变了样的时候"，他虔心维系着这个地方信仰，保护神庙不被摧毁免于破败。他的自述铭文极好地总结了古埃及神庙的作用以及祭司们对他们古老的崇拜场所的一片忠心：

> 在我成为赫尔莫波利斯的主神托特的管理人之后……我一切照旧，每位祭司依然得按时工作。我提升了纯洁的祭司，提出了神庙的祭司值班制。我选派了他的仆人，给他的工作人员下指令。我没有减少神庙的供奉，（反而）充实了他粮仓里的大麦和二粒小麦，宝库里放的都是好东西……我献上金、银和真正的宝石……我重立了坍塌的地方。我修复了毁坏已

久和长期缺位的东西……但愿后来者会说："他真是位追随他的神至死不渝的人！"[1]

*　*　*

正如帕迪乌塞尔的铭文所述，埃及的旧神崇拜在公元前332年亚历山大大帝征服尼罗河谷前、被波斯主宰的几个世纪里经历了最后一次辉煌。就在法老文明最后的这段时光，宗教的外在表达出现了奇特、十分"埃及"的形式：圣兽崇拜。尼罗河谷对动物的崇拜由来已久。前王朝时期耶拉孔波利斯的统治者下葬时，都有各种动物陪葬——狗、狮子、大象。此外，自埃及立国以来，孟菲斯就一直崇拜神牛。不过这些大多是地方传统，反映了某种信仰传统。

不同的是，到了晚期，动物崇拜却无处不在。布巴斯提斯有神猫，底比斯有神狗和神瞪羚，法尤姆有神鳄鱼，三角洲的布西里斯竟然有神鱼。在帕迪乌塞尔的老家赫尔莫波利斯，神庙围墙内有大片地方都用来专养被认为是托特化身的神朱鹭。甚至在它们死了以后身体的每一部分，不论多小——诸如羽毛、做窝的材料、蛋壳碎片等——都会被小心收妥，以后可以变卖、埋葬。

---

1. Autobiographical inscription of Padiusir, 译自 Wilkinson (2016): 38–9。

　　　　　　　　　　　　　　　图坦卡蒙的号角

动物崇拜最集中的地方之一就是萨卡拉。所有地下墓穴最令人难忘的就是，埋葬了一代又一代神牛的塞拉比尤姆。它们每次下葬都有隆重的仪式。附近还有一栋建筑物是献给"神牛之母"的。母牛被认为是伊西斯女神的化身而受人敬拜。母牛死后身子要洗净、防腐、用亚麻布包裹、戴上护身符，然后才葬在花了约2年时间在天然岩石中开凿出来的地下墓穴中。为每一位"神牛之母"预备的石棺都非常沉，安置到位得需要30个男劳力。

在萨卡拉，最广泛的动物坟场是朱鹭坟廊，共安放了200万只朱鹭木乃伊。每一个坟廊长30英尺、宽30英尺，从地面到顶板整齐排列着装神朱鹭木乃伊或尸体的陶罐。为满足需要，在附近的阿布西尔湖岸上和埃及各地农场大量培育朱鹭。除了朱鹭，狒狒也在萨卡拉被认为是托特显灵而受到崇拜。狒狒是通过河运从撒哈拉以南的非洲运来的，它们被圈养在孟菲斯卜塔神庙院内。四面八方的信徒来到萨卡拉寻求指引，想预知未来、治疗疾病，甚至祈求在法院胜诉，他们都希望神狒狒会将他们的请求告诉神明。

为了求神眷顾，晚期有大量信徒到尼罗河谷各大宗教中心去朝拜。其中一个地方特别富有神秘色彩——阿拜多斯，它是埃及最早的先王们的陵墓所在，也是奥西里斯的崇拜中心。成千的信徒在第一王朝国王哲尔陵墓附近的奉献箱里留下了大量奉献，人们相信奥西里斯本人也葬在这里。早在中王国时期，每一个虔诚的埃及人都渴望去一趟阿拜多斯——相当于今日穆斯林要去麦加朝圣一样。从第十一王朝开始，埃及各地的墓葬都有模型船，为的是让逝者能沿河上下前往阿拜多斯，了却他一辈子的心愿。

国王们也想访问阿拜多斯。图坦卡蒙墓葬中出土的许多模型船中有三艘大型帆船。其中一艘的索具和用茜草染成红色的亚麻帆都保存完好。船身有的是由一块木头制成，有的是用几块拼凑而成，外部光滑，就像第十八王朝时在尼罗河上下航行的平铺式舢板。卡特毫不犹豫地认定它们是"去阿拜多斯朝圣的往返船只"[1]。

至于朝圣者——不论是国王还是百姓——到了阿拜多斯的活动，第十二王朝晚期的一段铭文对该城一年一度最神圣的节庆时现场演出"奥西里斯的奥秘"的受难戏留下了第一手记录。这出戏讲述了奥西里斯被谋杀、死亡、埋葬和重生的经历；戏的核心是一场游行，承载奥西里斯神像的船型神龛从神庙抬往皇家墓地再回来，故事就在沿途展开，高潮迭起。另外，一位专门负责确保一切按计划进行的皇家特使的详尽报道亦留存至今，他对当时的场景有这样的描述：

> 我设计了追随神的脚步的大游行……穿着一身华丽服饰，（奥西里斯）行走到佩克附近。我在前面将神去往他陵墓的道

---

1. Carter (1933): 40.

路清理干净。我在大战日保护文内弗（奥西里斯的称号）。我在内选特岸边歼灭了他所有的敌人。[1]

对那些无法亲见奥西里斯戏剧演出的信徒来说，最接近还愿的办法就是在游行沿途立石碑，让他们人不在也能有身临其境感。如今尚存的几百个石碑表明，来自四面八方的信徒都愿意留下一个纪念。一位孟菲斯的洗衣工在碑上还留下了他的妻子、母亲、两个兄弟、五个姐妹、儿子、侄儿、三个朋友的名字；还有一个石碑是一位来自三角洲阿瑟里比斯的信徒捐赠的。能对信众应许永生的阿拜多斯主神奥西里斯神的吸引力可见一斑。

* * *

像"奥西里斯的奥秘"这样的大型演出吸引了无数观众。第十八王朝底比斯的节庆日也热闹非凡，节庆是在赶走了希克索斯人以后重塑埃及社会、强化王室权威的战略的一部分。自新王国以后，国教的规模、专业和视觉震撼效果触及了前所未有的更广泛的人群。底比斯和其他主要崇拜中心的居民不但享受这些盛况，喜欢躬逢其盛，也欢迎伴随这些活动而来的盛宴，另外还能在游

---

1. Stela of Ikhernofret, 译自 Wilkinson (2016): 14–15。

行沿路祈祷，希望路上的神明能应许他们的要求。

而以前，国教还属于统治精英专有。在古王国和中王国时期，老百姓几乎没有机会与主要神明互动。对大多数埃及人而言，宗教生活都在远离正式神庙的私人寓所进行。在许多地方，从第一瀑布的大象岛到三角洲东北的泰勒-易卜拉欣-阿瓦德，都出土了早先的社区寺庙，它们建筑风格随意，国家并未参与营建。这些泥砖结构形状不一，是简陋的献祭场所。其风格也因地方或区域喜好而各异，大象岛似乎喜欢用带有奇怪的刺猬头的饰板，耶拉孔波利斯爱用蝎子，阿拜多斯喜欢凸显狒狒和帐篷，但它们大多不属官方宗教管辖。与生育相关的物件——女性雕像和有性暗示形状的石头——屡屡出现，说明一般人对生育和后代存续问题最为关切。所有的祭品都是本身价值不高但有极大象征意义的小东西；它们属于书面记录中基本上看不到的信仰和惯例层面，但对法老的绝大多数子民而言，这就是常态。

随着国家对公民生活方方面面影响力的不断增加，非正式的社区寺庙逐渐为与国王和统治精英有联系的正式建筑物所取代。比方在大象岛，金字塔时代末期一位受人尊敬的地方省长竟然有名到被当地人当成圣人崇拜的地步。过去，人们会将他们的祭物放在小庙里，如今却到国家钦准的建筑物里向神化的官员祷告。其他城市也有类似的崇拜。在伊德富，一位地方省长死后广受膜拜长达 600 年。到新王国时期，这些地方性圣人均被坊间常见的各个主神所取代，而像卡尔纳克神庙里的国王和高官的雕像则成

　　　　　　　　　　　　图坦卡蒙的号角

了百姓与诸神之间的联系中介。

国家彻底地据宗教为己有后，我们从现存书面证据得到的印象是，新王国时期一般埃及人的生活基本上不带宗教色彩。箴言改而强调"坚持"，为取得成就需坚持遵守社会规范。《阿尼的教导》一文记载了53条箴言，只有两条与宗教仪式有关：

> 要庆祝你的神的节庆，并适时重复，否则神会发怒……
> 奉献给你的神，注意不得冒犯他。[1]

这与希罗多德所称古埃及人"异乎寻常地虔诚，远胜于其他国家"[2]大相径庭，他看到的其实是外国占领期间埃及人对本地宗教热情爆发的反弹结果。

留存至今的居民区所反映的情况更接近实情。德尔麦地那的工人居住区不乏供奉祖先以及塔沃里特和贝斯的小神龛。祖先的半身像与给新近过世的亲人立的碑石可以为此提供佐证。在阿马尔那，有的住房的起居室中间就有泥砖砌成的祭台，或许是为在特殊节日摆放祭器的地方。其他时候这些器物都收藏在木箱里。

---

1. *The Teaching of Ani*, seventh and thirty-seventh maxims, **译自** Wilkinson (2016): 302, 308。

2. Herodotus (2004): 319.

图34 瓦杰特眼臂镯

在一个工头的家里发现他收藏了不少人耳、牛头和贝斯神的彩陶模型，还有眼镜蛇模型。大祭司帕内希——此人白天是阿吞大神庙的住持——的家中发现了各种祭器，包括一个有眼镜蛇从中昂首现身的矮罐、母牛形状的器皿以及带"圣眼"装饰的戒指，可见这种风俗习惯的普遍性。

最后这类器物在阿马尔那的出土文物中最常见。戒指很容易在家中制作——已经发现了许多黏土的戒指模具——而"圣眼"图案则将埃及宗教最重要的两大支派联系到了一起：太阳崇拜和奥西里斯神话。这个将人眼与鹰眼四周的斑纹合而为一的图案被认为既代表"拉之眼"——意味力量和保护；又代表"荷鲁斯之眼"或"月眼"——意味治愈和完整。结果，圣眼就变成全埃及宗教里最有力的护身符象征，戴在活人身上，也摆放在逝者身上。木乃伊身上的刀口往往都有带圣眼的金属片遮盖，国王们下葬时也佩戴一对带圣眼的臂镯。在图坦卡蒙墓葬附室的地上发现了好几个圣眼戒指，他的左臂也戴着黄金打造并镶嵌了黑曜石与天青石的圣眼臂镯。这个小东西要比神像和其他图坦卡蒙的随葬崇拜相关物件更能让我们从他死后看出他与他的子民的宗教生活的关联。

* * *

埃及万神殿的众多成员大多都与寻常百姓生活相距甚远，但有一个显著例外，这位神明是出名地容易接近，所以信奉他的人也最多。哈索尔，如同所有古埃及男女诸神一样，以多种面貌出现：圣牛，国王的保护者，太阳神的女儿兼复仇眼，外地的女主人兼旅行人的保护者，音乐舞蹈女神。但她的核心身份还是标准的母亲神。

埃及对牛的崇拜始于久远的史前时期，在尼罗河谷早期居民还都是半游牧的牧民时。母牛不但是主要营养来源，母牛的需要也决定了牧民的生活模式——不得不根据季节逐水草而居。这也许就是母牛和星象关联极深的原因——星象的移动与牧群的移动一样，都表明一年时间的变迁。一个前王朝的化妆调色板上就装饰了母牛头的形象，牛角尖端、头部上方和耳朵处都带有星星。这个母牛女神最早的名字是巴特（"女性的力量"）。她在那尔迈调色板的上端两度出现，就在第一王朝第一位国王仪式性统一埃及大地时，她自上方俯瞰保护着国王；后来又作为君王权力象征出现在他的腰带上。巴特在皇家思想体系中的地位一直维系到第十二王朝，而且还被描写为荷鲁斯与赛特之间的协调人。但到中王国时期，巴特的作用以及她独特的图像就与另一位母牛神哈索尔融为一体了。

哈索尔这个名字的意思是"荷鲁斯的宅邸",同时比喻天空(即鹰神荷鲁斯的"居所")和孕育国王(荷鲁斯在世上的化身)的子宫。将母牛视为国王的母亲和保护者完全说得过去,维护埃及的统治者难道不是强壮的公牛吗?还有比会产奶的牛更能体现抚育幼仔本能的动物吗?哈索尔的名字第一次出现在第一王朝早期,当时她已经与国王有联系了。这个作用到金字塔时代初期随着由王后出任哈索尔女祭司成为惯例后被正式化:吉萨孟卡拉的金字塔中有多座孟卡拉的精湛雕像,站在他旁边的不是他的妻子而是哈索尔。同时,就在太阳开始取代星星为皇家葬仪的主标题时,哈索尔也开始不用巴特的夜星,改而在她的牛角之间用日星了。

与其他皇家的主神不同的是,母牛神与普通百姓十分亲近。牛的形象在古埃及人的思想和图像中占据主要地位,再加上埃及社会对繁衍和母性的重视,哈索尔的地位由此得到了保证。人们睡觉都梦到哈索尔,尼罗河谷上上下下她的庙里香火最盛。有例为证,底比斯西部山区的德尔巴赫里经常有当地的妇女到那里求子或求神保护她们和她们的婴儿。在阿马尔那,大宫殿围墙外就有一座哈索尔庙,在该城遗址还发现了一个大陶罐,罐的一侧就有母牛神的面部形象。

哈索尔的另一关键面就是她与幸福和歌舞的关系。音乐在古埃及被认为是崇拜的组成部分;因为正如教谕文学所说,"歌舞和

　　　　　　　　　　　　图坦卡蒙的号角

焚香是（神的）每日饮食，受人敬拜是他的财富"[1]。响板与哈索尔有特殊关联。第十一王朝有一首哈索尔圣诗就强调了这个联系：

> 我的身体说话，我的嘴唇重述："只为哈索尔敲击响板。
>
> 敲击它一百万次，因为你爱响板；
>
> 敲击它一百万次，给你各处的神灵。
>
> 我让信徒用响板敲醒哈索尔
>
> 在她希望的每时每刻，
>
> 但愿你听到响板满心欢喜，
>
> 但愿你心满意足，
>
> 但愿你一生充满喜乐。"[2]

图坦卡蒙墓葬中的小金神龛上，国王年轻的妻子安克赛娜蒙就以哈索尔女祭司的形象出现，给丈夫献项圈时在他面前手摇响板。墓中物件中还找到了一对真正的叉铃，高 52 厘米，用镀金的木头和铜合金制成。它们是难得一见的已失传祭祀音乐世界的幸存者，形制相对简单：二者都有横截面呈八角形，表面覆盖金叶的木制手把，上端是安置拱形金属环的方块。金属环上穿插着三

---

1. *The Teaching of Ani*, seventh maxim, 译自 Wilkinson (2016): 302。

2. Hymn to Hathor, 译自 Wilkinson (2016): 94–5。

根蛇形金属棒，每根棒上挂着三对方形铃铛。从拱环内侧的磨损情况看，这两个乐器都使用过；或许是在国王的葬礼上用过。

多面哈索尔的最后一面是她的殡葬女神角色。她不但是胎儿、新生儿和生者的保护者，也被人当作逝者的保护者敬拜。作为"悬铃木贵妇"，她在孟菲斯地区被认为是为死者提供饮食的女神。作为"西方贵妇"，据称她就住在底比斯西边的山里，也就是皇家墓葬的所在山体，每天傍晚都受到残阳的照射。底比斯的第一座大型皇家建筑——曼图霍特普二世的陵庙中就有哈索尔的神龛。旁边的纪念建筑与哈特谢普苏特属于同一个山湾，里面也有她的神龛。《亡灵书》里哈索尔以多种形式出现，人称"七重哈索尔"，后来《圣经》里约瑟夫的故事与此遥相呼应。在图坦卡蒙墓中，国王葬礼时使用的仪式用长榻雕出了一个母牛头，两个牛角之间有一轮红日。从母牛皮肤上的星形印我们知道她是梅赫特-韦赖特（"大洪水"）——太阳神白天泛舟其上的天上星光灿烂的水道的化身。因此这件非凡物件就将星空的巴特、国王的保护者兼西方贵妇以及应许死而复生的梅赫特-韦赖特三位母牛神的图像和作用合而为一了。从生到死到复生，哈索尔时刻守护着每一位埃及人。

* * *

今天死亡已进入眼帘

图坦卡蒙的号角

就像一个被囚禁多年的人

渴望看到家。[1]

　　古埃及人煞费苦心地为来世做准备。上面这段话来自第十二王朝被现代学者称为《人与灵魂的对话》的文学巨著,它反映的是一个理想化的未来,一个没有世间忧虑的幸福世界。但是对大多数埃及人来说,死亡还是一件不受欢迎的日常事件。我们在前面说过,婴儿死亡率很高,产妇死亡率也不低,人均寿命只有35岁左右。古埃及儿童能活到成年的人数很少。一旦赶上饥荒、疫病或内乱,死神更是如影随形。即便是相对和平与丰饶的年代,意外或因疾病死亡也经常发生,甚至都不值一提。在拉美西斯二世统治期间——可谓法老时期的最辉煌时刻——每次去努比亚的淘金之旅都有一半工作队员和他们的运输驴队死于干渴。几代人以后,拉美西斯四世统治期间,曾派出一队人马前往哈马马特干谷为皇家工坊带回粉砂岩。国王在一个纪念碑铭文上赞扬他们此次史无前例的大成就。在开列了9 000多位历经磨难幸存的探险队员后,带了一笔:"名单上未列入的死亡者:900人。"[2]这个统计数字令人心寒:为国家服劳役的工人竟然有近十分之一的死亡率,

---

1. *The Dialogue of a Man and His Soul*, 译自 Wilkinson (2016): 122。

2. Wadi Hammamat inscription of Ramesses IV, 引自 Wilkinson (2010): 368。

而这样的损失还算不上大灾难或意外。

在古埃及，生者与刚逝世的人属于同一个大集体。河谷美节期间，人们会去家族陵墓前祭奠并与逝去的亲人交流。可以向逝者求助，因为人们相信逝者能为生者出力。有 20 封左右"给逝者的信"留存至今，或许是给口头性质的求助出点子用的。早在古王国时期就有一个例子，一名寡妇和她的儿子写信给她死去的丈夫。丈夫死后，他的亲戚竟然把家里的财产和仆人都弄走了。寡妇借机提醒丈夫，他生前常说几代人必须团结，如今应该替自己出面喊冤才对。但给逝者的信似乎都是在人死后不久写的，对逝者的记忆一般不会超过几代人。墓葬往往在下葬后几年内就会重修、挪作他用，甚至被盗劫，可见逝者如果真有力量，人们也认为能为生者出力的时间并不长。

对一辈子比较风光的统治阶级成员以及那些在社会上混得不好只能"又苦又累劳碌一生"的人来说，来世都是更美好的希望所在：

……永生之地，

是正义、正确、不用胆战心惊的地方？[1]

---

1. Harpist's Song from the Tomb of Neferhotep, 译自 Wilkinson (2016): 229。

不管一个人有钱没钱，都得对死亡、下葬和重生做准备，就像一首歌所说：

一人道："欢迎你安然无恙！"
迎接抵达来世。[1]

但并非人人都如此乐观。也有人对死亡比较悲观，他们撰文劝读者在有生之年及时行乐：

人生在世，不妨随心所欲！
等到为你哭丧的时刻，
你哪儿还听得见别人的哭泣，
他们再悲恸也唤不回黄泉下的你！[2]

也有人认为死亡并不会将你带到永生的奇幻大门面前，死亡是个黑暗世界，"是个有去无回、人们一无所知的国度"：

从来没有人能回来

---

1. Harpist's Song from the Tomb of Neferhotep, 译自 Wilkinson (2016): 229。

2. Harpist's Song from the Tomb of King Intef, 译自 Wilkinson (2016): 226-7。

述说他们的经历，

述说他们的灭失，

让我们不再悲恸

直到我们也匆匆赶往他们的去处！ [1]

这种对死亡的矛盾心情在《人与灵魂的对话》中表述得最为生动。文章是一个厌世的人与他永恒的灵魂之间的争论。这个人很想一死了之，他的灵魂则劝他坚强地活下去。在这位厌世的人眼中：

彼岸是光明之所，心安之地。

西方是警醒的人可（安全）划往的港湾；[2]

但他的灵魂却以为：

想想下葬是多么痛心、流泪、伤感的时刻！

人从此离开了家

迁往高处！

---

1. Harpist's Song from the Tomb of King Intef, 译自 Wilkinson (2016): 226。

2. *The Dialogue of a Man and His Soul*, 译自 Wilkinson (2016): 117。

再也出不去，再也见不到太阳。[1]

　　经过多轮来回争论，灵魂得胜，此人不再寻死，决定好好活下去。即便是在丧葬思维和葬礼根深蒂固的社会，大家还是想方设法尽量延缓死亡的到来。

　　在整个法老历史时期，死亡的信念经历了很大的改变。到图坦卡蒙时已然演化出了一套复杂的概念网，声称人将从此被切换至另一种状态。人们相信死者将在三个方面继续存活，每一方面都必须要在墓葬、墓葬内容和丧葬崇拜上做好准备。首先也是最重要的就是 ka，即生命力，生命力不会因死亡而丧失，但它需要维系，也需要它赖以生存的躯体，所以木乃伊处理才显得必不可少。其次就是 ba，即灵魂。他们将灵魂描画为长着一张人脸的鸟儿，认为这只鸟儿能在陵墓与外部世界之间飞翔。ba 似乎与一个人的品格精髓画了等号，所以它才能劝说一个厌世的人不要了结自己的性命；灵魂的需要一旦满足，逝者即可在来世得解脱。最后是 akh，即精气神。这或许是最难解释的概念，但它是一个正直高尚的逝者希望达到的理想化的半神状态。

　　如果要在这三方面都获得生命和力量，厚葬是关键。图坦卡蒙成千的随葬品只为了一个目标：希望他的生命力、灵魂和精气

1.　*The Dialogue of a Man and His Soul*，**译自** Wilkinson (2016): 118。

图35 带十字章的仪式用烛台

神能得到滋养呵护，进而永生。每一个物件都相当于一份保险单。在墓葬前室发现的 4 件青铜烛台或许是最好的例证。每件高 23 厘米，呈十字章——生命的象征——形状，两旁伸出人手捧着一个置于镀金青铜制成的烛台内的长捆亚麻团，基座是涂了黑色树胶的木头。卡特声称它们"论类型绝对新颖"[1]。它们或许在国王下葬的

1. Carter and Mace (1923): 104.

图坦卡蒙的号角

最后阶段用过。在漆黑的陵墓中，烛光昏暗摇曳，虽看不清周边的一切，却照亮了一点重生的希望，这希望更因每一团烛火的生命符号得到放大。

安克赛娜蒙与图坦卡蒙（小金神龛）（66）

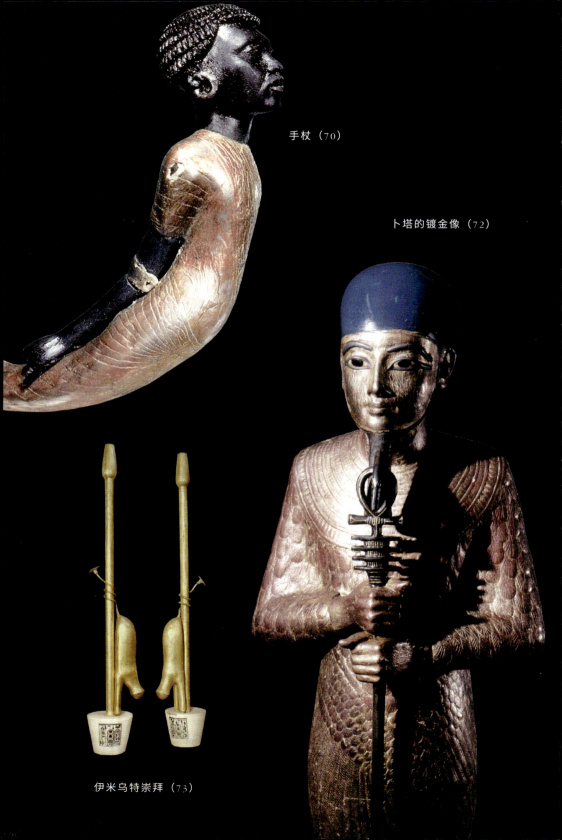

手杖（70）

卜塔的镀金像（72）

伊米乌特崇拜（73）

上卧阿努比斯的神龛（83）

卡诺皮克葬具（84）

出殡（墓室东墙）（85）

开口（墓室）（86）

图坦卡蒙的
涅斐尔图姆木雕像（94）

圣甲虫胸饰（96）

天青石圣甲虫胸饰、
项链和平衡杆（95）

被发现时的第三个（最里面的）
棺材上的黑色树脂圣甲虫（90）

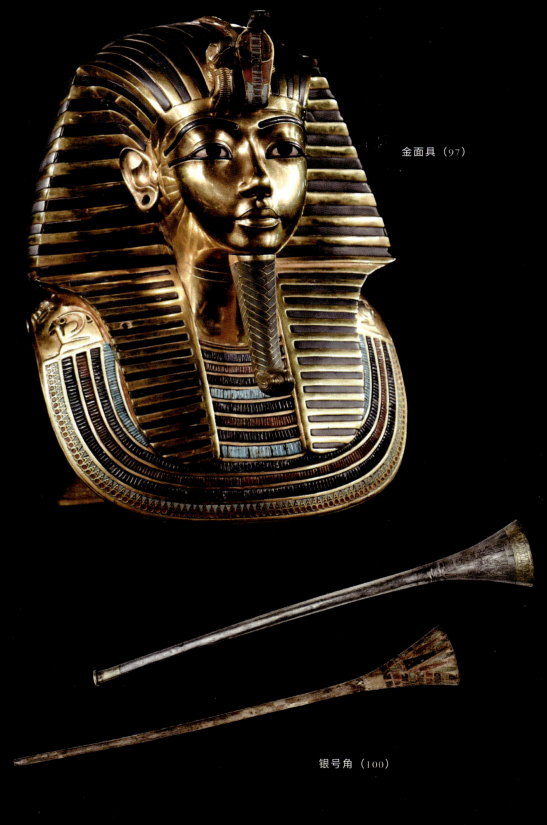

金面具（97）

银号角（100）

第 **9** 章

终 有 一 死

图36 图坦卡蒙棺材上的花圈

再多的祈祷顶多也只能推迟终究会到来的死亡。末日来临时往往迅速而不可测——国王如此，百姓亦然。法老的死亡时刻尤为凶险，政治上和意识形态上皆如此。国家的稳定和宇宙的存续都受到威胁。所以，对国王葬礼和成功复生的准备工作都得中规中矩，为法老们在帝王谷精心打造的墓葬就是最佳例证。但古埃及的每一个人，不论地位高低、是穷是富，都渴望有来生；这也是为什么法老文明在我们今人眼中似乎是个特别在乎死亡的社会。金字塔、木乃伊、墓葬、石棺、随葬品和有关来世的书籍：古埃及文化最独特的内容都在丧葬领域。不过，在精心准备葬礼时，古尼罗河谷的居民最注重的并不是离开这个世界，而是进入下一个世界。他们的动机乃出于对生命的热爱，而非盼着死亡。图坦卡蒙墓葬中的物件涵盖范围之广、汇集丧葬用具之完整堪称埃及发现史上之最。从最朴素的丧葬花圈到精致讲究的神龛和棺木，这个英年早逝的年轻人的物质遗留所透露的整个文明信息，着实令人叹为观止。

＊　＊　＊

任何人的离世都会引发伤感和悼念。国王——神明在人世的代表、创世的维护人——驾崩肯定也会引起恐惧和忧虑；因为一位专制君王的辞世会使整个古老埃及社会心理和政治陷入最为脆弱的时刻。也难怪有关法老晏驾的书面材料甚少。即便说起，通常也就是草草一笔带过，简单记录统治者的交接过渡，就像没有发生什么大麻烦一样：

> 双王，拉之子，因提夫，像拉一样永远生生不息……安详地离开了，去了他的国度。如今他的儿子接替了他的位子……我将追随他。[1]

这种"老王已死，新王万岁"的处理办法是，对（权力）真空轻描淡写，只强调王权的延续。但现实肯定要复杂得多，特别是如果统治者是突然身亡——更糟的是——或死因不明或死于暴力的话。

---

1. Stela of Tjetji，译自 Wilkinson (2010)：134。

这类事件的发生肯定要比古籍中的表述更多。古埃及最有名的弑君案例当推第十二王朝第一位国王阿蒙涅姆赫特死于宫廷政变一事。这段埃及历史时期适逢史无前例的文学创作百花齐放期，谋杀案发生后有人写了一篇文章，以遇害国王的口气向他的儿子兼接班人细数自己的遇刺经过：

> 晚饭过后，夜幕降临。我累了，躺在床上想休息一会儿。就在我迷糊之际，（本来应该是）防护我的武器却向我袭来。我就像沙漠里的蛇。我被打斗声吵醒了……发现偷袭我的人是我的侍卫。如果当时我能抓住来袭的武器，这帮浑蛋一定落荒而逃……可是谁都不可能在夜间勇敢，谁也无法以寡敌众。[1]

至于这一消息的影响，同时期的另一部著作生动地描述了王室成员在获悉前一晚骇人听闻事件后的反应：

> 宫邸里一片沉寂，
>
> 众人悲恸，
>
> 大门紧闭，

---

1. *The Teaching of King Amenemhat I for His Son*，译自 Wilkinson (2010): 167。

随从埋首，

高官忧戚。[1]

当这个故事的英雄听到噩耗，虽然他当时远在外地，依然情绪激动：

我忧心如焚，举臂向天，

四肢发抖。[2]

图坦卡蒙最亲近的人在得知未满二十岁的国王骤然离世时，一定也是同样的反应。[3] 前不久在对他的木乃伊躯体做了科学检查后，证实围绕他不幸离世的种种传言并无实据，不过，左大腿骨的骨折以及膝盖后面的开放伤似乎都发生在他死前不久，或许是死亡的诱因。监测解剖的古埃及学者猜测，他或死于战车意外，又或者霍乱和黑死病加重了他先天的孱弱。

图坦卡蒙骤然离世不仅令他的朝臣不知所措——他在帝王谷的王陵才刚刚开始修建——还牵涉一个高度敏感的继承问题。古埃

---

1. *The Tale of Sinuhe*, R8–11, author's translation.

2. *The Tale of Sinuhe*, B2–3, author's translation.

3. 智齿的生长和长骨软骨的融合表明，图坦卡蒙离世时大约 19 岁。

图37　国王的木乃伊

及的理想是父亲的位子由长子继承。王室的正规做法也是父子相传，法定继承人通常是大王后的长子。但如果国王没有儿子，大王后的女婿或可成继承人（图特摩斯一世似乎就是一例）；大王后本人也可摄政直至继承者得到确保（图特摩斯三世年幼时曾短暂由哈特谢普苏特摄政，奥克亨那坦死后或许奈费尔提蒂也曾摄政）。图坦卡蒙驾崩时没有子嗣——他的两个女儿都是死产——第十八王朝唯一的皇家血脉就剩下年轻的寡妇安克赛娜蒙，但是她太年轻，一个人无法胜任统治大业。她与她的支持者肯定都知道，如果她想稳固她的继承权就需要一位新丈夫——而且要在图坦卡蒙葬礼结束前办妥此事。因为根据另一个法老传统，给驾崩的国王下葬的人就是合法的下任统治者。

这一危险态势引发了古埃及历史上最耐人寻味的一段故事。图坦卡蒙过世后所发生的一系列怪事在埃及文献中并无记载，却在埃及帝国的对手赫梯王国的正史中有记录。根据这些文献的描述，新寡的埃及王后给赫梯统治者苏庇鲁琉马写信，提出了一个非同寻常的要求：

> 我的丈夫去世了，我没有儿子。听说你有很多儿子。如果能给我一个，他将成为我的丈夫。我绝对不会下嫁给我的臣子为妻！……我害怕！[1]

苏庇鲁琉马无法相信自己的眼睛，他跟左右说："我一辈子都没经历过这样的怪事！"[2] 但他并没有将儿子送往埃及，而是派了一位特使前去调查，再向他汇报。几个月以后，这位特使带着埃及特使回来，证实先前的报道属实：

Nibhururiya（赫梯人对图坦卡蒙的王名奈布克佩鲁拉的

---

1. *The Deeds of Shuppiluliuma*，译自 Güterbock（1956）：94。

2. *The Deeds of Shuppiluliuma*，译自 Güterbock（1956）：94。

拼写）我们的主去世了。他没有儿子……我们正在给我主找儿子，接替埃及的王位。[1]

于是苏庇鲁琉马派他的儿子前往埃及，但王子在旅途中死了，赫梯国王要埃及人为此负责。最后他对埃及人控制的叙利亚省发动了报复性打击，结果埃及战俘却将黑死病传给了赫梯全境的百姓。

赫梯人对图坦卡蒙死后发生事件的描述或许能解释国王下葬时的一个异常现象。按照传统，国王需于死后 70 天内下葬。可是历史证据显示，图坦卡蒙卒于夏末，他墓葬中的植物遗留说明他到晚春才下葬，这中间的等待期比传统等待期长 3 倍。在无法找到外国王子为自己丈夫的情况下，安克赛娜蒙别无选择，只能下嫁一位老臣"神的父亲"阿伊，此人或许是王室远亲，在奥克亨那坦在位时首次出任高官。他后来擅自进入为图坦卡蒙准备的陵墓里，把自己画成主持前任葬礼的人物，合法化自己的继承。安克赛娜蒙的结局我们一无所知：在嫁给阿伊后她就在历史记录中消失了。

---

1. *The Deeds of Shuppiluliuma* (Güterbock (1956): 98), 引自 in Bryce(1990): 102。

* * *

  阿伊从朝臣晋升为国王，说明古埃及文明的正史有隐蔽的一面：法老其实是一个政治职位，任何有野心的人都可设法企及。正常情况下，继承规则和皇家礼仪限制平民拥有这样的攀升机会。但偶尔在王权崩坏或血脉继承出现问题时，离权力中心最近的人会有机可乘。尤其站在御座后面的人，机会最大。

  古埃及的政府结构基本上是法老们将传统与创新合而为一的结果。有些基本要素——维齐尔的职位、将全国划分为政治行省、财务由中央统筹管理——早在朝代历史开始就有，为的是把统一的国家凝聚起来。其他要素则是顺应情况的改变而逐步演化而来。比方，在第一王朝和第二王朝，多数高官都是皇族。不过从第三王朝开始，出身卑微、有才干的人士也能往上爬，甚至登上高位。对平民的提拔在以后几百年蔚然成风，到新王国时期，多数皇族成员都不能担任政治或军事要职，避免他们搞自己的权力中心与中央抗衡。只有王储可以以国王的名义控制军队，国王的正妻也有机会介入权力决策。奥克亨那坦为加强自己的权威并减少可能的反对势力，比别人走得更远，他故意提升完全靠君恩才有幸得势的人。

  在第十八王朝，也就是我们证据最充足的朝代，法老政府主要分成两大块。第一块关心的是对埃及本身的管理，主要聚焦作物生产、税收、司法和维护国内安全。各个部门都有一小组信得过的高官负责，这些人一起构成国王周边的核心成员。皇家这边有宫卿和大臣，国王个人的资产还有一位大管家。国家的经济事务由财政部负责，财政部有两个负责人——一个管三角洲，一个管尼罗河谷，另外还有负责粮仓的总管、一位税务大臣。他们一起确保定期收税、国家仓廪充足以及支撑埃及繁荣与安全的农业经济运作平顺。内政管理最高官员就是维齐尔，这个名称是埃及职称 taity zab tjaty（朝臣、裁判和代理）的音译，正好说明了他的职权范围。图坦卡蒙时期，北方与南方维齐尔各一人，因为埃及地域辽阔，职责分工乃出于实际需要。维齐尔之下有各级地方官——省长、市长、村长——还有警察、司法人员和法院法官。凡涉及财产权的低层次民事争端由村委会裁决，最严重的刑事案则由维齐尔亲自审议。内政管理的最后两个部门是军队和神庙，军队由大将军监管，有两位南北军团的副手协助，下面有各级军官。宗教事务也有一个监督上埃及和下埃及祭司的大总管（有时此人就是维齐尔），他下面有多位管理各大神庙及其广泛经济利益的大祭司。

第二大块则负责管理埃及所征服的外国土地努比亚和黎凡特。埃及在一系列由城邦组成的北方领土设置省长、军事长官、诸侯王进行管辖。但努比亚则比照埃及尼罗河谷设立了中央政府：库施总督一人，有两名副手及一名军事长官辅佐。他们下面的埃及殖民城市的市长或当地的部落首领权力十分有限。

图坦卡蒙在位期间的库施总督是阿蒙霍特普-胡伊；他在底比

斯的墓葬壁画和铭文都让我们约略知道法老文明鼎盛时期国王最亲密的谋臣的生活状况。他是在皇宫被正式任命的，当时国王也在场，但因图坦卡蒙年幼，授命书由财政部首长宣读。文字言简意赅："法老宣告：现将尼肯至内苏塔维交予你"，确认胡伊对上埃及的耶拉孔波利斯至上努比亚的纳帕塔的尼罗河谷广大地域的管辖权。胡伊的答复也同样精简："陛下在上，愿阿蒙，内苏塔维之主，谨奉君命。"[1] 接着，他被授予官服——一件领巾、一枚金戒指，在他的官员的簇拥下，由总督的一列水兵带队加入了游行队伍。在阿蒙神庙致谢后，胡伊才穿上礼服，戴上金袖章和金领，表明他新的半皇家地位。他随即起程离开皇家住所，乘坐总督专船前往努比亚埃及政府所在地履新。

图坦卡蒙的核心团队还包括南维齐尔和北维齐尔、大管家和部队总司令，但是还有两人在他统治期间对国内事务似乎有极大影响力，这两人在他的墓室壁画中占有一席之地。头一个就是在图坦卡蒙骤然离世，安克赛娜蒙求助赫梯人未果后巧夺王位的阿伊。阿伊是平民出身，但与皇家关系密切。他可能是提耶的兄弟，他的妻子是奈费尔提蒂的奶妈。当奥克亨那坦即位时，阿伊既是国王正室夫人的养父，可能还是国王的舅舅。为了表忠心，他将奥克亨那坦的《日星赞歌》在他在阿马尔那的墓中镌刻了两遍，

1.　From the tomb of Huy, 引自 Wilkinson (2007): 211。

　　　　　　　　　　　　　图坦卡蒙的号角

他得到的回馈就是接连担任高职，包括战车队司令和皇家书吏（国王的私人秘书）。阿伊肯定是动用了各种关系来确保少年国王图坦卡蒙接掌王权，国王年幼需要有人辅政，十年后又取而代之。不过，他的胜利为时不长：当政三年后他就追随先祖而去。阿伊本想开启自己的朝代，但因霍伦赫布将军强行取代阿伊的儿子兼王储纳克特敏继位而希望落空。很快，新的军政权就将阿伊从历史中完全抹去。

图坦卡蒙的第二个近臣命运就完全不同。马雅出身贫寒，凭借自己的努力取得成功。与阿伊一样，他也是在奥克亨那坦当政时入朝的，两人应当有一定的交往，因为都当过国王右手边的摇扇人，当阿伊出任战车队司令时，马雅是军队总管。但在图坦卡蒙即位、霍伦赫布被提升为军队总司令后，马雅决定专心民事。他当过财政总管，还担任过各大工程总管，监督过不少皇家大工程，包括帝王谷王陵的开凿和准备工作。图坦卡蒙去世时陵墓远未竣工，马雅急忙得在帝王谷地下准备并提供一个较小的墓室。他给这座墓葬置备的物件中有一个躺在狮头棺床上的木制木乃伊国王。木头的自然纹理发挥了装饰作用，法老眉额上方的神蛇则用金叶包裹。在这件文物的两侧镌刻了一条关于马雅的象形文字记录：

此物系蒙国王恩典的仆人所制，他四处寻找最好的材料，细心为主上打造，在这华丽之所制作了多样精品，永恒之所

图38 棺材图

建筑工程总管、皇家书吏、财政总管马雅。[1]

在图坦卡蒙墓葬被盗贼光顾后，马雅又监督了墓葬的再次封存。他对在位国王真是一片赤胆忠心，后来还负责他的老同事霍伦赫布陵墓的修筑，也为第十八王朝早些时候的法老图特摩斯四世的陵墓做了修复。至于他在萨卡拉孟菲斯墓地最后的安息所，他将自己的墓修在地面上，以示对霍伦赫布所预备陵墓的敬意；

---

1. Funerary statuette of Tutankhamun, 引自 Martin (1991): 148–9。

图坦卡蒙的号角

可是墓葬的地下部分却如同皇家墓穴一样，有金黄色浮雕，这是王室专用的复活颜色。

阿伊与马雅的不同命运是古埃及身居高位者机会与风险的最佳写照。想方设法拿到终极大奖的人，最后很可能万劫不复或被正史除名；如果保持低姿态，忠心耿耿侍奉主上，或能立于不败之地并留名青史。

* * *

墓葬是没有用的，除非躯体本身能得到保留。古埃及人对来生信念的根本概念是：一个人能否继续存在取决于对他尸体的处理。史前时代，尼罗河谷的居民将死者埋在离居民区和耕地较远、每年洪泛到达不了的沙漠表层下。干热的沙子几天之内就能将身体里的水分抽干，停止腐化过程，留下干燥、有一定弹性、不朽坏的尸体。或许是无意间挖掘出了这样"自然的木乃伊"，导致埃及人开始实验用人为方式取得同样效果。最早的尸体防腐处理始于公元前四千纪中期：一位埋在耶拉孔波利斯的女性头部、双手和手臂都被绷带包裹，另一具尸体的上部身躯内被塞了亚麻布团。皮肤上有树脂遗留，说明尸体在下葬前涂了油膏。这些先例着重保存的似乎都是头部，也就是最能说明一个人身份的部位。

以后几百年，丧葬仪式愈加讲究，拉长了死亡与下葬之间的时间，而使用棺木后——原先是为了给躯体提供更多保护——却不经意地加速了尸体的腐败，因为棺木阻挡了尸体与四周沙子的直接接触。为了战胜自然的腐化过程，人们很快就完善了人工木乃伊化处理；首批木乃伊化的尸体出现在第一王朝的墓葬里，这门技术的基本要素以后 3 000 年大抵没有变化。出于木乃伊处理所牵涉的宗教和仪式敏感性，描述这一过程的文字来源十分有限。对此描写最详细的都是古希腊和罗马作者，看到埃及人对死者尸体如此费心费力，他们既震惊又感兴趣。比方，公元前 4 世纪的史学家希罗多德说起埃及的敛尸官：

> 先用铁钩从鼻孔掏出部分人脑，再由此注入某种药物。然后，在身体一侧用一把埃塞俄比亚的锋利石刀（燧石或黑曜石）切开一个口子，将所有肠子取出，把肚子清理干净，再用椰子酒和捣碎的香料冲洗；马上将研磨好的没药、桂皮和任何其他香料——乳香除外——倒入腹腔，将肛门缝上。一切做完，再将尸体用硝酸盐防腐隐藏 70 天；防腐处理时间不得更长；70 天过后将尸体洗净用上好的亚麻布包裹，再涂树脂……完了以后才将尸体交给死者的亲友。[1]

这段描述或许是故意挑逗古希腊读者胃口的，但在对木乃伊

---

1. Herodotus (2004): 371.

　　　　　　　　　　　　　　图坦卡蒙的号角

检查后却得到了证实。身体在清洗后，为洁净起见还得用一把锋利带钩的青铜工具从鼻腔伸入头颅。此时将工具左右摇晃当能把颅腔内的东西打成糊状，再从鼻孔将它们吸出，尽可能不扰动头部。（图坦卡蒙的敛尸官似乎不太专业，因为他们不但切了他的鼻子，连后脑也拿走了。）埃及人对脑的作用并不了解：他们以为心才是智慧和感情的所在；而脑子只不过是一个内部器官，为防止躯体腐化，必须尽可能全部移除。为了防腐，下一步就是通过腹部一侧的切口移除内脏。只有心脏留在原处，因为心要在最后审判时发挥重要作用。

取出内脏后，会将一团团树脂和用树脂浸泡过的绷带塞入体内以保持身体形状，然后包裹，上面覆盖天然碳酸钠——自然生成的碳酸钠与碳酸氢钠的混合物——摆放 40 天，以去除身体的水分。希罗多德所提到的 70 天其实是整个木乃伊处理，包括去水后"重建"躯体所需的时间。重建就是将绷带、锯木屑、干苔藓、土壤放入体内，在眼眶里塞入亚麻包将下陷的面庞支起来。

最后将融化的树脂、油与油膏涂抹全身，一方面防腐，一方面为遮盖肉体干化后的气味。最终目的是把死者重塑出完美的神形，成为复生的载体和灵魂的永久住所。可惜的是，有时候（图坦卡蒙就是其中一例）结果却完全抹杀了面像的一层厚厚的黑色树脂，从而让木乃伊这个经防腐处理过的尸体得到阿拉伯文 mummiya——"沥青"的名字。

在洗净、防腐和涂油后，尸体被亚麻绷带包裹，并将护身符和其他有魔力的物件放置其中。第十九王朝一座底比斯墓葬壁画就有祭司包裹木乃伊的画面，孟菲斯地区出土的第十八王朝中期的墓葬纸莎草纸上描画了一具躺在床上的尸体，祭司正在调整他的姿态。底比斯墓葬的其他墓室也出现过类似景象，只见一具木乃伊躺在带狮头装饰的棺床上（图坦卡蒙墓葬中就有这样的床具），一位祭司正俯身向前吟诵祷词。

大多数这类画像中，主持仪式的人都戴着丧葬之神阿努比斯的豺狼面具。豺狼与墓葬的联系由来已久。这种动物居住在沙漠低处，经常会在坟场内走动；阿努比斯被埃及人认为是死者的守护神。在金字塔文献中，他经常在皇家墓葬中出现；当卡特和卡尔纳冯破除图坦卡蒙墓室与隔壁宝库之间的墙体时，他们发现一座真实大小的阿努比斯像赫然出现在眼前，他躺在连着底部木橇的神龛上。豺狼面颊瘦削，神情强悍，由木料雕成，全身黑色。眼睛部位镶嵌了方解石和黑曜石，爪牙用银打造，耳朵和颈部的领巾用金色凸显。他座下的神龛与先人的帐形神龛类似，周边的黄金嵌板镂刻了稳定和保护图案。这一精致难忘的物件约有 1 米长，应该是在出殡时由祭司扛在肩上，然后安放在墓室的最后面，为国王执行来世的看守任务。

* * *

古埃及人相信死后有来生，所以墓葬中必须为后续的生存提供必需品。最基本的东西就是饮食供应：日常主食面包和啤酒，对高级墓葬所有人而言，还得有更高级的酒、枣子和橄榄油之类的食物。每一段时期的古埃及墓葬都会为逝者准备食物。大多数情况下，发现时只余放置食品的陶罐；但也有极少数例外，图坦卡蒙的墓葬就属于后者，罐内的食品竟保留了下来，让我们得以了解古埃及人的饮食习惯。

为了让墓主人享受一个幸福的来世，饮食是必需品，但这还不够。埃及社会特别在意社会地位。在来世继续享有一定地位几乎与有足够食物一样重要；为此，墓葬不仅要确保重生，也得表达墓主人的社会和经济地位。整个法老历史时期，人们在生的时候不平等，死的时候同样待遇不一样。能表达身份地位的物件——从燧石刀、史前时代石雕狼牙棒杖头到新王国法老的皇家衣饰——都是重要的随葬品。豪华、样样具备的墓葬才是终极地位象征。

同样，地位也反映在陵墓修筑所投入的时间和资源上。在沙地里简单地挖个坑只需要几个小时，但用泥砖或石头建一间墓室，更别提装饰讲究的壁画，却费时耗日且所费不赀。这就需要一定的牺牲，个人和族人的牺牲，但社会对丧葬事宜又有十分强烈的期待，于是兴修陵墓成了古埃及人人都得参加的赛事。埃及文献里也一再强调需要修筑尽可能讲究的陵墓：

装点你的坟茔——隐藏你尸体的墓葬。把它当成你的使命，就像你眼前的重要事项。要像过去伟大的先人一样，在墓中得安宁。这样做的人不会受谴责。[1]

德尔麦地那的经济记录显示，工人们用自己的手艺以及他们能获得的特殊材料为自己修建并装饰远高于自己社会经济地位的墓葬。工人在村落上方山坡上修筑的陵墓，其讲究程度堪比大维齐尔。

王陵的修筑论规模当然完全是另一个档次。最近在吉萨金字塔建造者的村落挖掘时，发现了承接所有大型陵墓工程所需的海量行政安排。新王国时期，在阿马尔那和底比斯山体里开凿的皇家墓葬或者不需动用如此大量的人力，当然建筑师、石匠、泥水匠、画师必不可少。建立并长期维持专家云集的工人村，突显了埃及以国家之力为法老来生所做的经济贡献和官僚投资。在德尔麦地那，一代又一代的墓葬工人及其家属深入底比斯山区，在封闭式小区内过着惬意的生活，他们的一切需要均由政府供应。由于他们从事的工程都属国家绝密工程，掌握了一定的经济杠杆：在拉美西斯三世统治期间，政府逾时未发放工人工资，于是大家拒不干活——这是历史上第一次有记录的罢工——国家不得不让步。

---

1. *The Teaching of Ani*, fourteenth maxim, 译自 Wilkinson (2016):303–4。

尽管花了这么多时间和精力来准备法老的陵墓，但国王驾崩肯定会让工程进入赶工状态。通常情况下，陵墓未完工。此时即需当机立断，能否赶工到可接受的地步（霍伦赫布的王陵就是赶工完成的），或找到另外一个可供紧急使用的墓葬（图坦卡蒙的情况就属于此例）。除了陵墓修建与对尸体的木乃伊处理外，还得张罗陪葬品的搜集，既要有日用品，也要有专门为墓葬准备的仪式性物件，这项工作并不简单。要及时弄到足够数量的所需物件，一方面得向官员施压让他们交付，另一方面还得上宫廷库房去补充法老自己的珍藏。

早在第三王朝，国王似乎就经常征用为前任制作的物品。以图坦卡蒙为例，他紧急动用了为他的两位前任——奥克亨那坦和奈费尔内费鲁阿吞——的底比斯墓葬所预备的多余器物。有的连改都没改：标明了奥克亨那坦名字的物件有一个盒子、一把扇子、一个彩陶镯子和盖在阿努比斯雕像身上的亚麻披肩，而奈费尔内费鲁阿吞的椭圆印章则出现在一套金币、两个臂镯和亚麻披肩上。几件比较敏感的东西——第二口棺材、黄金木乃伊条带以及"荣誉弓"——都重新写上了新主人的名字。从图坦卡蒙墓葬中有重复使用的材料制作的物件——包括不少装饰珠宝和一件萨布提——的比例，不难看出他整个下葬的筹备颇为仓促。

最能体现这种仓促感的当数对古埃及人来说最敏感的葬具：卡诺皮克罐。根据古老传统，必须将死者的肠、胃、肝、肺等脏器取出，单独防腐，然后再放到考古学家称之为卡诺皮克罐的容器里。这些器官不会朽坏，可以继续在来生发挥作用。图坦卡蒙的卡诺皮克设备相当豪华：每一个脏器都放在一个镶嵌了红玉髓和玻璃的小金棺里；这四个小棺材再放在用一大块方解石雕凿出的圆格中，上面用雕成法老头颅形状的石盖分别封存。卡诺皮克罐放在一个橇上，上面盖着亚麻布帘，放置在带一顶装饰性篷伞的镀金木制神龛中。最后，再将这个神龛放到另一个更大的神龛里，由四位精雕细琢的保护女神——奈斯、奈芙蒂斯、塞尔凯特和伊西斯——守护。这一整套东西是至今发现最精美、最讲究的卡诺皮克葬具，但其实它们也是被征用而来：这些小棺材原来是为奈费尔内费鲁阿吞准备的，而方解石的几个石盖上面的法老像也不像其他随葬品上画的图坦卡蒙。看来，连法老在给自己的永久安身之所准备器物时也得求、得借、得偷。

* * *

葬礼和相关葬具是一个社会安葬死者方式的物质表现，但还有一个看不见的葬俗，其重要性并不亚于前者。现代西方文化的葬礼对逝者的亲人及更广大社会而言，或许比墓地及相关葬具更重要。我们或许以为，既然古埃及人留下了如此丰富、令人难忘的墓葬建筑和工艺品，仪式方面就不那么重要了，其实大不然。

描绘葬礼的画面在底比斯西部精英及非皇家墓室壁画中经常见到。描绘最全面的是维齐尔雷克米拉的墓葬，不过，连小官——如阿蒙霍特普三世统治时期的阿蒙祭司佩里——的墓室里也有自己的葬礼壁画。佩里的墓葬壁画包括乘船前往阿拜多斯朝圣、出殡行列、开口仪式以及逝者与妻子一起到达冥王奥西里斯管辖的冥界。这些画面让我们得以重建第十八王朝高级别葬礼仪式的各阶段。

一切始于木乃伊化处理，不过，为迎接来生，心灵与身体一样都得做准备。到阿拜多斯朝圣是为了让逝者与奥西里斯相识并建立联系，为进入他的王国做好前期工作。葬礼当日从敛尸官处收到木乃伊，将其置于棺内，放在一个像船一样的灵柩上（比照神明的船形神龛）并抬到墓地。如果底比斯的敛尸场果然在尼罗河东岸——看来可能性很大——与主城毗连，那么将尸体运往河对岸的坟场就更增添了一层象征意义了。

仪式的重头戏就是从码头到坟地的出殡行列，那肯定是五彩缤纷且吵闹的场面。第十二王朝有一段对私人出殡仪式的描述：

> 下葬之日的出殡行列是为你而行，
> 木乃伊的金包装，头部装饰着天青石，
> 你躺在灵柩上，面朝蓝天，
> 牛拉着你，乐师在前领队。
> 在墓葬入口为你表演了死者之舞，

为你念诵了献祭的祷词，

在你的供桌上已经准备了祭品。[1]

  这段描述说明，一口棺材可能有好几位扶柩者（通常都是逝者的男性亲友），葬具如果比较重则需要几头牛一起拉橇，或拉灵车。在一座第十八王朝中期的墓葬壁画里，只见一个人坐在牛背上用棍子赶牛拉动放了灵柩台的橇；祭司和家人走在棺柩前面，携带祭品的人抬着箱子、家具和其他随葬品走在后面。

  几代人以后，图坦卡蒙的墓葬里也有一幅罕见的王室出殡图像，这幅画位于墓室的东墙。从细节上看，国王的葬礼与高官并无二致，只是规模和豪华程度不同，实质内容不变。图坦卡蒙的灵柩由 12 名男子牵拉，包括两个光头男子（他们可能是南北维齐尔潘图和乌塞尔蒙）。他们一面走一面吟诵："奈布克佩鲁拉，安心回来吧！神佑吾土！"

  除了载着木乃伊棺木的主要灵柩外，高级别出殡行列或许还有承载人称台肯努的神秘物件的第二辆橇车。艺术作品中的台肯努一般是一件包在动物皮毛当中的梨状包裹，有时上面会伸出一个人头。但有时似乎就是蜷缩呈胎儿形状的人。可能台肯努就是木乃伊处理后的剩余物；一般人认为它有神性，于是将这些零碎

---

1. *The Tale of Sinuhe*, B190–6, author's translation.

东西卷起来埋在主要墓葬之外的一个坑内。还有一个可能性，那就是台肯努是胎盘，出生时就保留下来，一直像神奇的"双胞胎"一样陪伴着人的一生。葬礼中它的出现意在强调生与再生之间的仪式性联系。

古埃及葬礼还有一个十分神秘的叫 muu 的舞者。戴着高高的柳条帽的他们在出殡行列到达墓地边缘时，从"muu 的大厅"出来迎接木乃伊，并一路陪同到墓地。一种解释是，这些人代表冥界的守门人和摆渡人，但说实话，他们的意义至今不明。

当古埃及人的灵柩到达墓葬入口时，葬礼就正式开始。一群女性送葬人由逝者的遗孀牵头，将尘土撒在自己头上，高举双手向天哀号。接着就是准备将逝者下葬的一系列仪式。一如古埃及的宗教习俗，丧葬仪式的内容首先出现在王室，后来渐渐传开。葬礼主持人被称为殡葬祭司，原先是国王的长子兼继承人。（担任图坦卡蒙殡葬祭司的是老臣阿伊。）另外一位葬礼上的关键人物就是画面里身着特色短裙、肩披宽绶带、手持卷轴的人。他就是读经祭司，他的埃及名称意指"带卷轴的人"。原先只有王室资深成员才能出任，但到中王国时期，人选向社会开放，很快就变成了所有祭司职位中最重要的。在葬礼上读经祭司负责朗诵献祭程序，诵念关键的驱魔咒语，以改变逝者的灵性。

当送葬者哭声停下来时，便开始献祭一头公牛，将它最好的肉献给逝者，同时献上祭酒并焚香，呼唤神灵现身。盛放木乃伊的棺木直立在像太初创世的小丘的一堆沙子上，并将一个锥形容器的香膏放在棺木上方。这些已为葬礼上最重要的一步做好了准备。

* * *

我的嘴被卜塔打开了，嘴里的束缚被我当地的神明松绑了。托特的确来了，带来了预备施展的魔力。赛特约束在我嘴上的镣铐已被解开……我的口张开了，是"舒"用他的铁刀强行打开的，他用这刀也强行打开了诸神的口。[1]

为了将木乃伊处理过的尸体变成逝者灵魂永远的家，古埃及人认为尸体必须能呼吸才行。这就需要一个特别仪式。这个仪式除了在葬礼上举行，也在神像开光，甚至在神庙落成时举行。不论对象是木乃伊、神像还是神庙，仪式的目的就是给对象注入生气。葬礼上的开口仪式可以由丧葬祭司（图坦卡蒙墓室北墙上的壁画就是一例）、读经祭司或一位戴上阿努比斯豺狼面具的祭司主持。

作为所有宗教典礼中仪式性最强的开口仪式，其来源的确相当古老。最早的文献记载出现在第四王朝早期的私人墓葬中，而

---

1. *Book of the Dead*, Chapter 23, 引自 Wilkinson (2016): 169。

在最早几位国王统治期间，皇家年鉴就有为神像开口的记载。不过，其起源可能更早。开口设备的专用工具——包括仪式上使用工具的模型——一般均涵盖在古王国时期私人墓葬的随葬品中。通常其构成部分包括一块雕有多个凹槽的石灰石板，槽里分别放置不同用具：两个窄颈瓶（一白一黑），四五个直边大口杯（二黑二白），一双黑石指刃，以及摆放在最显眼位置的鱼尾状刀。

鱼尾燧石刀在前王朝早期的墓葬中就曾出土，另外还有证据显示这种形式的工具曾用来切断婴儿的脐带。开口仪式与分娩间的联系更因工具模型中发现的一双指刃而得到加强，这会让人想到医生或助产士检查新生婴儿口内是否有障碍物时用的小手指。瓶子和大口杯有可能象征帮婴儿断奶时要用的流体和固体食物。根据这套解释，开口仪式可能是作为象征婴儿诞生和成长的一系列动作开始的，逐渐演变为让某神像或逝者复生的步骤。古埃及语言里，"塑造"和"生"是同一个词；所以对一座神像或木乃伊尸体使用的仪式与婴儿一样应该是顺理成章的事。

古埃及人特别喜欢将不同信仰像几股绳子一样编织成一张花样繁复的思维织锦。神话或习俗越是古老，越容易发挥。开口仪式的演化就是对这一现象的最佳诠释。从古王国到新王国，仪式中使用的关键工具逐渐从一双指刃变成锛子；两者都与另一个世界有关联。指刃是用陨石铁制成的，这种材料应该来自星星，而金字塔文献里将用来给国王开口的一双铁刃称为"两颗星"。埃及人还注意到制造木雕神像的锛子与大熊星座形状相似。因为它们都有外星喻义，所以两者都适合在开口仪式中使用。

葬礼中最关键的，用锛子和其他特殊工具触碰木乃伊嘴唇的仪式，是在墓穴入口、下葬之前举行的。开口仪式的具体祝祷文最早出现在金字塔文献中，到新王国时期已被编纂为 75 段诗句。其中提到刀、手指和锛子，同时还让冥界神明兼神匠卜塔扮演主角。叙述开口礼最经常引用的内容来自《亡灵书》第 23 章。在开口仪式进行时，台肯努的橇车可能就在祷词声中被来回拉动。

礼成后，祭司们用油和油膏为木乃伊涂抹，并献上饮食祭品。接着就是下葬时刻：躺卧在重重棺木和神龛中的尸体被放入墓室，卡诺皮克罐及其他葬具放置在四周。在墓室被封存后，送葬者在墓前守灵，送别逝者踏上来世的旅程。

＊　＊　＊

一旦图坦卡蒙最外面一层的棺木盖板盖妥，就会在他眉间的眼镜蛇和猎鹰的皇家徽章上放一个由橄榄叶和矢车菊组成的花环，对死去的国王表示最后的敬意。正如卡特在发现后的回忆：

金外棺的棺盖上摆着一个花圈——我们想象，这应当是表偶的年轻王后给丈夫最后的赠别。在所有这些尽显皇家辉煌的物件中，没有比这圈已然凋谢的花朵更美丽的东西了。[1]

　　橄榄叶的安排很讲究，绿色叶面与银灰色叶背交替排列。它们与花朵一起被小心翼翼地缝制在几条窄长的纸莎草茎髓上。除了这最后爱意的表达，在内棺的国王胸部还有一个更大一点儿的花环，一些其他陪葬品——如阿努比斯小像和镀金神像——也同样有花环装饰。同期私人墓葬的艺术作品显示，送葬人在出殡时都拿着花环，到进行最后仪式时就将花环放在木乃伊附近。放置图坦卡蒙墓葬剩余防腐物料的坑里还出土了六个花环。给死者送花环是一个古老习俗。

　　在木乃伊身上发现的用花卉水果制作的花环，给我们提供了有关古埃及植物的宝贵信息。当时与今天一样，仪葬用花环的选择取决于花的香味、色泽和寓意。鳄梨和曼德草的果实因其吉祥寓意及装饰性而最受青睐，田旋花也因其性和生育寓意而颇受欢迎。放在图坦卡蒙各个神像周边的花环包括发芽的大麦穗（象征重生）、橄榄和石榴的叶子（食物与丰饶）、柳叶（冥界弯弯曲曲的水道）与矢车菊（淡蓝色的花喻意为重生）。第十九王朝拉美西斯二世的木乃伊颈部放了水仙花苞。每年春季水仙绽放时就象征国王的重生。

---

1. 霍华德·卡特在 BBC 广播中的讲述。

古埃及植物品种繁多，反映了这个国家的不同气候——从地中海气候到亚热带气候——以及它不同的生态环境，从尼罗河沼泽岸、水分充沛的农地到干旱的沙漠边缘。河岸长着茂密的芦苇和莎草，以高大的纸莎草为主；埃及人在花园里也种了不少本地植物，包括柳兰、水仙和菊花。第十八王朝早期从黎凡特引进的物种更增添了新的色彩和形状；除石榴和矢车菊外，引进的花卉还包括罂粟花、飞燕草、蜀葵、百合、红花，这些植物的红黄颜料被用来给亚麻染色。图特摩斯三世在卡尔纳克墓葬的"植物园"浮雕还有更多异域物种：鸢尾、拳参和海芋。

埃及人从海量植物中选择了几样用于宗教场合。第一王朝和第二王朝时，人们用草基黄树的枝干做棺木和庙用扫把，认为这种植物的香味可以驱邪。纸莎草被认为是象征下埃及的植物，也代表整个尼罗河谷。与（象征上埃及的）百合花相互交织就构成 sema-tawy 艺术符号，喻意为"两地合而为一"。敬拜时最重要的花卉就是古代尼罗河随处可见的白色和蓝色的莲花。两者都被用于制作丧葬花环。带着长茎的整花也出现在木乃伊的层层包裹中。

安葬及敬拜神明时选用莲花有三大理由。第一，蓝色莲花香气扑鼻，对埃及人来说，这代表神明的存在：卢克索神庙内阿蒙霍特普三世"神圣降生"壁画的附带解说里，描述了神明阿蒙-拉

　　　　　　　　　　　　　　　　　　图坦卡蒙的号角

于夜间临幸国王的母亲,她当时就是"被神明的香气惊醒的"[1]。退一步说,一个卫生条件简陋、气候炎热的国家,自然对气味香甜的花卉求之不得;宴会上经常见到宾客在发际戴上莲花或捧着一小束莲花。第二,莲花在日出时开启日落时合上,于是与太阳神、与重生建立了联系。第三,蓝睡莲含有大量生物碱,溶于酒精后饮用有致幻作用。同许多社会一样,古埃及人相信因陶醉而改变的意识状态会使人与神界更接近。

在世俗世界,花卉也因其装饰性和芳香而得到珍视。埃及文"花"(setji-sha)的意思是"花园的香气",可见人们多重视花香。宴会上会赠送鲜花花环,由女仆将它们佩戴在来宾的颈部。还会在环形纸莎草上缝制花朵,下面用亚麻布和薄条棕榈叶为衬底。花环最经常使用到的植物包括鳄梨、橄榄、柳树和石榴的叶子、蓝睡莲、矢车菊和豚草,以及睡茄的红果,或许还掺杂蓝色彩珠。在阿马尔那一所住房遗址发现了或许是宴会过后丢弃的花环。底比斯一座第十九王朝拉美西斯墓园总管的墓葬壁画中,有一幅墓主人制作花环的图像。珠宝首饰也从大自然的美得到灵感:第十八王朝很流行佩戴大件串珠领饰,用类似叶子、花卉和水果的彩色玻璃镶嵌而成。

最后,古埃及人也用花来表达爱意。自古以来就有人用花香

---

1. Amenhotep III, divine birth inscription, 译自 Wilkinson (2010):271。

来比喻爱的甜美；新王国时期有一首情诗，年轻女子对她的所爱说：

　　我属于你所有，

　　就像我种花和香草的这片土壤。[1]

　　年轻的安克赛娜蒙在向她死去的丈夫最后道别，祝愿他顺利进入来生时，表达的可能就是这样的爱意。

＊　＊　＊

　　图坦卡蒙木乃伊躯体的层层保护，论精致程度可谓迄今为止古埃及墓葬之最。木乃伊脸部的面具就是有名的金面罩，身体被安放在一具十分精美、纯金打造的人形棺中。这口棺又被放在金面装饰镶嵌了彩珠的第二口木棺内。而这第二口棺又放在镀金的人形木棺内。对一位故去的平民来说，这样一套棺具已超过了保护逝者躯体并协助其奇幻重生的需要。但国王长期以来就享有埋葬在完全不受时间影响的容器——石外棺——中的皇家特权。

　　石头的耐久性使其成为古埃及任何渴望传之久远的建筑的首

1.　Papyrus Harris 500, **译自** Lichtheim (1976): 192。

选材料；而它们无一例外都是皇家工程。因为开采和运输大石块是一大挑战，必须动员大队人马才能做到。故法老历史上大部分时候，构建和雕塑使用的石头均属国家垄断。石材一般而言如果可能都是就近开采。用来建造吉萨金字塔的石灰岩是在吉萨开采的，只有上好的罩石从河对岸的图拉运来。上埃及大神庙使用的砂岩主要来自戈贝尔山丘尼罗河一侧的采石场，再用驳船运往最终目的地。不同的是，最佳的雕塑石材——王室的雕像和石棺石材——往往来自远方。最受欢迎的两种石材——红色花岗岩和半透明方解石，数量和质量过关的只分别在阿斯旺和哈特努布才有。

图39 皇家石外棺

前者位处埃及的最南边界，在尼罗河第一瀑布脚下，而后者则位于离河相当远的沙漠地带。然而人们却从这些几百英里外的采石场开采了大量石块运往孟菲斯的皇家工坊，经切割打磨后供埃及金字塔时代帝王的陵墓使用。

地处偏远荒凉的东部沙漠的黑山粉砂岩采石场留下了一系列铭文，叙述为了给国王的葬具选材所花的功夫。这里——也只有在这里——才有可供精雕细琢、质地细腻的绿黑石矿藏，不少古埃及艺术杰作用的就是这种石材。通常，受大块细砂岩极少与运输不易所限，这些雕塑相对较小。但第十一王朝在位时间不长的曼图霍特普四世却一心想超越前任，想找到能做王室墓葬外棺的大石块。他派出的人马历尽艰辛，于是他们对这项艰巨任务的每一步都用漂亮的象形文字在石壁上留下记录，传诸后世：

> 洪泛季节的第二个月，二十三日。在这座山上开始寻找可做石棺的大石块……二十七日：开始将切割后的一块宽 4 腕尺、长 8 腕尺、高 2 腕尺的棺盖往下运。屠牛宰羊焚香。且看，这 3 000 名来自下埃及的水手将它一直安全运送到尼罗河谷。[1]

1.　Quarrying inscription of Mentuhotep IV, 译自 Wilkinson(2016): 183–4。

在任务结束时，队长——维齐尔阿蒙涅姆赫特——对这项了不起的成就总结如下：

> 我给他带回了让人联想到生命永不止息的一口外棺，这是行善积德之举。[1]

曼图霍特普四世的细砂岩外棺如今不知所踪。但图坦卡蒙这口大石箱——用卡特的话说，"一具黄色石英石的硕大外棺，纹丝不动，盖板仍牢牢地固定在那双手恭敬留放的原处"[2]——的确是法老时期的杰作。它是用一块原石打造而成的，四个角有方解石礅支撑，棺盖是红色花岗岩。可以说，作为一个整体，有史以来皇家墓葬所用的最吉祥的三种石材它都用上了。

"外棺"（sarcophagus）一词源自希腊文，原意是"食肉者"，不过在古埃及它却是很乐观的一个词：埃及文 neb-ankh，"生命之主"，表达的是一种希望，希望逝者能借助外棺重新获得永生。石箱不仅是尸体的容器，它是一个重生机器，皇家石外棺的装饰强调的也是这个信念。古、中王国时期的外棺，除了凹处的"皇宫外观装饰"让人想起孟菲斯的皇家大院外观外，都比较朴实。它

---

1. Quarrying inscription of Mentuhotep IV, 译自 Wilkinson(2016): 183。

2. Carter (1927): 31.

强调的是世间生命在来生的延续；私人的棺材给逝者提供了归宿，但皇家石外棺却给已离世的国王提供了永远的皇宫。可是在新王国时期，王室石外棺开始变得讲究了，反映了新的信仰内容。

图坦卡蒙的石外棺的四个角雕是四个丧葬女神（伊西斯、奈芙蒂斯、塞尔凯特、奈斯）的塑像，她们展开双翼将石箱包围其中。石箱底部还有伊西斯节扣和奥西里斯支柱条饰以及箱子西端雕出的瓦杰特眼的神力保护。大多此类装饰都与奥西里斯神话有关，但也反映了早些时候皇家来世观的太阳神版本，因为在石棺棺盖的头部出现了一个带翅膀的圆形太阳，另外，在选材上也体现了太阳版本，红色花岗岩和黄色细砂岩都有强烈的太阳喻义。

棺木与外棺为古埃及对来世看法的改变提供了丰富的材料。古王国晚期，原来反映在壁画上的场景开始出现在棺材内部。天空之神努特经常被绘制在棺盖内部，她伸出双翼出现在逝者上方，一如人们所相信的，她展开的身躯笼罩着地球；棺材等于小型墓葬。同时，原先只有王室的葬礼才有，并写在金字塔内的宗教的符咒和咒语，如今也出现了私人棺木版本。金字塔文献被进一步充实，变成了棺木文献，通常都是用包括僧侣体在内的草书体象形文字紧密直行书写。金字塔文献反映了来世的星星和太阳两个版本——国王将加入天际的星星行列或与"拉"一起跨越苍穹——而在棺木文献中又加入了奥西里斯，强调奥西里斯作为冥王，可以让所有品格高尚的逝者都有永生的希望。结果变成了各种宗教传统令人眼花缭乱的叠加。比方，一段符咒将逝者与天际的星星相关联，另一段又两边押宝，说逝者将与"拉"或奥西里斯共度来世：

> 嗨，某某（逝者名）！你是神，你将为神。你将没有敌人也没有跟随者，（或）与天上的"拉"或与阿拜多斯伟大的奥西里斯同在。[1]

那些寄望于奥西里斯的人在棺木文献中加入了一个新概念：与神在芦苇之地共度来世。不难想象为什么这个信念不胫而走：如果能享受田园之美，那肯定要比随着"拉"的太阳船每天与创世的敌人进行殊死战斗强。再说乐园里的农活儿有了萨布提也可以交给他们做去，逝者可以永远悠闲自在地生活。唯一的问题是如何进入芦苇之地，因为与奥西里斯共度来世并无保证。中间要跨越的障碍就是最后审判，这个古埃及人发明的概念竟然延续为犹太-基督教传统一直传承至今。

---

1. Coffin Texts, Spell 19, 译自 Wilkinson (2016): 162。

* * *

当奥西里斯第一次出现在法老宗教中时，他只是一位死去的国王，是埃及人想象中来世内冥府生活的众神之一。但到了棺木文献时，他已摇身一变成了新的审判官和冥府之王。埃及人在面对死亡的未知时，想出了逝者在进入极乐来世之前需要克服的重重障碍。身体不得朽坏、墓葬品需一应俱全、符咒和咒语不能用错、得有冥界地图、有应答萨布提、有魔幻物件：如要逝者重生这些一样都不能少。奥西里斯面前的最后审判只不过是将这一倾向推到了逻辑终点。棺木文献有一段咒语是对审判日的简洁描述：

> 嗨，某某！带着你的棍杖、你的缠腰布和你的凉鞋，出庭去，在这高兴的日子，好在你的敌人、反对你的人——不论男女——和那些审判你的人面前说真话！[1]

一旦宣布你说了真话，你就成功过关，可以进入奥西里斯的辖地；这个提法是暗指"逝者"，埃及人十分虔诚，希望在最后审判时能证明自己一生清白。

第十八王朝伊始，丧葬文献又经历了第二次大变革。经文不

---

1. Coffin Texts, Spell 3, 译自 Wilkinson (2016): 162。

　　　　　　　　　　　　　　图坦卡蒙的号角

再写于棺木内，而改为写在纸莎草纸上，作为葬具的一部分与逝者一起下葬。棺木文献从此变成了埃及人所称的《白昼通行书》，其目的是使逝者的灵魂能够在白天离开坟墓享受自由自在的来生。现代学者把这个魔幻-宗教经文称为《亡灵书》；不论用什么名称，它们都是主要丧葬文学的集大成，直到罗马时期之初。

不同的《亡灵书》文集一共记载了192个不同的符咒。奇怪的是，其中包括"趋避甲虫"、"在冥界不吃屎尿"、"将自己变换成任何形状"和"逃避渔夫"的符咒。这些和许多其他咒语都能根据个人喜好和财力汇集成册。墓主人越有钱，咒语集就越长，也装饰得越漂亮。留存至今最讲究的文集就是为第二十一王朝阿蒙-拉大祭司女儿编纂的文集，其中几乎每一章都有彩插。没有一本《亡灵书》搜罗了所有192个符咒，虽然某些咒语被认为必不可少。其中包括萨布提（第6章）、描述芦苇之地（第110章）以及在冥界不会倒着行走（第189章）的咒语，这显然是人们对冥界的最大恐惧。这三者都来自棺木文献。不过，新王国时期之初又弄出了一个新符咒，它源出先前的信仰，后来却地位不凡。

第125章讲的是最后审判，审判过程还附带戏剧性的中心插画：对心脏的称重。埃及人相信心脏可以在"可怕的审判日，所有秘密曝光时"，为此人往日的言行做证。[1]将逝者的心脏与真理

---

1. Marriage service, Anglican *Book of Common Prayer*.

的羽毛比较重量，即可知他一生清白与否。人如果无罪，"心情必然轻松"，便可顺利过关。但如果审判日他"心情沉重"，肯定会露馅儿。插图中但见一把巨型秤，一边放着一颗心脏，一边是真理的羽毛。在阿努比斯称重、托特做记录时，逝者在一旁观看。人称阿穆特的"食人兽"躲在边上。这魔兽部分是鳄鱼，部分是河马，部分是狮，它负责吃有罪的人。

在一旁列队观看整个过程的是四十二位神圣法庭的成员。据第 125 章的说法，逝者不但要接受对心脏的称重，还得在奥西里斯和法庭面前两次宣誓，声明他没有犯过一长串的具体罪行。这就是"免罪陈述"，从这段誓词我们可以看到古埃及日常生活的阴暗面。值得全文引述：

> 我没有对不起人。
>
> 我没有以邻为壑。
>
> 在真理之所我没有犯错。
>
> 我没有学习虚假的东西。
>
> 我没有作恶。
>
> 我从来没有让别人为我做过分的事。
>
> 我没有让我的英名像奴隶主那样被玷污。
>
> 我没有侵占穷人的财产。
>
> 我没有做神厌恶的事。
>
> 我没有在主人跟前说仆人的不是。

我没有造成痛苦。

我没有制造饥饿。

我没有让他人哭泣。

我没有杀过人。

我没有责令别人去杀人。

我没有让任何人陷入苦难。

我没有减少给地方神庙的食物供奉。

我没有毁坏神的面包。

我没有将神灵的食物拿走。

我没有干过鸡奸的事。

我没有与人私通。

我没有减少供应。

我从未欺诈。

我没有侵占过（别人的）地。

我从未干扰手秤的秤砣。

我从未干扰立秤的秤锤。

我没有从孩童的嘴边将奶夺走。

我从未不让畜群吃草。

我从未在神明保留区捕鸟。

我从未在沼泽里捕鱼。

我从未在水季改变水道。

我从未阻挡迅速流动的水。

我从未熄灭火焰。

我从未忽略在献祭日供奉最好的肉。

我从未阻挡将牛给神献祭。

我从未阻挡神的游行队伍。[1]

  一旦某人宣称自己无罪并通过了这一关,就可以作为正当、改变了形象的魂魄进入奥西里斯的国度。这是每位埃及人的最终目标,一般在墓葬壁画中,奥西里斯陪同逝者出现的画面都放在墓室的显要位置,像把理想结果画出来就能保证一切成真一样。图坦卡蒙墓葬北墙上,阿伊对国王的木乃伊完成开口仪式后,只见重生的国王被努特欢迎进入神的国度,接着,在生命力 ka 的陪伴下受到奥西里斯的拥抱。南墙上的壁画反映的则是图坦卡蒙在三位丧葬神明——哈索尔、阿努比斯和伊西斯——的陪护下享受来世。

  古埃及丧葬的宗教理论相信好人死后将与冥界之主融合,在其 3 000 年的历史中,这一信仰有一半时间占主导地位。图坦卡蒙出殡的壁画里,称他为"奥西里斯的王,两域之主"。在给他的华贵棺木做装饰时,图像中的他双手交叉在胸前,佩戴了神明的卷曲胡须,而这些都是奥西里斯的图像要素。在墓葬安全、漆黑

---

1. *Book of the Dead*, Chapter 125, **译自** Wilkinson (2016): 169–70。

的氛围中，在该有的仪式都进行完毕后，逝去的国王就与冥王合而为一了。

* * *

一般的观察者或许以为法老的文明似乎被封存了 3 000 年。艺术作品中人物的姿态死板、它的建筑气势雄伟、过多奇奇怪怪的兽头神明、法老占据中心地位，以及对死亡一事过于痴迷：这些古埃及文化的外在表象一开始就有，最终依然存在，这不是社会未曾变迁的标识吗？其实细看之下就会发现，古尼罗河谷的文明可以说在法老统治的 3 000 年里不断变化。时尚来了又走，信仰或盛或衰，王室的权力也经历了起起落落。

图坦卡蒙墓葬所反映的来世信仰网络是埃及对过时的文化包袱不断加入新内容而并非取而代之的最佳例证。金字塔文献经调整和润色后变成了棺木文献，而棺木文献又是后来《亡灵书》的基础。尘世的、星际的、太阳的和奥西里斯的来世概念都曾辉煌一时，但它们都没有被完全抛弃。国王的两个伊米乌特偶像让人回想到埃及宗教的初创期，但墓室里金神龛上写的铭文却系首次出现，应该在后来被收录到新的来世文献中。可见，人们既尊重传统，又同样尊重创新。

同样，图坦卡蒙墓室东墙上描绘了出殡情况，而北墙与南墙则主要描画开口仪式以及与奥西里斯融为一体，西墙——所有装饰画的高潮所在——却展现了第十八王朝初期、几代人以前才写成的来世书籍的开宗明义部分。埃及人称此书为 amduat，意为"冥界书"。如果《亡灵书》是为帮助逝者重生进入来世，那么《冥界书》就是一本冥界指南。第十八王朝的皇家陵墓都有下行墓道并有迷宫般的廊道，旨在反映冥界的地理环境，另外还在墓壁上绘制《冥界书》中的景象，以帮助国王摸清来世的道路。最早的存世范例就是图特摩斯三世墓室的壁画，它看起来像一张在墙上伸展开来的纸莎草大地图。《冥界书》也很聪明地将早期各种不同的丧葬信仰支派融合成一个新的、统一的神话故事。

冥界指南共分十二章，分别对应夜间的十二小时。根据图坦卡蒙墓葬内的描绘，第一小时正是由日到夜的过渡，太阳神及其追随者正登上夜船进入黑夜国度。此时，他们得击退混沌蛇魔阿佩普的攻击。第二和第三小时，遇袭无恙后太阳船途经冥界弯曲河道旁的田野，但这片看似美丽的田园风光却是一个残酷的骗局。因为到第四和第五小时，太阳船得航行经过一个叫罗斯陶的蛇患肆虐之地——古孟菲斯冥神索卡尔的老家。这是冥界最深邃最黑暗的区域——第六小时将抵达的夜深人静之地——的前奏。在这里，"拉"看到了由奥西里斯的姐妹伊西斯与奈芙蒂斯共同守护的奥西里斯之墓。阳光的照射使奥西里斯得以复生；原来"拉"是奥西里斯的灵魂，一旦灵魂与身体结合，冥王就从死里复活。只有埃及逝去的国王才有特权坐在前排，亲眼看着奥西里斯复活这一欢乐的结合时刻。

不过与前一次一样，欢乐是短暂的。第七小时，"拉"与盟友再次受到混沌势力的攻击；于是与奥西里斯之敌再次开战，敌人全军覆没。第八小时，逝者的灵魂从沉睡中苏醒，穿衣后一起庆贺"拉"的到来。第九小时，太阳船再次遇险，但成功脱险，第十小时拯救了淹水的灵魂，也将来世的福气给了他们。第十小时的愈合主题特别凸显了瓦杰特之眼的神力。第十一小时，残余叛徒遭遇火烧的命运，伊西斯与奈芙蒂斯将皇冠交予与神圣王权有密切关系的丧葬女神奈斯，整个创世过程就是对君主制神圣性的肯定。最后，第十二小时，太阳船于黎明时驶出冥界；光与空气之神"舒"将之高举至东方地平线，它由此开启横跨苍穹之旅。此时，奥西里斯与其他逝者回到冥界沉睡，直到他们再次被"拉"

图40　黑色树脂圣甲虫

唤醒、复生。

《冥界书》背后的神学家们解释了太阳神与奥西里斯对来世观点的明显矛盾，同时把索卡尔拉了进来，给逝去的国王做了特别安排，还顺带加强了法老权威神授的概念。也难怪这本新的《冥界书》深得第十八王朝诸王的喜爱（反映在他们的墓葬壁画中）以及王室官员的喜爱（反映在纸莎草纸文本内）。帝王谷中的皇家陵墓都给予《冥界书》显著地位，直到新王国末期放弃大墓地为止。

《冥界书》一开始，太阳神都以他的另一个自我"阿吞"的羊头形象出现。在完成冥界之旅后他的形象就变成了一只圣甲虫凯布里（Khepri）。虽然图坦卡蒙墓室西墙《冥界书》的壁画只反映了夜间第一小时的故事，但"拉"却被画成一只圣甲虫：我的结束就是我的开始。在国王身体的上半身还发现了一只一模一样用黑色树脂做成的圣甲虫，它就躺在缝在木乃伊裹布的金叶枝上。这个小而不起眼的物件或许是所有护身符当中最强的利器。

第 **10** 章

余波荡漾

图41 侯赛因·阿卜杜拉·拉苏尔戴着圣甲虫胸饰和项链

图坦卡蒙希望他的身体能在帝王谷长眠，不朽的灵魂得以重生进入来世。少年国王的陵墓竟然奇迹般地基本上未被扰动，而他之前及之后的法老墓均遭到洗劫和破坏。他躺在石棺中一晃就是几千年。古埃及文明在 3 000 年后消亡；古希腊和古罗马来了又走了，尼罗河谷的居民眼见自己的宗教先后被基督教、伊斯兰教取而代之。法老统治下的埃及渐渐从历史变为神话。后来，随着古物研究和考古学的兴起，法老的秘密被逐一揭开。古埃及学的黄金时代始于 1822 年埃及象形文字被破译，并在一个世纪后的图坦卡蒙墓葬的被发现中达到巅峰。这位少年国王，通过霍华德·卡特和他的赞助人卡尔纳冯勋爵的努力，一夕成名，变成了所有法老中最知名的。西方长期以来对古埃及的着迷变成了痴迷。图坦卡蒙的名字和图像成了全球性商标，他的随葬品的巡展吸引了数百万游客。但他的墓葬及其中的宝藏的再现也引出了不少复杂问题：现代埃及与古埃及同西方究竟是什么关系，古文物的归属与保管权问题，科学调查与民间想象之间的矛盾等。图坦卡蒙的遗产既有争议，又经久不衰。

＊ ＊ ＊

古埃及国王的头衔、称号不胜枚举，但最常见的就是 di ankh djet，"生生不息"或 di ankh mi Ra djet，"像拉一样赋予生命"。第三王朝第一位国王左塞——约公元前 2650 年第一座金字塔的建造者——的称号中就有这样一段文字，到 2 600 多年后克娄巴特拉与尤利乌斯·恺撒的儿子托勒密十五世时，仍然沿用。这段文字之所以历久不衰是因为其言简意赅，表达了王权思维的要义：法老是永生不灭的。前面说过，神学家们对这层真理的内容说得比较委婉，只说真正不朽的是皇家的"生命力"（ka）而不是"生命力"所依附的躯体，不过对国王子民传达了千百年的信息却十分清晰，从未改变：他们的国王乃众神之一，被赐予了永生。

当然，真实情况是，不但国王会死，且多数国王死后不久即被人遗忘。每一位国王都希望人们会永远记住他，但如愿以偿者寥寥。而为百姓所传颂的多半都是伟大的建筑师或军事豪杰。

古埃及人似乎从来没有培养出客观的历史感，但对自己的过去却颇感自豪。先王建造的伟大建筑放眼皆是，有的年代已十分久远：从大金字塔时代到克娄巴特拉的时间跨度，要比克娄巴特拉到我们这个时代长得多。第四王朝的金字塔建造者到 500 多年后中王国鼎盛时期，肯定已经变成了半神话人物，先王们的建筑成就或物理印记及相关记忆自然而然地成了古埃及代代相传的民间故事。

当然，建立一座壮丽殿堂也并非声名不朽的保证。对左塞大家还有些许记忆，但他的名气远却不及金字塔的建筑师伊姆霍特普。伊姆霍特普是少数靠自身的聪明才智而名留青史的人。正如新王国时期的一段劝善铭文所言：

> 这儿有像伊姆霍特普的人吗？有第二个伊姆霍特普吗？……这些智者预见未来：他们的话果然应验了……他们人不在了，名字被人遗忘了，但他们的著作却让他们流芳百世。[1]

文字本可传千古——所以埃及人总喜欢在石头上刻上自己的名字和称号——但书吏也不是傻子：他们及其皇家主子都知道，铭文可以被抹去，历史是有选择性的。

除了在文学作品中偶尔提及的名字，后人如果想知道埃及国王是谁，最好的办法就是去找记载王表的铭文。将功绩卓著的先祖刻写在石头上或纸莎草纸上以表敬意——并通过联系让正在统治的国王获得合法性——这类王表也曾出土过一些。最早的就是

---

1. *Be a Writer*, 译自 Wilkinson (2016): 287。

今天人称巴勒莫石碑的花岗岩石板纪年刻本，上面记载了第一王朝及以后的国王及其主要功绩。石碑的最上面最初还记了从神明时代到国家统一期间坐镇埃及的各位神秘统治者的名字，意在让后来的国王在众人眼中成为神明选的人。但因仅留残片，很难把原文完全恢复，不过似乎未经人为审查：石刻成书前的每个朝代都记录在案。

可是第十九王朝铭刻的三个光荣榜则不然——塞提一世和拉美西斯二世的阿拜多斯王表以及所谓的图灵王表——它们都是选择性列入。开朝元勋——统一埃及的第一位国王美尼斯，内战后再次统一埃及的曼图霍特普二世，战胜希克索斯的第十八王朝开朝元勋雅赫摩斯——均被着重介绍。不过，对乱世或执政有争议的统治者则略过不提。行为乖张者，如女法老哈特谢普苏特，就未被列入。"阿马尔那的法老们"——奥克亨那坦、奈费尔内费鲁阿吞、图坦卡蒙和阿伊——都因为背离了正统宗教而遭排挤。

有意将"有问题"的统治者置于先王光荣榜之外也说得过去，但把他们的建筑物也一并铲除可就是不那么简单的工程了。从左塞开始，凡是有时间有钱财的国王都是除墓葬外也加修陵庙，希望永远得到人们的称颂。实际情况是，尽管做足了准备功夫，甚至还为此给陵庙的祭司和家人建立了全新居住区，但多数皇家香火不出几代人就因疏于管理而难以为继。朝代一旦更迭，对老王的祭拜也随之势衰。左塞的陵庙以某种形式一直留存到第十九王朝，长达 1 400 年左右，但这是例外。所有其他伟大领导人——从金字塔建造人到军事统领——的陵庙香火最终都无疾而终。

其实图坦卡蒙十分倒霉，他既与奥克亨那坦的革命脱离不了干系，又没有子嗣守护他的名声。结果他为自己预备的墓葬和陵庙都被他的继任阿伊拿去用了。大多数其他的纪念建筑——卢克索神庙的列队廊柱，卡尔纳克的几座巨幅雕像，甚至连他的巨型"回归正统"石碑——都被后来的国王霍伦赫布改造了。君不见，这位图坦卡蒙时期的手下大将坐稳王位后，迅速改写历史。他拆除了奥克亨那坦在底比斯的多座庙宇，用拆下的石块为自己在卡尔纳克的建筑做填充物。他开始将这位国王的记忆从官方历史中抹除：他在位期间的一份法律文件只间接提及"在敌人奥克赫塔吞时间段"发生过一件事。此外，霍伦赫布还将自己说成是阿蒙霍特普三世的接班人，一笔将奥克亨那坦及其以后的三位继承人从历史上除名。霍伦赫布之后的几位国王也沿袭了他的做派，到拉美西斯二世来个临门一脚，对阿马尔那掠夺再三，所有的建筑被破坏得只剩地基。另外，国王还明令，不得留下奥克亨那坦及其妻子、儿子的任何痕迹。

此时，图坦卡蒙一直静静地躺在墓中，有九层魔力保护着他木乃伊的躯体。在墓葬前室的地面上，靠近入口处，卡特发现了一个雕刻着白色和蓝色莲花及花苞形状的方解石杯。两边把手上方是双手持棕榈叶（"年"）的哈赫（"百万"）神在一群蝌蚪（"数十万"）身上休息，两边棕榈叶上都有十字章（"生命"）。这是一个祝愿国王长命百岁的杯子。杯身上的铭文图案证实了这一点，

图42 图坦卡蒙的“如愿杯”

因为图案里有国王的名字、头衔，包括他的称号“生生不息”。
“如愿杯”杯口沿边的一长串铭文最为感人：

> 愿你的灵魂永在，愿你千万年长存，你爱底比斯，住在
> 底比斯，北风吹拂你的面庞；愿你的眼睛看到美好的地方。[1]

即便少年法老不曾希望被后人永志不忘，起码他希望永得
安息。

---

1. 在帕特尼谷公墓，霍华德·卡特的墓碑上也刻着同样的文字。

图坦卡蒙的号角

虽然守护帝王谷的皇家墓葬仪式礼数十分讲究，但在许多古埃及的普通百姓——包括一些筑墓工人——眼中，墓葬就是有朝一日可以偷盗的宝藏埋藏地。对发财的欲望使一些人不惜触犯法律、亵渎圣地，哪一代人都不例外。古埃及视盗墓为滔天大罪，因为它触犯了最基本的社会和宗教信条：墓地的神圣性与对逝者的尊敬。破坏王陵更是罪加一等。然而，底比斯皇家墓葬被盗的事却经常发生。

最为人熟知的古墓盗掘案之所以有名，乃因事后的调查记录正巧被保留下来。其实这桩公案反映了一种活动模式，其根源可上溯至拉美西斯三世时墓葬场的工人罢工一事。国家未能支付这群最敏感雇员的工资，导致政府长期失信于工人群众。以后几十年，埃及经济开始下滑，中央控制弱化，于是一些工人决定中饱私囊。

第一次严重盗墓事件发生在拉美西斯九世统治期间，盗墓贼闯进了十年前才封存的拉美西斯六世的墓葬。这起亵渎案发生之后没几年，底比斯西岸的两座最宏伟的建筑——拉美西斯二世与三世的陵庙——也被人破坏。两起案件的破坏都不算严重。虽然启动了正式调查，却没起什么作用。没过多久，盗墓贼再次出击，下手的对象是第十七王朝守护比较不严密、比较容易下手的山坡墓葬。一天晚上，一个名叫阿蒙帕内费的石匠与其同伙下手了。他们闯进了皇家墓葬：

> 我们打开棺木，揭开了木乃伊的裹布……我们拿走了在这位尊贵神明木乃伊身上找到的黄金、胸饰和其他挂在颈部的珠宝首饰。[1]

将所有拿得动的财富（共计 32 磅[2]黄金）劫掠一空后，盗墓贼一把火将皇家棺木化为灰烬。四年后，这桩盗墓案终于案发，政府处罚了为首者，还成立了皇家调查委员会。调查结果更令人胆战心惊：在检查的十座墓葬中仅有一座完好，其他的或部分被盗扰或全被洗劫一空。不过此时各级政府已腐化成风，肇事者并未受罚。

三十年后，因盗墓和亵渎行为进一步发生，国家又成立了一个皇家调查委员会。这一次委员会由维齐尔牵头，并有财务大臣和两位国王核心团队的成员辅佐。问题之严重再次曝光：虽然多数盗墓贼都来自工人村，但他们也有接应人。该委员会发现，国家与神庙官员失职与共谋现象比比皆是。有的对自己眼皮子底下

---

1. Papyrus Amherst, p. 2, lines 3–7, author's translation.

2. 1 磅约合 0.45 千克。——译者注

发生的罪行视而不见，有的干脆与盗墓贼狼狈为奸。卡尔纳克阿蒙-拉神庙堪称全埃及圣地之最，却发生了骇人听闻的盗窃案。经调查，神庙的守护负责人竟然监守自盗。

如此系统性的腐化犯罪或反映了第二十王朝寿数将近时，埃及社会的普遍僵化，但盗窃皇家墓葬很可能在整个法老历史上都有发生。第十八王朝末期的中央政府十分强势，图坦卡蒙的墓葬下葬后不久就经历了至少两次盗劫。第一次，盗墓贼凿穿了通入进口甬道的里外两道墙，进到了前室。盗墓贼对较小、便于携带的值钱物件搜刮了一番，之后被人发现。官员们将封墙进行了修复，并在甬道堆放了碎石灰石，再次封存。可是不久，盗墓贼又凿进堆满碎石子的甬道，进入了整个墓葬——不是一次，而是两次。据卡特估计，他们拿走了国王宝库中 60% 的珠宝首饰。他们还打开了神龛的最外层，但并未触及石棺及其中珍贵的部分。其实，最后一次盗墓贼应该是落网了：一个包着八枚金戒指的头巾一定是被守卫发现了，给扔回前室的箱子里，3 200 年以后被卡特及其团队发现。

事后，墓葬被关闭，甬道回填，两头的封墙重新密封。高官马雅的一名书吏——迭胡提莫斯——参与了墓葬的修复。在一组人匆匆将盗墓贼弄乱的物件扔进盒子里时，他在一个坛座的反面写下了自己的名字。后来马雅还负责对附近另一座王陵——图特摩斯四世的陵墓——被盗扰后进行修复。

新王国末期，其他王陵遭大规模盗劫，图坦卡蒙的墓葬之所以能幸免并非因为有官方保护，而是地理的巧合。少年国王下葬约180年以后，拉美西斯六世的墓葬选址正好就在帝王谷图坦卡蒙墓葬的上方。开凿这座墓葬时，大量石灰石被倒在墓葬入口外，它们滚落到谷底，正好将图坦卡蒙最后的安息所盖住了。所以，第二十王朝末期，在底比斯山麓盗墓变成一种营生时，图坦卡蒙的墓已完全被遮盖，人们已忘却了它的存在。真是塞翁失马焉知非福，因为拉美西斯十一世在位的最后几年，出现了一个贪得无厌的军事强人派安克将军，他向管理墓葬的书吏下令：

发现先祖的墓葬，保留好等我回来。[1]

派安克的这道命令开了掏空王陵内黄金的政策先例。其最初的目标是那些容易下手的墓葬：第十七王朝葬在王后谷的皇亲国戚的墓，以及在耕作区边缘的国王陵庙。后来，假借维护所有皇家陵墓完整性为由，当局又看上了帝王谷。仅仅用了十年多的时间，新王国法老的墓葬均被有系统地洗劫一空。黄金和宝贵物件都被取走，直接送进了国库，木乃伊则被拉到西底比斯一间办公室打开后进行简单包裹。负责此项工作的书吏大言不惭地自称"诸王财宝总监"。阿蒙-拉的大祭司胆子更大，竟然将勇士法老图

---

1. Late Ramesside Letter, 译自 Davies and Friedman (1998):149。

图坦卡蒙的号角

特摩斯一世墓葬的棺木据为己用。

经过古埃及人对自己过往的反噬，很快，那段黄金时代的璀璨几乎荡然无存。基本上已经没有财宝的帝王谷在撂荒后不久就被遗忘了，被时间的沙子掩埋。

* * *

帝王谷被弃置后，埃及陷入混乱、分裂，国家机器朽坏瓦解。新王国解体后的几百年，也就是第三中间期，国家南北王朝林立，利比亚家族与埃及后人争权。即便在秩序稍稍恢复重归统一后，埃及也已不复昔日荣光。法老文化的标志还在，但国家却长期处于风雨飘摇状态，连续遭到努比亚、亚述、波斯和马其顿的侵扰，试图把富饶的尼罗河谷并入自己帝国的版图。法老历史的后 1 000 年，埃及已经不再是上古世界首屈一指的强权，而是好几个角逐东地中海和近东霸权的国家之一了。图坦卡蒙和他的第十八王朝的先祖已经成了遥远的记忆。

渐渐地，连古埃及文明的精髓所在——象形文字，都成了外部压力和内部势力的牺牲品。埃及最独特的文字系统是公元前四千纪晚期发明的，早于尼罗河谷的统一，在近 4 000 年后托勒密和罗马统治时，仍然是法老统治的特色。但希腊文来势汹汹，再加上基督教的到来，最后还是给古埃及文化及其文字系统带来了致命打击。用埃及象形文字书写的最后一段案文是，公元 394 年 8

月 24 日一位伊西斯祭司在菲莱神庙刻写的祷词。以后 60 年，有一家人用一系列铭文记录了异教信仰的最后时刻以及法老文化的终结。452 年 12 月 2 日，两兄弟用埃及本土语言镌刻了最后一段铭文，用世俗体象形文字书写。四年后，同样是这两兄弟，镌刻了他们最后的证言，这回用的是希腊文。此后，古文字就失传了，埃及开始由历史回归神话。

然而，西方人心目中的古埃及——以及法老文化对西方文明潜移默化的影响——却始终存在。从奥古斯都开始，罗马皇帝把埃及的方尖碑带回罗马，增加一点异国情调，并象征对尼罗河谷的征服。其实，罗马也对埃及十分着迷：对伊西斯和塞拉皮斯的崇拜传遍了帝国全境，顺便也给他们的雕塑和建筑带来了埃及元素。埃及时尚和埃及风味的东西到哈德良统治期间臻于鼎盛，公元 130 年的哈德良尼罗河之行是他毕生的难忘之旅。他在蒂沃利的别墅花园有法老雕塑装饰，还将在访问埃及期间不幸溺毙于尼罗河的恋人安提诺乌斯当作埃及神明崇拜。罗马城中心的万神殿就摆放着一对埃及法老末期创作的花岗岩狮雕。不只是罗马帝国的宗教深受古埃及宗教的影响，早期的基督教也借用了不少伊西斯崇拜的内容。

文艺复兴早期，罗马及其附近大量埃及物件的持续存在使众人对法老文明兴趣日增。尼罗河谷成了去不了的神秘之地，它里面的众多迷局似乎将永不得解。许多有名的《圣经》故事都以埃及为背景就更增加了此说的可靠性。一方面对过去的具体文物有

　　　　　　　　　　　　　　　　　　图坦卡蒙的号角

考古的兴趣，另一方面又对那些被遗忘的古人知识充满好奇。这一现象的核心促使西方人继续探讨古埃及——直至启蒙运动——的两本书。

公元后的头几个世纪，一群在埃及的希腊作家——可能就在亚历山大城——编写了一部文集。它涵盖宗教和哲学、魔术和炼金术，反映了当时活跃于亚历山大城的各种文化影响——柏拉图哲学、斯多葛学派和大众哲学，还添加了一些犹太与近东色彩。这群作者用"赫尔墨斯·特里斯墨吉斯忒斯"为笔名，并自称文集内容均来自古籍。教会先人拿到这本文集，声称赫尔墨斯·特里斯墨吉斯忒斯确有其人，并说是他发明了象形文字。这部书就是《秘义集成》（或《赫尔墨斯文集》）。欧洲神学家从中看到了基督教真理的前身。《秘义集成》逐渐获得圣书地位，从希腊文被翻译成拉丁文，其后又有了许多欧洲语言的版本。另外一本影响非常深远的书就是公元 5 世纪赫拉波罗写的《象形文字》。15 世纪的佛罗伦萨学者们重新发现此书后，更加强了有关古埃及著作肯定蕴藏更深奥的神秘真理一说，当然，古希腊和罗马作者如希罗多德、斯特拉波、狄奥多罗斯等也从中起了推动的作用。

在这两本书的鼓舞下，文艺复兴的人文主义者对"一条不曾中断的智慧线可一直回溯到古埃及"一说极感兴趣。至于象形文字，许多人提出的破译理论都不着边际。1556 年，第一部象形文字铭文集在巴塞尔出版，接着 1608 年，出版了将象形文字作为装饰品对待的《象形文字词典》。德国耶稣会传教士阿塔纳西奥斯·基歇尔坚决不同意这样的解释。他在罗马生活时对存世的法老建筑曾做过研究。他成立了一所埃及古文物博物馆，并苦学科普特文，因为他知道科普特文与古埃及文相近。他深信象形文字一定表达了深奥真理，所以在解读古埃及铭文时发挥了十足的想象力。1652 年，他的巨著《埃及的俄狄浦斯》问世，引用毕达哥拉斯和柏拉图以及多位神秘学派哲学家，对象形文字学及宇宙学给出了一套错综复杂的解释。

尽管越来越多的证据显示，赫尔墨斯主义很有问题，但它在整个 17 世纪和 18 世纪仍然有极大影响力——埃及是深奥智慧来源这个信念的诱惑力实在太大了。1791 年，莫扎特歌剧《魔笛》的故事受其影响，故事里提到了伊西斯与奥西里斯的仪式。不过就在歌剧写完 7 年后，拿破仑出征埃及，开启了对古尼罗河谷的现代科学研究。关于出征见闻的《埃及记述》试图准确描写埃及文明的久远，而避免了前人著作的迷信和幻想色彩。更重要的是，拿破仑的士兵发现了罗塞塔石碑，但后来交给英国，使其成了大英博物馆的收藏；它是双语铭文，同时有古埃及文和希腊文，给商博良 1822 年破译象形文字提供了关键钥匙。

学者们在读懂法老时期的文字后——这还是 1 400 多年来第一次——难免失望。因为多数法老的铭文并无奥秘，记的都是平淡无奇的事：文牍记录、对国王活动的格式化叙述和冗长的皇号。看来，古埃及传说中的先进文明是子虚乌有。但是书面记录没能反映的东西却在建筑方面得到了完美表达。古埃及的物质遗留——图坦卡蒙墓葬中的物件就是个缩影——的设计和工艺水平可以说至今无人能超越。法老时期的珠宝手艺人、金匠、细木工和石匠的技艺之精湛完美比古希腊的辉煌早 1 000 年到 2 000 年，比欧洲文艺复兴早 3 000 年到 4 000 年。

图坦卡蒙随葬品中的一组手套能证明此言不虚。手套做工复杂，古埃及人对它们十分珍视。米塔尼国王送给阿蒙霍特普三世的外交礼品就有"一副带红羊毛边的手套"，[1] 而朝臣阿伊在阿马尔那的墓室壁画中，也让人画了他戴一副红色皮手套的画面，这是

图43 亚麻手套

1. EA22，译自 Moran (1992)：52。

国王给他的礼物。既然是王陵，图坦卡蒙下葬时也准备了好几副手套。最讲究的一副被发现时，折叠整齐地放在附室的一个盒子里。其用料是上好的亚麻，外面是羽毛图案，还附带手腕上的系带。其设计相当现代，而缝制用的针脚是 18 世纪手套制作人才掌握的诀窍。但法老的手套制作人却比我们早知道 3 000 年。

象形文字的破译让古埃及人再次能自己发声，但真正展露法老文化璀璨的却是图坦卡蒙墓葬里的随葬品。

* * *

人们对埃及有了寻古兴趣后，访客继罗马人之后接踵，他们收集埃及古玩给欧洲精英的家和花园做装饰。路易十五时法国驻埃及总领事贝努瓦·德·马耶是头一个——为王室及贵族金主——运用影响力大量收集埃及古物的欧洲外交官。拿破仑 1798 年的出征进一步推动了法老文明的再发现并刺激了一场疯狂掠夺行动。到 19 世纪第二个十年，收集古玩和工艺品似乎已成为法国驻埃及代表伯纳迪诺·德罗韦蒂的主要职责，他几乎垄断了尼罗河谷全境的古物搜集。伦敦对这一切都看在眼里记在心里，1815 年，乘拿破仑在滑铁卢败于威灵顿之际，英国外交部要求其外交官开始为大英博物馆收藏出力。亨利·索尔特被任命为英国驻埃及首任总领事，而他的主要任务就是搜集古物。其后，19 世纪第二个十年和第三个十年，就是德罗韦蒂与索尔特竞相探索——或者更恰当地说，劫掠——埃及各大遗址的时间。正如后来一位观察家所言，"考古场变成了两队向导与挖掘工的战场。一边由令人望而生畏的索尔特带领，另一边由德罗韦蒂牵头"[1]。19 世纪初，开罗流传着一句颇耐人寻味的话："埃及的财富属于在那里的外国人。"[2]

德罗韦蒂和索尔特只不过是搜罗事宜的指挥，实际将绘画和雕塑从埃及神庙和墓葬废墟中移走的则是他们的代理人。这些寻宝人当中最有名的就是乔瓦尼·巴蒂斯塔·贝尔佐尼，他原来是马戏班里的大力士，后来变成埃及考古学家。1815 年到 1818 年间，他为索尔特和他自己效力。将拉美西斯二世巨大头像从西底比斯的国王陵庙移走就是他做的；这座雕塑后来从尼罗河沿岸运抵泰晤士河，雪莱的诗篇《奥兹曼迪亚斯》的灵感可能就是来自这段旅程。之后 200 年，这座雕塑一直是大英博物馆埃及馆的镇馆之宝。1817 年，贝尔佐尼在帝王谷发现了塞提一世的陵墓，并立即着手将其方解石石棺运走；结果大英博物馆不要，被约翰·索恩爵士的私人博物馆购得，成为其"墓葬厅"的明星展品。

不愿让他人专美，法国于 1821 年派了一个探险队，目的是搬运一件更有名的古物：丹德拉的哈索尔神庙天花板上的黄道带，

1. Burton (1880).

2. Reported to have been quoted by Burckhardt: 参见 Sattin (1988): 59。

对此其并不讳言。此行的赞助人极力赞扬给此类工作提供方便的埃及放任政策：

> 埃及政府为了吸引欧洲人前往那里而采用的手段之一，就是允许所有来访者搜寻古代文物，无论是在地面上的还是在地下的，都可以带走。[1]

当黄道带在卢浮宫揭幕时，引起的骚动甚至远超 20 年前罗塞塔石碑运抵伦敦的盛况。不过，并不是人人都认为这种寻宝热是件值得称道的事。一位英国访客叹道：

> 整个古底比斯都成了英国和法国领事馆的私人财产；每一座神庙都有两国的分界线，这些建筑过去经受住了"野蛮人"的攻击，如今面对文明的贪婪，以及癖好古玩人士和古文物研究者的投机行为，却毫无招架之力。[2]

尽管有不同的声音，掏空古迹的行为仍然有增无减。19 世纪 40 年代早期，普鲁士学者理查德·列普修斯设定了新的观察和记

---

1. Saulnier (1822): 76.
2. Henniker (1823): 139.

图坦卡蒙的号角

录标准，将古埃及学建立为独立学科，但他在尼罗河谷考察三年却带走了 15 000 余件古物和铸模，包括吉萨和萨卡拉整栋建筑模块。甚至在出口证还没拿到手的时候，他就偷偷摸摸地让工人拆卸了三个神庙。直到大石块都搬下来、包装完毕了，普鲁士当局才批准了运往柏林的申请。

对一件古物——卡尔纳克神庙里的王表——的争夺战正是肆无忌惮地获取埃及的过往的缩影。列普修斯知道此物对了解法老历史的重要性，希望能让柏林博物馆争取到手，可是法国人希望这个东西归卢浮宫。1843 年夏，就在列普修斯溯河而上时，一个法国探险者竟然在夜间已将石块从神庙切割下来并且装船从尼罗河运往巴黎了。这两人在河上相遇，法国人邀请列普修斯上船，让他坐在一个木箱上，这位普鲁士人哪里知道这木箱里装的正是那无价之宝。

整个 19 世纪和 20 世纪初，前往埃及的"考古"团队一个个都在科学考察之余捎带古物。被今人尊为埃及文物局之父、埃及博物馆的第一任馆长法国人奥古斯特·马里耶特，他职业生涯的开始就是在萨卡拉的沙子里寻宝送回卢浮宫。为避免被人发现，他都是在夜间挖掘，甚至还让他的一个助手拿出假古物来蒙骗埃及政府的检查人员，而将正品藏在地下的竖井里，再择机用粮袋带出去。

更过分的是，19 世纪 80 年代的英国人欧内斯特·沃利斯·布奇在第一次去埃及时就发现自己在获取古玩方面与生俱来的本事，于是他很快"结识了两个当地人而且与他们做了朋友"，之后几年这两人给他弄到了"不少值钱的东西"。[1] 一次，他到底比斯去寻宝，结果弄到了一批非同寻常的丧葬纸莎草纸——显然是从附近墓葬中盗挖的——他把它们偷运到他在卢克索的仓库。文物局的局长听到风声，派警察去抓捕，布奇最后买通了警察。文物局派守卫者守住布奇的仓库，不让他把古物运出。不过这个英国人从他经纪人朋友那里也学到了几招。首先，他给守卫者送去一顿大餐。然后借夜色的掩护，他差人挖出一条连通他的仓库的地道，地道的另一头就是隔壁卢克索饭店的花园。当他与饭店经理焦急等待时，当那帮守卫者在大快朵颐时：

> 一名仆人走进房子的地下室，将一件件、一箱箱有一点商业价值的东西全部搬出……就这样，我们从文物局官员眼皮子底下救出了"阿尼的纸莎草纸"以及我所有的购得物件，全卢克索都为此欢欣鼓舞。[2]

布奇用了各种各样的障眼法将文物运出埃及。他得到的回报就是，被任命为大英博物馆埃及古文物的首任保护人。

---

1. Budge (1920), vol. 1: 80.

2. Budge (1920), vol. 1: 144.

在新的文物保护法通过后，这样明偷暗抢的事儿就比较难了，但即便是献身考古事业的专家，似乎也很难抵制住这种诱惑。1924年春天，霍华德·卡特和他的团队因为与埃及当局有冲突而暂时进不了图坦卡蒙墓葬，文物局乘机对墓葬及卡特团队使用的相关空间进行了一次彻查。当搜查到卡特与助手的用餐处（拉美西斯十一世的墓葬）时，官员们在福南梅森（Fortum & Mason）公司的酒箱里发现了一个被小心翼翼包裹的幼年图坦卡蒙的精致头像。这是个木制品，外面的石膏层上有彩绘，雕像将国王比作从莲花上露头的太阳神涅斐尔图姆。第十八王朝晚期，有一个很流行的赫利奥波利斯的创世神话，用的就是莲花从混沌的水域表面升起的比喻，花瓣绽放处露出了新生儿太阳金童。

这个三维的创世雕像是专为图坦卡蒙墓葬准备的，或许是少年法老所有肖像中最能引起感性共鸣的一个。文物局在发现它被偷偷藏在箱子里后就认定，卡特有意将它秘密运出埃及。卡特极力否认，声称这个雕像是在墓道进口的甬道填充物中发现的，带回到用餐处是为了保护存放。然而，卡特1923年在记述甬道的清理过程时并未提及发现雕像一事。回到伦敦后，他曾在家中展示不少埃及文物。他最后留给他侄女的收藏中起码有19件图坦卡蒙墓葬的文物，他从未交代这些东西是怎么落到他手上的。

谈起考古学家的责任时，卡特一副大义凛然的模样，说：

他在做研究时脑子里只有一个念头，那就是拯救文物不被破坏，在工作过程中如果跨越了未被触碰的界限，他不但会对文物所代表的排山倒海的过去充满敬意和赞叹，更会感到身负神圣职责的沉重。[1]

也许吧。

* * *

对整个图坦卡蒙墓葬的挖掘和清理过程，卡特都做了详细的挖掘日记；这些存放在牛津大学格里菲斯研究所的宝贵文献给这个有史以来最伟大的考古发现提供了海量的第一手信息。但即便像卡特这样一丝不苟的人，也不免出于私心在叙述时有失真之嫌。图坦卡蒙以涅斐尔图姆神的形象出现的头像的发现经过就是一例，卡特对墓葬发现的描述就更过火了。

已公布的、提到"了不起的东西"的部分大家已耳熟能详。(出了名的这段话其实有可能是事后的渲染；卡特在发现之日的日记里讲得比较直白："当卡尔纳冯勋爵问我：'看到什么了吗？'我

---

1. Unpublished manuscript in the archives of the Griffith Institute, 引自 Tyldesley (2012): 248。

对他说：'看到了，看到了，美妙万物！'"[1]）。但是对6个季度清理出墓葬上方20万吨碎石的劳苦功高的埃及工人，卡特却只字未提。在说起"年复一年单调、无利可图的付出"时，他用的都是"我们"，并无进一步说明：

> 在帝王谷，我们已经连续了几个季度的挖掘，成果少之又少。[2]

在回忆突破时刻，看到有过去未曾发现的陵墓存在迹象时，卡特的口气仍然一样：

> 第二天（11月4日）早上，我刚到工地就发现，因为工作停顿而非常安静，我意识到肯定发生了异乎寻常的事，他们告诉我，发现了嵌入岩石的一个台阶。[3]

仔细阅读后，我们发现了挖掘工作一般被人忽略的一个细节：卡特手下的埃及工人在一个信得过的工头的带领下日出而作，考

---

1. Collins and McNamara (2014): 28–32.

2. Carter and Mace (1923): 67.

3. Carter and Mace (1923): 72.

古学家还没到场监工就已经开始干活儿了。所以第一个台阶的发现人是一名工人而非卡特。借助近来建档立卡工作的推进，我们终于得知了这位无名英雄的身份。

图坦卡蒙墓葬的发现之所以轰动世界，原因之一就是纽约大都会博物馆的专用摄影师哈里·波顿拍摄的一系列精彩绝伦的黑白照片。波顿的影像以宽幅像、细节清晰、灯光独到见称。他拍摄的几百张相片中，有一张是一个年龄大约在9岁到12岁的埃及男童，身着白色亚麻布埃及长袍，头戴亚麻头巾。他的胸前挂着图坦卡蒙墓葬中最豪华最抢眼的珠宝首饰：项链、平衡杆和胸饰，上面有天青石雕出的几只大型圣甲虫。胸饰以太阳船为主体，一只大圣甲虫将太阳推到象形文字"地平线"的上面，两侧是各支撑着一轮红日的蛇。项链部分有黄金、天青石、红玉髓和长石做的篮子、圣甲虫和红日，一起拼写出图坦卡蒙的王名奈布克佩鲁拉。为什么这么重要的墓葬物件让一个埃及小男孩来做模特呢？答案是这孩子——侯赛因·阿卜杜拉·拉苏尔——就是发现墓葬的人，卡特在他的叙述中对此完全略过不提。

阿卜杜拉·拉苏尔的家族在西底比斯已经住了好几个世代，小有名气。19世纪70年代，他们的一位族人因为羊失足落入半遮半掩的墓葬竖井而在德尔巴赫里发现了一批皇家木乃伊。50年之后，卡特雇用年幼的侯赛因·阿卜杜拉·拉苏尔送水，让他用驴将水从尼罗河送到帝王谷的挖掘现场。水罐底座有点儿尖，必须在地上凿个浅坑才能放好。1922年11月4日，在侯赛因挖浅坑的时候，他看到了谷底地面上露出的一块平板石阶。接下来发生的事尽人皆知。

在古埃及学史册中，尼罗河谷的居民是看不见的。早在 19 世纪 20 年代拿破仑远征后，曾有四十四名埃及爱资哈尔的学生被送往巴黎学习现代技术；他们的领队是一位名叫里法·拉菲·阿塔赫塔维的伊玛目，后来他成了埃及 19 世纪文艺复兴的主要人物。1868 年，他出版了第一部阿拉伯文古埃及历史书。但今天，此人差不多已完全被遗忘。

19 世纪 80 年代，英国考古学家弗林德斯·皮特里开始他在上埃及吉夫特的工作时有了惊人的发现：

> 在这群比较麻烦的人当中，总能发现少数很不错的人，这一点每个地方都一样；其中又有五六个堪称最佳人选，可靠、友好、能吃苦，我们就这样挑选出四十到六十名工人为我们工作……他们是我们上埃及工作队里的骨干，希望我在附近工作时能留住这些好朋友。[1]

皮特里所训练的这些吉夫特人也把他们的所学传授给他们的后人，有些人到今天仍然被埃及的考古学家雇用为专业挖掘人；

---

1. Petrie (1896): 2.

古埃及学者如今就将熟练的工地工头叫"吉夫提"。

英国在 1882 年入侵并占领埃及后，当局允许一个叫艾哈迈德·卡梅尔的人给埃及人开办一所研究古埃及学的学校，不过这个破天荒之举只坚持了三年。卡梅尔后来被提升为埃及博物馆的助理馆长，成为担任实质性职务的第一个埃及人。其后不久，艾哈迈德·纳吉布被任命为古物总监，但这些都只是做做样子。一代代西方考古学家总以一系列大发现的唯一功臣自居，几乎从来不提当地人的贡献。

在与卡尔纳冯合作以前，霍华德·卡特从事考古事业之初曾经在美国慈善家西奥多·戴维斯手下工作。两人曾一起发现帝王谷最长最深、为女法老哈特谢普苏特建造的墓葬。整个大墓从进口到墓室尽是碎石、废物和蝙蝠粪便。清理工作又热又脏又危险，全由拿低工资的埃及工人团队承担，但戴维斯在出书时几乎完全不提这些人，只是向读者保证"好在工作的监督开展得当，没有发生意外，虽然有不少男人和男孩都曾因燠热和空气污浊而短暂不支"[1]。所以其后图坦卡蒙墓葬发现时，卡特将自己工人的贡献轻描淡写一笔带过，这只不过是又一位沿袭了前面许许多多古埃及学学者的作风而已。

在讲述侯赛因·阿卜杜拉·拉苏尔的偶然发现时，另一位古

1.　Davis (1906): xiii.

埃及学学者亚瑟·韦戈尔的一段话最能反映一战后的殖民者心态，一方面不自觉地以为自己高人一等，另一方面又不情愿地承认这些人有自决权：

> 埃及的科学挖掘全被欧洲人和美国人包办，其实我们也得考虑考虑……我们对埃及人的责任，虽然埃及人不那么关心自己的历史，但作为法老的后人，他们应该是自己古物的名义管家吧。[1]

图坦卡蒙墓葬的发现强化了埃及人的民族主义感，这应该也是意料中事：1922 年以后，尼罗河谷的人民希望未来和过去都能由自己做主。

* * *

古埃及独特的艺术和建筑自法老时代开始，一直是西方文明的灵感来源。古希腊最早人称 kouroi 的裸男站立雕塑，就深受埃及原型的影响，希腊贸易商在尼罗河三角洲各大法老城市一定见到过。同样，多立克柱式也是早在为希腊建筑使用前好几个世纪

---

1. Weigall (1923): 98.

就由埃及建筑师发明了。亚历山大大帝曾为法老神庙所震撼，特别是前往锡瓦绿洲求取阿蒙神谕之行让他深受触动，于是以神授君王自居，以后的王权模式也越发"东方化"。前面说过，罗马皇帝哈德良在寻求自己宅院的设计灵感以及在恋人安提诺乌斯死后追封为神时也曾问道法老埃及。

从文艺复兴时代开始，对古埃及由来已久的兴趣以及罗马及其周边大量法老式建筑的存在，都深深影响着欧洲人的品位。16世纪末期，教皇西斯克特五世颁布了罗马城市的新设计总纲，将埃及方尖碑重新立在重要的地方。当然他的目的是想用这些古代异教徒的纪念碑来表彰基督教的胜利，但也有人因此认定古埃及为更古老的普世真理来源。共济会成员热烈欢迎埃及图像，这更加强了17、18世纪欧洲的新埃及文化风。在拿破仑出征之前的那些年，从室内设计到陵墓装饰等场景中，都能看到埃及图案。

但真正在西方引发"埃及热"的还是1798年到1801年间，波拿巴对尼罗河谷的出征。两本关于出征之行的书——维旺·德农的《下埃及与上埃及游记》（1802）和官方的《埃及记述》（从1809年开始）——对古埃及艺术与建筑的如实描述得到了广大、有辨识力的欧洲受众的注意。突然间，埃及风格的装饰蔚然成风。拿破仑差人制作了一批带有菲莱、卢克索、卡尔纳克和伊德富风格的塞夫勒瓷瓶。英国的摄政王不甘人后，也差人在布莱顿的皇家庭院弄了一个"埃及艺廊"，连家具也带着埃及风味，包括一把纸莎草轻舟形的靠椅，通体被漆成绿色，附带镀金的鳄鱼椅

　　　　　　　　　　　　　　　　图坦卡蒙的号角

腿。狮身人面像和方尖碑——有的是真正的古物，有的是现代复制品——纷纷在巴黎大道和英国富丽堂皇的住宅花园中出现。纳尔逊于 1798 年的尼罗河之战中击败了拿破仑，更给英国的埃及热增添了爱国主义色彩。斯塔福德郡的特伦汉姆大厅的温室设计就完全比照伊斯纳神庙；皮卡迪利大街上建了一个埃及厅，1821 年贝尔佐尼的埃及展正是在这里举行的。

19 世纪三四十年代，戴维·罗伯茨的水彩画，以及商博良和约翰·加德纳·威尔金森等早期古埃及学学者的描述，已将尼罗河谷的异域风情深植人心。无论是住宅还是商圈，从彭赞斯的住家、赫特福德的商店橱窗到普利茅斯的公共图书馆、利兹的亚麻棉纺厂以及苏格兰极北的灯塔守护人小房子的阳台，埃及图案随处可见。1854 年，伦敦的西德纳姆有一处水晶宫，里面的埃及庭院放置了一对坐雕，仿照阿布辛贝古庙。受此启发，斯塔福德郡建了一个埃及花园，安特卫普动物园多了一个埃及神庙，甚至连悉尼的污水排气口也呈现方尖碑形状。到 19 世纪末，埃及设计元素已无所不在。这股埃及痴迷风直到遭受（一次）大战冲击才停了下来。

这就是 1922 年发现图坦卡蒙墓葬而触发的世界各地第二波埃及热的大背景。法老时期艺术的异域风采让人们暂时忘掉了新近的惨痛，而图坦卡蒙随葬品的富丽堂皇也在心理上多少缓解了维多利亚时代末期和爱德华时期的物质匮乏。女性时尚界对法老时期的设计趋之若鹜；1923 年的一则广告声称：

这件不同凡响的披风表面绣有图坦卡蒙时代的华丽装饰图案，黄褐色的松鼠领尽显华贵。[1]

珠宝从业者也从卡特与卡尔纳冯发现的宝物中获得灵感。1924 年 1 月，《伦敦新闻画刊》用了一整版的篇幅介绍了"现代珠宝装饰的'图坦卡蒙'影响"，展现"融入了 3 000 年到 1 500 年前埃及风的小摆饰"等多件珠宝首饰。[2]除了将古代珠宝糅合在现代设计中（专为"喜欢图坦卡蒙时尚又对古埃及学感兴趣的女性设计的"），卡地亚公司还推出了一系列拜此次发现之赐而制作的首饰：有国王面具形状的钻石、绿宝石和红宝石吊坠，展翅圣甲虫形状的胸针，掐丝珐琅吊坠等。最后这件首饰直接照搬了图坦卡蒙墓葬宝库内发现的用黄金、天青石、红玉髓和绿长石打造的圣甲虫胸饰。这件胸饰原来有绳带，可以系在国王颈部；同大多数其他装饰品一样，设计要素正好拼写出法老的王名。在众多宝物中，它肯定是整个法老文明中最出色、设计最完美、做工最精湛的首饰之一。

<hr>

1. Collins and McNamara (2014): 73.

2. *Illustrated London News*, 26 January 1924: 143, illustrated in Collins and McNamara (2014): 75.

20 世纪 20 年代买不起卡地亚珠宝首饰的顾客也完全有机会通过众多家用物品赶时髦：带有埃及图案的东西，从瓷瓶到饼干盒，不一而足。带图坦卡蒙色彩的物件似乎人见人爱、从不嫌多。墓葬发现仅三年，卡特及其助手还在清理墓葬的开始阶段，巴黎的国际装饰与现代工业艺术展主打一种新的、民主、前卫风格（装饰艺术派），而这个风格的灵感就来自 3 500 年前的墓葬。时尚与古物研究一样，一度只有富人精英是玩家；如今，设计世界与法老世界却是如此平易近人。

＊　＊　＊

图坦卡蒙墓葬的发现：

> 正值全世界对那一个接一个什么都无法证明、了无成就的战后会议产生厌倦之际，正值新闻界度过百无聊赖的一夏，无聊到连一个英国农民种出海棠果大小的醋栗都上了伦敦市每日新闻的头版之后。也难怪图坦卡蒙墓葬的发现成了世界各地的大新闻，关注热度为科学史上之最。[1]

---

1. Breasted (1948): 325.

次年，随着墓葬正式开启，对少年法老的宝物的兴趣更是达到狂热巅峰。正如《纽约时报》所言：

> 大家的话题只有一个……到哪里都能听到图坦卡蒙的名字。街上有人呐喊，旅馆里有人窃窃私语，店铺里叫卖的是图坦卡蒙艺术品、图坦卡蒙帽子、图坦卡蒙古玩、图坦卡蒙照片，或许明天还有货真价实的图坦卡蒙文物。今天卢克索每家旅馆都打出与图坦卡蒙相关的口号……今晚有一场图坦卡蒙舞会，届时将演奏图坦卡蒙拉格泰姆。[1]

与所有新潮流出现时一样，有生意头脑的公司与个人立即看到了利用"图坦卡蒙热"发财的商机。1923 年出版了两本想象中的图坦卡蒙爱情生活的小说；两张畅销唱片，歌词里都有"图坦老王"的字样（那个时候还没有人知道国王死的时候还是个十几岁的孩子）。一个加州的果农还推销"图坦王柠檬"，美国的赫伯特·胡佛总统也把自家的狗取名"图坦王"。一位鲜为人知的第十八王朝埃及国王变成了举世闻名的奇人。

乘着古埃及热仍在持续，同时也觉得这是英国人的发现（虽然也得到了埃及人的帮助），大英帝国与有荣焉。1924—1925 年

---

1. *New York Times*, 18 February 1923, 引自 Collins and McNamara (2014): 63。

的大英帝国展，展出了与墓葬前室发现的许多物件一样大小的复制品。其中最引人注目的就是出现在烟盒卡片或袖珍折刀上的两个黑皮肤的守护神——当时墓葬出土最有名的手工艺品。但等到镀金神龛被拆解，石棺和里面的三重棺木被打开，大量凝固的油膏被谨慎取出后，映入卡特——与万众——眼帘的竟是黄金捶打的图坦卡蒙面具。一夜之间，面具就成了古埃及墓葬的代表，成了它的图像名片。

法老时代的人相信神明的肌肤是黄金，光辉灿烂泽色永恒。图坦卡蒙的三重人形棺是比照去世并已神化的国王打造的，所以都有夺目的黄金外皮。面具是对他脆弱躯体的最后保护；既是肖像也是返家的明灯，帮助国王到处游荡的灵魂（ba）认出木乃伊是他永久的居所。一段图坦卡蒙的铭文提及"他的琥珀金、天青石、绿松石和每一种宝石的圣像"[1]，而面具正用到了这些材料，并镶嵌了红玉髓、绿长石、水晶、黑曜石、彩陶珠和玻璃。法老金匠的先进工艺水平就体现在覆面使用了三种不同等级的黄金上。最底层用的是 23 克拉的黄金，头饰部分用 22.5 克拉黄金，面具表层薄面则用 18.4 克拉黄金打磨，其中银含量很高，分外光艳。覆面里层的一段《亡灵书》将书中某些部分——以及国王木乃伊躯体的某些部分——与不同神明联系起来。

---

1. Restoration Decree of Tutankhamun, 译自 Wilkinson 2016: 209。

尽管这件黄金面具堪称是法老工匠精神无出其右之作，但自发现以来，它经历了一番坎坷。当卡特与助手打开图坦卡蒙棺木时，他们看到的是一层厚厚凝固、结块儿的油膏，把面具同棺木都粘在了一起。解决办法绝妙而危险：

> 唯一能将这个厚厚的油膏熔化、便于取出的办法就是加热，要达到必要的温度但又不能对眼前的古埃及艺术和工艺珍品造成破坏，金棺内部必须有一层厚的锌板做保护，在520℃下，锌是不会完全熔化的……下一步就是在金棺凹处下方放置几个煤油炉，火力全开……虽然温度达到500℃，但等了好几个小时才看到一点实效……面具还有折叠湿毯的包裹保护，不断往毯子上浇水，面具的面部还垫了湿棉絮。在火力全开，棺内热度达到一定程度后，面具终于松动了，不太费力地给揭了下来。[1]

在这个过程中，能辨明图坦卡蒙为神的弯曲的胡子脱落了。在卡特于1927年出版的作品中，面具没有胡子[2]，几年以后才把胡

---

1. Carter (1927): 62–3.

2. Carter (1927): pl. LXXIII.

图坦卡蒙的号角

子重新装上 [1]。1961—1981 年墓葬物件曾在世界各地巡展——包括墓葬发现五十周年的伦敦纪念展——此后面具就再也没有离开埃及。它太脆弱太宝贵了。

图坦卡蒙墓葬物件量大，且种类繁多，必须有前所未有的各类专家做分析和保存工作。卡特召集的团队有别于以往的埃及考古团队。这个队伍除了自己的摄影师、工程师、文字学家、碑铭专家和业余考古植物学家外，还有自己的化学家，当然还有绘图员和有经验的挖掘者。需要如此众多的专业行家标志着外行绅士的英雄时代的结束，指望一位学者能掌握整个古埃及学的日子自此一去不复返。结果是古埃及的研究也从普通消遣转变成了一门学科。这个转变让它丧失了少许光泽，也与公众渐行渐远。一位学者在 1923 年曾有一段警语——"考古学家该干的事是唤醒梦中的逝者，而不是让活着的人睡着" [2]，但他这番话没人听。图坦卡蒙之后的古埃及学一如帝王谷，布满灰尘、一片枯槁。随着对古埃及的世俗兴趣与学术研究之间鸿沟的显现，异端因素乘虚而入或在所难免。

---

1. 这个故事有一个合适的后记。2014 年 8 月，一场事故导致胡子再次从面具上脱落。当埃及文物保护人员费力地用环氧树脂重新粘上它，并去除可见的胶水痕迹时，他们造成了进一步的损坏。最后，面具被一位专门处理古代金属制品的德国文物保护人员修复了，胡子也重新粘上了。他使用了蜂蜡，一种古埃及人熟知的物质。因此，古代材料和现代科学技术共同拯救了埃及最具标志性的文物。

2. Weigall (1923): 27.

*　*　*

　　将古埃及与奥秘知识挂钩是从 16 世纪到 19 世纪赫尔墨斯传统的主要特征，到 19 世纪因尼罗河谷的科学探讨成为显学而被边缘化。不过，就像有待重生的木乃伊一样，法老文明超自然说也在等待机会重拾昔日荣光。1922 年图坦卡蒙墓葬的发现，给神秘学派和伪科学论者带来了希望。

　　对这些另类理论的主张者而言，这次发现就像沃土获得了一粒种子。有关埃及木乃伊起死回生的故事是大半个世纪以来英文小说里的常见题材，连路易莎·梅·奥尔科特、布拉姆·斯托克、H. 莱德·哈格德、亚瑟·柯南·道尔等知名作家都来赶这趟时髦。"图坦卡蒙诅咒"故事之所以出现的第二个关键要素就是卡尔纳冯勋爵与伦敦《泰晤士报》签订的独家报道协议，只允许这家报社人士进出墓葬。卡尔纳冯大赚了一笔，但其他报社记者为这样一个难得的大消息自己却被迫置身事外而大为不满。既然无法就事实进行报道，于是乎有人决定捏造事实。

　　传说有一个古老的诅咒，就在有人进入墓葬时被唤醒，降祸于所有与挖掘有关的人，这个故事在 1923 年 3 月墓葬发现后四个月卡尔纳冯得病开始流传。一个月以后他死于血中毒，于是奇谈怪论蜂拥而出，事情一发不可收。不久，又听说有许多其他重要人物相继丧命，从一位前往墓葬的名流访客、卡尔纳冯两位同父异母兄弟，到卢浮宫的古物总管以及大都会博物馆的两位古埃及学学者。卡特被迫出面驳斥这些故事"纯属流言"，但他却在书的前言里无意间助长了这一流言。

《图坦卡蒙墓葬》一书第一章用六页篇幅讲述了"与图坦卡蒙墓葬发现相关的一个真实事件"，执笔者是卡特和他的小说家朋友珀西·怀特。[1] 故事说，"就在卡特先生要打开墓葬封门时，他家里竟然进来了一条眼镜蛇，把他心爱的金丝雀给吃了"[2]——而卡特的金丝雀被他的埃及工人视为幸运符。本来这也就是件倒霉事儿，却因卡特在进入墓葬时的所见增添了神秘感：

> 蜡烛的烛光能让我们看到墓葬前室里的东西，只见光线照在国王头像前额上的神蛇标记——象征王室及提供保护的眼镜蛇！[3]

这里讲的国王是站在阻隔前室与墓室间砖墙前面的两个守护神雕像，他们要保护的就是躺在墙后墓室内的国王的身体。珀西·怀特的生花妙笔是这样说的：

---

1. Carter and White (1923): vii.

2. Carter and White (1923): viii.

3. Carter and White (1923): xii.

立在这个阴森森大背景前面的是两座国王雕像，手持狼牙棒和权杖守护着当时仍然原封不动的大墓，两道乞求眉毛的上端就是昂首的皇家眼镜蛇。[1]

　　卡特的埃及工人马上注意到了雕像眉毛上的眼镜蛇与卡特死去的金丝雀之间的巧合：

　　　　工人目瞪口呆；出现在他们面前的正是杀害幸运鸟的蛇的图像！[2]

　　1923 年初，帝王谷流传着这样一个故事，寻找轰动一时的独家新闻的沮丧的记者们有了完美的素材。不久他们就传出墓葬内有铭文警告："凡触碰法老大墓者，死亡将飞速降临。"其实根本不存在这样的铭文，开启大墓时有二十六个人在场，以后十年只有六个人过世，但这些都没能阻止故事的继续发酵。因为，连卡特自己也承认：

　　　　不论埃及农民有多迷信，都没有我们之间那些执迷于神

---

1. Carter and White (1923): vii.

2. Carter and White (1923): xii.

404 　　　　　　　　　　　　　　　　　　　　　图坦卡蒙的号角

图44 黑人守护神雕像

秘浪漫主义、成天光顾占卜算卦地方的人更容易上当受骗。
一旦打开了一座墓葬，这些人就自说自话，认为潜伏已久的
力量将报复这个闯入的世界。[1]

　　等所有与图坦卡蒙墓葬的发现有密切关联的人都过世，与埃

1.　Carter and White (1923): viii.

及相关的煽情言论大车却仍一路狂奔。多年来，也流传过好几个关于第十八王朝的"真相"，有的还勉强可信，有的荒谬绝伦。奥克亨那坦是这些奇奇怪怪理论和运动——从黑人权力到同性恋平权——的中心人物。不过，从 20 世纪中期以后，关注重点出现了改变，从老早过世国王的木乃伊挪到了古埃及最屹立不倒的象征：金字塔和吉萨的大狮身人面像。

对金字塔的奇幻解释其实由来已久。像弗林德斯·皮特里，埃及考古学之父这样的人物第一次访问埃及竟也是因为他对"金字塔尺寸"这个概念感兴趣。这个理论的根据是查尔斯·皮亚齐·史密斯的著作，他声称大金字塔的尺寸里隐藏着已失传知识的密码。皮特里在仔细测量后否定了这一理论，并从此走上了科学考古之路。不过还是有些新世纪作家并不为现代科学结果所动，抛出了大量对古王国最伟大建筑的另类"解释"：

> 大金字塔是地球、人脑、氢原子、火山的模型。如今处于休眠状态，但它曾经是能源容器，是巨大的水泵或天文学观测台。金字塔的塔座是一个倒立的纯水晶金字塔，大小与其相仿……[1]

---

1. Lehner and Hawass (2017): 27.

不论第四王朝有关金字塔和狮身人面像实际的构造图是怎样的，这些人就是不为所动，因为"人们就是那么死心眼"[1]。倒是有一个著名的例外，此人就是近几十年在金字塔工人村进行挖掘工作的领队。他到吉萨是为新世纪信徒寻找答案的，但"在看到真正基岩后，他的认知自此改观"[2]。

这些非主流理论的一个中心论点是，吉萨金字塔是古王国之前几千年由外星人所建。连皮特里本人也不免有过类似想法，他坚持——尽管大量证据并不支持——埃及文明是由一个东方未知"新族群"带到尼罗河谷的。这样的解释其实与那些否定法老文化发源于本地的立场并无二致。对大多数新世纪作者来说，古埃及的文明过于先进，不可能是埃及人自己发展出来的。这种殖民心态——而不是尘封墓葬中被唤醒的恶鬼——才是真正的法老诅咒。

* * *

历史有很强的政治性。从一个国家对其过往的解释就能知道它今日眼中的自己。从有了古埃及学开始，尼罗河谷的现代居民就对自己的古文化存在不同看法，把它当成外交筹码、经济资源

1.　Lehner and Hawass (2017): 30.

2.　Lehner and Hawass (2017): 13.

或曾经及未来伟大的象征。西方考古学家、法老时期遗存与埃及当局之间的关系也同样复杂。

1798 年，拿破仑入侵埃及给现代埃及及其古迹都带来了深刻影响。法老遗留给后人的丰碑成为科学调查的关注对象，法国的占领与撤退引起的政治后果就是穆罕默德·阿里——一位完全聚焦现代化的新领导人——的崛起。但在他试图实现国家工业化和都市化时，首先遭殃的就是古迹。早在 1829 年象形文字被破译后七年，商博良就觉得有必要恳请穆罕默德·阿里保护本国的文化遗产。六年后，埃及政府通过了第一次保护文物的立法。该法怪罪欧洲人破坏了埃及的古建筑，同时又援引欧洲先例禁止古物出口，并成立国家收藏单位。然而没过几年，埃及的第一个博物馆就出现了险情：

> 除了大量乱七八糟的残破木乃伊和盒子，一些不完整的石碑和各种残片外——这些东西即便有人呵护保管也会因地点潮湿而失去价值——什么都没有。[1]

博物馆成立仅二十年，馆内收藏即因疏忽大意、漠不关心而消失殆尽；最后几件藏品也在 1855 年作为外交礼品送给了奥地利

1.　Wilkinson (1843), vol. 1: 264.

的马克西米连。

对法老遗产如此怠慢大意、肆意破坏令西方观察家失望、愤怒。这也给他们找到了继续带走古物供欧洲人收藏的理由。法国人理直气壮地表示：

> 法国，从尼罗河越来越深的泥淖、从无知的人那里挽救了一个方尖碑……欧洲的有识之士理应得到感谢，所有的古文物均应归其所有，因为他们了解文物的价值。古物就像一座花园，只有种植和收获果实的人享有花园的自然所有权。[1]

美国驻开罗领事乔治·格利登更不客气，称"埃及现政府破坏古建筑是因贪婪、恣意妄为和疏忽在作祟"[2]。他赞扬商博良将古物运出"这个为奴之家"[3]，交到安全的欧洲博物馆手中。

整个 19 世纪，收藏家与寻宝者一直沿用这样的借口，但并非每一位古埃及学学者都同意这个观点。早在 1821 年，商博良就曾经对将丹德拉黄道带搬迁至卢浮宫的做法表示不满：

---

1. de Verninac Saint-Maur (1835), **译引自** Reid (2002): 1。

2. Quoted in Colla (2007): 111.

3. Gliddon (1841): 138.

我们赞扬这两位同胞出于爱国热情有如此壮举，他们很有技巧，也非常成功……但是在祝贺索尔尼尔和勒洛兰两位先生小心翼翼地将丹德拉的黄道带从尼罗河运到塞纳河，而不是泰晤士河的同时，我们也禁不住有一定的遗憾，这么壮丽的神庙如今被剥夺了它的稀世珍藏……难道我们法国要步埃尔金勋爵的后尘吗？当然不能。[1]

最终，埃及有了一个实至名归的国家博物馆。1863 年开馆时，永久馆址尚未选定，暂时使用的是布拉克已经废弃不用的几个仓库。法国馆长奥古斯特·马里耶特确保每一件展品都有说明，并记录每一物件的出处。很快它就吸引了大量游客，可是马里耶特希望它能为埃及人服务。他在收藏指南中写道：

开罗博物馆不只是为欧洲游客而设。总督希望它首先应吸引当地人来造访，博物馆的任务就是让他们知道自己国家的历史……不久前，埃及破坏了自己的文物；今天，埃及尊敬它们；明天，埃及会爱惜它们。[2]

---

1. Champollion to Revue encyclopédique, October 1821；参见 Champollion(1986): 154–5。

2. Mariette (1868): 10.

随着收藏品因尼罗河谷各地的挖掘工作而不断增加，东西都放不下了，于是搬到经改装的吉萨宫殿，最终在 1902 年迁至开罗中心的一栋为它专门设计的建筑内。这座存放埃及国家古物收藏的地方是一位法国人设计的，在它气派的、新古典墙面最显眼的地方镌刻了西方古埃及学英雄的大名：六名法国人、五名英国人、四名德国人、三名意大利人、一名荷兰人、一名丹麦人和一名瑞典人。唯一与有荣焉的埃及人是时任埃及总督阿巴斯二世——英国人在背后支持的傀儡统治者——而且他的名字是用拉丁文写的。马里耶特的陵墓就安放在博物馆前花园里，这进一步证明，欧洲人想将古埃及据为己有。

埃及博物馆的设计给不断增加的国家古物收藏预留了大量空间，但谁也没想到有一天要给图坦卡蒙墓葬的海量物件找地方放。这突如其来的众多文物的涌入，使得 20 世纪 20 年代中期博物馆拥挤不堪，失修情况严重。美国古埃及学专家詹姆斯·亨利·布雷斯特德说服了他的金主约翰·D. 洛克菲勒出资修建一所新的博物馆，但对方有一个条件：得保证由西方学者掌控博物馆及其相关研究所 33 年。埃及政府拒不同意。

图坦卡蒙宝藏发现时埃及宣布独立仅八九个月，埃及国内舆情和民族主义政治都因此受到深远影响。大家对埃及的过去兴趣高涨，成为埃及文化和政治思潮的主流。公办学校开始教授法老历史，开办了一所国立大学，开设了培训埃及人学习古埃及学的课程，此外，文物局和博物馆——长期以来西方影响的大本营——也稳步埃及化。

或许最重要的是，原来那一套考古学家与国家平分文物发现的办法被叫停了。就在埃及宣布独立的同时，文物局负责人宣布，今后一切文物发现均归国家所有，文物局可斟酌是否将复制品给挖掘者。卡尔纳冯原先在帝王谷的挖掘许可是 1914 年签发的，许可证上明说如有发现双方平分，除非发现的是一座未经盗扰的墓葬。于是，埃及当局援引这一例外条款，成功留住了墓葬的全部

图45　举着少年国王的镀金小雕像

发现。最终，1952年军官革命（七月革命）后，欧洲人对埃及博物馆的影响随之终结；从此，埃及的古物概由埃及人自己保管。

但古代历史与现代政治的纠缠并未就此了断。2011年"阿拉伯之春"暴乱期间，埃及博物馆有六十三件文物被掳走，后来此事发酵成暴力事件的震中。被盗物件中有五件图坦卡蒙宝藏，其中最重要的一件就是神明头上举着少年国王的镀金小雕像。它是现存古埃及艺术品中独一无二的珍品，极具象征意义，唯有第十九王朝塞提二世的二维浮雕可堪比拟。盗窃发生后几个星期找到了已被毁坏的小雕像残片；底座、神明的手臂和面庞、图坦卡蒙的小像都不见了，文物已面目全非。

就在埃及的国家收藏第三次搬家，迁入位于吉萨金字塔旁美轮美奂的大埃及博物馆时，埃及政府再次呼吁归还19世纪和20世纪初出口到西方的古物。排名第一的就是罗塞塔石碑，但2020年（大英）博物馆考古事务部主任说，石碑永远不会离开伦敦，他还说，埃及文物分散在世界各地博物馆内"反而会诱导大家前往埃及去看看文物的发源地"[1]。已持续了几个世纪的法老古文物归属权之争不太可能就此永远画上句号。埃及的过去将继续塑造它的未来。

---

1. 引自 Sleigh (2020)。

* * *

另外一件 2011 年从埃及博物馆被偷走的图坦卡蒙墓葬文物就是一个镀金青铜号角及其彩绘的木弱音器。这是两件国王陪葬乐器中的一件，也是法老埃及时代的幸存者。较大的号角为银制。它也有一个木石膏彩绘弱音器，正好可以放到号角内，一方面在不用的时候保持号角形状不变，另一方面也为保护薄金属不被毁损。银号角的金属加工手艺精湛，它长 58 厘米，是将两片捶薄的金属片折叠焊接而成。前面的喇叭口就像一朵绽放的莲花，还细致地勾勒出萼片状的装饰，每一个萼片里都有王室的椭圆章。一个大一点的长方形图案里镌刻了埃及众神中的三位主神——阿蒙-拉、拉-荷鲁斯、卜塔。喇叭口的口沿是一溜镌刻成花瓣的黄金边饰。在乐器的另一端也有对应的黄金吹嘴边饰。

图坦卡蒙的号角是对古埃及音乐的图像和文字证据的补充。法老时期的多样乐器也包括打击乐器、木管乐器和弦乐器。在宴会和宗教庆典时显然有音乐助兴，其他日常劳作时也有音乐：田间和酒厂工人工作时有节奏感较强的歌曲伴随。亲密的家人聚会时多用竖琴、古琵琶和七弦琴，在宗教庆典上会摇响板激励神明现身，而号角则似乎主要在军事和祭奠场合使用。

在阿马尔那山间，为图坦卡蒙最心爱的祖母提耶的管家胡亚预备的石穴墓葬里有许多反映皇家生活的绘画。其中一幅纪念提耶前去避暑的壁画中就有一个人站在一群皇家侍者的最前面，手

　　　　　　　　　　　　　　　　　　　　图坦卡蒙的号角

上提着一支号角和弱音器。在底比斯一个被测定为图坦卡蒙在位期间的战场遗迹出土了一些残片，可以看到一群被绑住的努比亚战俘和手握绳索的国王。在他们后面有一名号手对着步兵和旗手吹奏凯旋之歌。同一次战争的后续可以在戈贝尔的一座山岩里开凿的神龛中看到；一位号手在吹奏，而埃及与努比亚军队则在表演跳跃舞蹈，努比亚人唱道：

> 问候你，埃及国王，
> 九弓人的明灯！
> 你伟大的名字在库施流传，
> 你战争的呐喊响彻各地！
> 啊，英明的统治者，
> 你的神威让异国土地尸横遍野。
> 法老就是明灯！ [1]

最后，努比亚军队在号角伴奏下欢舞的场面也在图坦卡蒙在位期间雕在卢克索神庙廊柱大厅的墙上。

这样的场面让人想起如今已失传的有声世界。音乐显然对所有古埃及人而言都很重要：阿马尔那工人村有一块石灰岩石碑，

1.　Author's translation after Darnell and Manassa (2007): 124.

描绘了一个普通家庭的诸多成员，画中的女儿就在演奏竖琴。但是在没有任何乐谱的情况下，法老时期的音乐性质依然是个谜。图坦卡蒙的号角只能发出三个音，但其中的高音和低音都很难吹，可能实际使用时只用中音。那声响对现代西方人来说有些刺耳，"有点儿像中世纪长号的音色，或原始的号角，而不像喇叭或短号"[1]。古埃及人演奏的音乐还是无从知晓，这等于给我们提了一个醒，即便尼罗河谷的发掘工作已持续了两个多世纪，法老文明中的许多细节我们仍然不知道。正如阿马尔那的考古学家巴里·肯普所说，"在学术研究范畴之外还有大量失散的经历"[2]。对古埃及人的遗物——图坦卡蒙墓葬中的物件堪称其荟萃代表——研究之后，我们虽然对他们的日常生活、地理和历史、政府和宗教有了一定了解，但永远无法重拾法老时期尼罗河谷人的生活经验。

在阿马尔那另一个为奥克亨那坦大管家准备的石穴墓中，有一幅分成五段的大壁画，画的是多组皇宫卫队。每段画的最上和最下两段都是十人士兵纵队，他们来自不同族群——埃及人和努比亚人，利比亚人和亚洲人——这说明图坦卡蒙时的埃及是多文化的埃及。中间段除了号手就是一片空白，他站在画面的边上，号角对准唇间。我们想象他前面的大幅空白就是被他的号角声占

---

1.   Hickmann (1946): 33, 引自 Reeves (1990): 165。

2.   Kemp (2012): 195.

据了。这是一幅了不起的画作，是独一无二的法老艺术，说明声音在埃及人意识中占据很大的分量，也说明我们所能看到的过去只不过是个模糊朦胧的轮廓。

　　1939 年，也就是霍华德·卡特过世的那一年，有人建议让图坦卡蒙的银号角再奏响一次，这将是近 3 500 年来的第一次。英国广播公司进行了实况转播，这件乐器交给了站在麦克风前的一名英军号手。乐队队员詹姆斯·泰珀恩给号角加了一个现代吹口，将号角放到嘴前开始吹奏，将这件单薄、纤细的乐器吹出了余音绕梁的三个音。

图 46　吹奏图坦卡蒙号角的乐队手泰珀恩

与图坦卡蒙本人一样，曾经在他四周出现的声音已然消逝，只留下过去的缕缕回响。他的陪葬品让我们捕捉到了他的世界、他作为至高代表的文明的浮光掠影，然而仍有大量空白留待我们用想象力去填补。

物件清单（附带卡特的目录编号）

1. 方铅石、孔雀石、氧化铅和锡、雌黄、黄赭石［456b，620（79-81），620（82-83），620（85-86）］

2. 绿玻璃胸饰（267d）

3. 陨铁凿子（316a-p）

4. 鸵鸟羽毛扇（242）

5. 掷棍（370l-m，370p,370t）

6. 猎鸟场景（小金神龛）（108）

7. 灯芯草和纸莎草凉鞋（21a-b）

8. 纸莎草轻舟模型（313）

9. 冥王奥西里斯苗圃（288a）

10. 仪式用镰刀（561）

11. 燧石刀［620（62-63）］

12. 镀金的哈索尔头像（264）

13. 钻木取火（585aa）

14. 曲柄杖和连枷（269h，269e）

15. 书写调色板［271b, 271e（2）］

16. 驳船模型（309）

17. 战斗杖（582c-h）

18. 腕尺量杆（50dd）

19. 乌木象牙掷标（与 345、383、580 相关）

20. 飞马象牙手镯（585q）

21. 战车（122）

22. 复合弓和箭（370）

23. 皮制铠甲（587a）

24. 图特摩斯三世的方解石瓶（404）

25. 银制石榴瓶（469）

26. 靛蓝玻璃小杯（32k, 32l）

27. 青铜半月刀［582a, 620（52）］

28. 金刃和铁刃短剑（256dd, 256k）

29. 彩绘箱（21）

30. 国王的金吊坠（320c）

31. 面包［620（112）, 620（117）］

32. 粮仓模型（277）

33. 几头大蒜（32x）

34. 水果篮（97）

35. 鹰嘴豆和小扁豆（277, 614f）

36. 一盒牛肉（牛前腿肉）（62h）

　　　　　　　　　　　　　　图坦卡蒙的号角

37. 一盘去核红枣（154）

38. 酒坛（11，180，195，206，362，392，409，411，413，431，434，486，489，490，500，508，509，516，523，536，539，541，549，560，563，568，570，571）

39. 鸭胸脯（pit 54）

40. 几瓶蜂蜜（614j-k）

41. 豹皮披风（44q）

42. 猎鹰胸饰（267m（1））

43. 国王叉鱼像〔275c（a）〕

44. 带敌人图像的脚凳（378）

45. 戴不同冠饰的萨布提（110，318a，330a，605a）

46. 彩陶颂赞瓶和礼器瓶（461r，461b）

47. 金、银加冕权杖（235a，235b）

48. 椭圆盒（269）

49. 前沿呈弓形的旅行盒（79，574）

50. 金御座（91）

51. 折叠凳（140）

52. 亚麻缠腰布（50b）

53. 便携式大木箱（32）

54. 皮制、带珠串凉鞋（85a）

55. 折叠床（586）

56. 头枕（403b）

57. 剃须工具［68，12g，620（53）］

58. 眼影涂管（来自44，46盒）

59. 游戏盒小桌（345，383，580）

60. 镜盒（269b）

61. 象牙响板［620（13）］

62. 胎儿木乃伊［317a（2），317b（2）］

63. 木制玩具箱（585）

64. 乌木和象牙制作的童椅（39）

65. 带内弗鲁拉公主婴儿像的盒盖（54hh）

66. 安克赛娜蒙与图坦卡蒙（小金神龛）（108）

67. 一绺发丝（320e）

68. DNA分析（256）

69. 急救包（79i-q，79t-u）

70. 手杖（50v-cc，50kk-qq，50uu-xx）

71. 盖布的镀金像（299a）

72. 卜塔的镀金像（291a）

73. 伊米乌特崇拜（194，202）

74. 太阳船模型（311）

75. 神龛形状的胸饰（267q）

76. 托特的长石护身符（256，4，a）

77. 帆船模型（276）

78. 瓦杰特眼臂镯（256zz）

图坦卡蒙的号角

图片版权

图 1 掷棍 (Photograph by Harry Burton. Griffith Institute, University of Oxford)

图 2 陨铁凿子 (Photograph by Harry Burton. Griffith Institute, University of Oxford)

图 3 纸莎草轻舟模型 (Photograph by Harry Burton. Griffith Institute, University of Oxford)

图 4 奥西里斯苗圃 (Photograph by Harry Burton. Griffith Institute, University of Oxford)

图 5 书写调色板 (Photograph by Harry Burton. Griffith Institute, University of Oxford)

图 6 钻木取火 (Photograph by Harry Burton. Griffith Institute, University of Oxford)

图 7 腕尺量杆 (Photograph by Harry Burton. Griffith Institute, University of Oxford)

图 8 飞马象牙手镯 (Photograph by Harry Burton. Griffith Institute, University of Oxford)

图 9 青铜半月刀 (Photograph by Harry Burton. Griffith Institute, University of Oxford)

图 10 皮制铠甲 (Photograph by Harry Burton. Griffith Institute, University of Oxford)

图 11 图坦卡蒙作为狮身人面像的彩绘箱 (Photograph by Harry Burton. Griffith Institute, University of Oxford)

图 12 国王的金吊坠 (Photograph by Harry Burton. Griffith Institute, University of Oxford)

图 13 酒坛 (Photograph by Harry Burton. Griffith Institute, University of Oxford)

图 14 粮仓模型 (Photograph by Harry Burton. Griffith Institute, University of Oxford)

图 15 水果篮 (Photograph by Harry Burton. Griffith Institute, University of Oxford)

图 16 罐装肉 (Photograph by Harry Burton. Griffith Institute, University of Oxford)

图 17 图坦卡蒙萨布提 (Photograph by Harry Burton. Griffith Institute, University of Oxford)

图 18 国王叉鱼像 (Photograph by Harry Burton. Griffith Institute, University of Oxford)

图 19 金加冕权杖 (Photograph by Harry Burton. Griffith Institute, University of Oxford)

图片版权

致 谢

我感谢我的经纪人乔恩·伍德（Jon Wood）与维罗妮卡·格德斯坦（Veronica Goldstein），斗牛士出版社的编辑团队；感谢支持、管理、任职于我做研究时使用的图书馆——特别是剑桥大学图书馆和哈登图书馆——的所有人；感谢过去和现在研究结果被我引用的学者；感谢最近出任香港浸会大学教授的克莱顿·麦肯齐（Clayton MacKenzie），他让我将此书的某些构想早早就有发表的机会；当然还要感谢迈克尔·贝利（Michael Bailey）对我坚定不移的支持，特别是在充满挑战的 2020 年和 2021 年。

资料来源

关于图坦卡蒙陵墓中出土的物品，最容易理解、最可靠的讨论是 Hawass（2018）和 Reeves（1990），还有牛津大学格里菲斯研究所的在线档案（www.griffith.ox.ac.uk）。关于卡特发现和清理陵墓的第一手资料，参见 Carter 和 Mace（1923）和 Carter（1927 和 1933）。Wilkinson（2016）选集翻译了大量来自古埃及的作品，丰富了法老文明的许多不同方面。欲了解权威而通俗的古埃及历史，从前王朝时代到克娄巴特拉之死，参见 Wilkinson，2010。Wilkinson（2007）提供了 100 个古埃及人的传记，包括图坦卡蒙及其王后，横跨相似的时期。对整个法老时期埃及文明发展的原创性和迷人的见解的相关知识，Kemp（1989 和 2006）是无人能及的。

第 1 章

Friedman（2002）从不同的角度讨论了沙漠对古埃及文明的兴起和发展的贡献。对于西部沙漠的偏远地区的了解，Vivian（2000）是必不可少的。利比亚沙漠玻璃现象在 de Michele 等人（1997）、de Michele（1999）、Anonymous（2006）、Kleinmann 等人（2001）和 Berdik（2006）中进行了研究，而在 Roth（1993）中讨论了陨铁凿子。关于现已消失的埃及沙漠动物，见 Wilkinson（1999b）。Wilkinson（2002 和 2010）讨论了埃及邻国的作用和影响。对古埃及鸟类的研究，Houlihan（1986）是标准的作品。Gaudet（2014）涵盖了纸莎草纸的方方面面，而 Jones（1990 和 1995）是对船只和航海的权威处理。大多数关于古埃及的书籍都讨论了洪水和农业循环;Butzer（1976）是一部可以充满信心地参考的经典。

第 2 章

关于埃及前王朝早期的历史，参见 Hoffman（1980）（现在有点过时了）和 Midant- Reynes（2000）。Huyge（2002）对史前岩石艺术中的主题提出了一种煽动性的解释。Wengrow（2001）和 Wilkinson（2003a 和 2010）讨论了史前牧民的生活。Brewer（2005）和 Wilkinson（1999a）探讨了导致埃及国家形

图坦卡蒙的号角

成的社会阶层化和手工艺专业化的过程，Adams（1995）、Baba（2005）、Friedman（2004）和 Smythe（2005）提出和分析了来自 Hierakonpolis 的考古证据。关于书写的早期发展，参见 Postgate 等人（1995）和 Wilkinson（2003b）。古王国金字塔建造的证据出现在 Tallet（2017）中，并在 Lehner 和 Hawass（2017）中进行了权威的背景分析。关于库施人在第二中间期入侵上埃及的情况，参见 Davies（2003）。

第 3 章

图坦卡蒙的战车在 Littauer and Crouwel（1985）中被检查，他的射箭装备在 McLeod（1970 和 1982）中被检查。关于图坦卡蒙统治时期的战争和外交关系，参见 Darnell 和 Manassa（2007）。Astour（2001）和 Roaf（1990）探索了米塔尼王国。关于外国对埃及第十八王朝的影响，见 Lilyquist（2005）、Parkinson 和 Schofield（1993）以及 Roehrig（2005）。青铜时代玻璃和东地中海贸易往来这一迷人的话题是许多著作的主题，包括 Bass（1987）、Gregory（2019）、Kaczmarczyk（1986 和 1991）、Nicholson 等人（1997）、Nicholson 和 Henderson（2000）以及 Roehrig（2005）。对于第十八王朝时期埃及与其他近东强国之间的外交关系，Cohen 和 Westbrook（2000）是标准的著作，Moran（1992）提供了关键的阿马尔那书信的翻译；Fletcher（2000）和 Freed 等人（1999）

也进行了有益的讨论。Davies 和 Gardiner（1962）详细研究了图坦卡蒙的彩绘箱。关于古代青铜器的处理，见 Ogden（2000）；关于黄金，见 Ogden（2000）、Greaves 和 Little（1929）。关于提到阿库亚提叛乱的铭文，见 Smith（1976）。

第 4 章

Samuel（2000、2001a 和 2001b）和 Geller（1992）详细讨论了古埃及的主食面包和啤酒；Emery（1962）和 Murray（2000b）讨论了其他食品。关于法老农业的研究，见 Brewer 等人（1994）和 Murray（2000a）；关于园艺，见 Eyre（1994）和 Bellinger（2008）。篮子和绳索是 Wendrich（2000）的一部巨著的研究主题。关于谷物生产的最早证据，见 Caton Thompson 和 Gardner（1934），Wendrich 和 Cappers（2005），以及 Wilkinson（2014）。O'Connor（1983）讨论了新王国的农业经济，而 Taylor 和 Antoine（2014）、Kemp（2012）则探讨了古埃及的饮食和营养不良的各个方面。牲畜的饲养和肉制品的生产是 Ikram（2000）研究的重点。关于底比斯贵族墓中的宴会场景，见 Hawass（2009）。古代埃及的葡萄栽培是多项研究的主题，特别是 McGovern 等人（1997）、Murray 等人（2000）、Poo（1995）、Lesko（1977）和 Tallet（1998）。Gardiner（1957）是识别个别象形文字标志的可靠来源，而 Houlihan（1986）则探讨了古尼罗河

谷的鸟类动物。关于古埃及艺术中的蜜獾，见 Churcher（1984）、Keimer（1942）和 Zeuner（1963）；养蜂业、蜂蜜（包括其药用）和蜜蜂的象征意义的研究见 D'Auria 等人（1988）、Nunn（1996）、Otto（1960）、Reeves（1992）、Sagrillo（2001）以及 Serpico 和 White（2000）。

第 5 章

对于古埃及王权的全面研究，Goebs（2007）和 O'Connor 和 Silverman（编辑）（1995）是最好的。Davies（1989）和 Wilkinson（1999 和 2000）探讨了王室意识形态和图像学的起源；Leprohon（2013）和 Quirke（1990）探讨了王室名称。关于奥克亨那坦时期的阿吞崇拜和图坦卡蒙时期对正统宗教的回归，分别见 Redford（1999）和 Murnane（1999）；Eaton-Krauss（2016）对这些话题也有深刻见解。图坦卡蒙的金御座在 Eaton-Krauss（2008）对国王的椅子和脚凳的详细研究中有所介绍。

第 6 章

关于图坦卡蒙的阿马尔那——以及其他古埃及城镇和村庄——的日常生活的最好、最发人深省的讨论是 Kemp（2012）。关于法老时期的服装，见 Vogelsang-Eastwood（2000）；关于工艺生产，见 Stevens 和 Eccleston（2007）。关于古埃及贸易经济的经典研究是 Janssen（1975）；其他推荐的研究包括 Bleiberg（2007）。Manniche（1987）、McDowell（1999）、Meskell（2002）、Ockinga（2007）、Parkinson（1991 和 1995）和 Wilfong（2007），它们探讨了古埃及性行为的各个方面。关于梦和相关信仰，见 Andrews（1994）、Bryan（2000）、Helck（1978）、Satzinger（1985）和 Wells（2000）。对古埃及性别角色的研究是相对较新的；其中最好的研究是 Robins（2000）和 Green（2000）。Tait（1982）对图坦卡蒙的游戏盒进行了详细的研究。古埃及人的身份是一个研究不多的主题，进一步探索的时机已经成熟；其中最好的贡献是 Hagen（2007）和 Smith（2007）。

第 7 章

对于古埃及人的童年和老年的所有方面来说，Janssen 和 Janssen（2007）是不可缺少的。Wegner（2002）和 Zivie（1998）提供了关于分娩和育儿的进一步见解。Allam（1981）、Černý（1954）和 Eyre（1984）讨论了古埃及人的婚姻和婚姻破裂。关于家庭生活和关系，见 Feucht（2001）以及 Dodson 和 Hilton（2004）。古代尼罗河流域的疾病和医学话题产生了大量的文献；具有启发性的研究包括 Filer（1995 和 2001）、Kozloff（2006）、Kuckens（2013）、Norrie（2014）、Nunn（1996 和 2001）、

Ritner（2001）、Strouhal（2001）以及 Taylor 和 Antoine（2014）；大都会艺术博物馆（1999）包括了对旧王国的侏儒症的讨论。

第 8 章

有关古埃及宗教的文献浩如烟海，种类繁多，从学术性的到深奥的都有。Quirke（1992）和 R.Wilkinson（2003）（及其广泛的书目）是可靠且易懂的起点。Lurker（1980）、Shafer（1991）和 Silverman（1991）也是有用的综述。希罗多德（2004）对法老的信仰和实践的特异性提供了一个近乎当代的外部视角。关于各种创世神话，见 Gahlin（2007）、Lesko（1991）和 Pinch（2004）。Kemp（2006）对神圣建筑的起源进行了精彩的讨论，Wilkinson（1999）对法老历史形成期的宗教进行了研究。关于神庙，见 Friedman（1996）、Gardiner（1938）、Gundlach（2000）和 R. Wilkinson（2000）；关于仪式，包括神职，见 Doxey（2000）和 Englund（2000）；关于朝圣活动，见 Yoyotte（1960）和 Jones（1990）。许多作品都探讨了大众宗教和个人虔诚，特别是 Baines（1987 和 1991），Kemp（1989、1995 和 2012），以及 Ockinga（2000）。

第 9 章

弑君的主题在第十二王朝的文学作品中被大量引用：见 Allen

（2015）。对于图坦卡蒙死后的"赫梯事件"，Bryce（1990）和 Güterbock（1956）是标准资料。O'Connor（1983）和 Wilkinson（2010）探讨了新王国时期埃及的政府及其管理。Reeves 和 Wilkinson（1996）对帝王谷的墓葬进行了全面而易懂的概述，Hawass（2009）对底比斯的贵族墓进行了介绍，Martin（1991）对孟菲斯的新王国墓进行了介绍。关于图坦卡蒙的木乃伊和一般的木乃伊化，见 Filce Leek（1972）以及 Taylor 和 Antoine（2014）。葬礼的讨论见 Roth（2001a），开口仪式见 Roth（1992, 1993 and 2001b）。鲜花及其象征意义在 Germer（2001a 和 2001b）、Harer（1985）和 Manniche（1989）中得到分析。关于棺材和石棺的文献很多；Lapp 和 Niwiński（2001）和 Taylor（1989）提出了简洁的总结。Eaton-Krauss（1993）是对图坦卡蒙石棺的权威研究。Faulkner（1985）、Lesko（2001）和 Davies and Friedman（1998）研究了各种古埃及"来世"书籍，包括《亡灵书》，Lichtheim（1976）和 Wilkinson（2016）则对其进行了综述。

第 10 章

关于西方与古埃及交往的故事，见 Wilkinson（2020）。Gliddon（1841）、Colla（2007）和 Reid（2002 和 2015）探讨了法老文明和现代埃及之间的复杂关系。对于埃及学科学中被遗忘的埃及人的历史，Elshakry（2015）是一个很好的介绍。Curl（2005）

是关于法老艺术和建筑对西方品位和时尚的影响的权威研究，而 Collins 和 McNamara（2014）提出了一个有用的总结。Carter 和 White（1923）、Lehner 和 Hawass（2017）、Morrison（2014） 以及值得注意的 Tyldesley（2012）探讨了古埃及的诅咒，从卡尔纳冯勋爵的死亡到新时代理论的支持者。对于奥克亨那坦的多种后世，Montserrat（2000）很吸引人；Osman（1990）只是"非正统"的历史再解释流派的一个例子。Bartholet（2011）、Knell（2011）和 McGreal（2011）介绍了 2011 年"阿拉伯之春"期间埃及博物馆文物被盗的情况；Anonymous（2018）和 Sleigh（2020）介绍了埃及人对法老文物归还的态度变化。关于古埃及的音乐，见 Lawergren（2001）和 Manniche（1991）；关于图坦卡蒙的号角的相关证据，见 Darnell 和 Manassa（2007）、Davies（1905）、Hickmann（1946）、Manniche（1976）和 Montagu（1978）。

参 考 书 目

Abt, Jeffrey, *American Egyptologist: The Life of James Henry Breasted and the Creation of His Oriental Institute*. Chicago and London: University of Chicago Press, 2011

Adams, Barbara, *Ancient Nekhen: Garstang in the City of Hierakonpolis*. New Malden: SIA Publishing, 1995

Allam, S., 'Quelques aspects du mariage dans l'Égypte ancienne', *Journal of Egyptian Archaeology* 67 (1981), pp. 116–35

Allen, James P., *Middle Egyptian Literature: Eight Literary Works of the Middle Kingdom*. Cambridge: Cambridge University Press, 2015

Andrews, Carol, *Amulets of Ancient Egypt*. London: British Museum Press, 1994

Anonymous, 'Tut's gem hints at space impact', *BBC News*, 19 July 2006. http://news.bbc.co.uk/1/hi/sci/tech/5196362.stm, accessed 20 July 2020

Anonymous, 'Egyptian museum calls for Rosetta Stone to be returned from UK after 200 years', *Daily Telegraph*, 6 November 2018. http://www.telegraph.co.uk/news/2018/11/06/egyptian-museum-calls-rosetta-stone-returned-uk-200-years/, accessed 15 July 2020

Astour, Michael C., 'Mitanni', in D. B. Redford (ed.), *The Oxford Encyclopedia of Ancient Egypt*, vol. 2, pp. 422–4. New York: Oxford University Press, 2001

Baba, Masahiro, 'Understanding the HK Potters: Experimental Firings', *Nekhen News* 17 (2005), pp. 20–1

Baines, John, 'Practical religion and piety', *Journal of Egyptian Archaeology* 73 (1987), pp. 79–98

Baines, John, 'Society, morality, and religious practice', in Byron E. Shafer (ed.), *Religion in Ancient Egypt: Gods, Myths, and Personal Practice*, pp. 123–200. London: Routledge, 1991

Bartholet, Jeffrey, 'Recovered Loot: A Q&A about the Return of Stolen Egyptian Antiquities', *Scientific American*, 29 July 2011. http://www.scientificamerican.com/article/hawass-return-of-stolen-egyptian-antiquities/, accessed 15 July 2020

Bass, George F., 'Oldest Known Shipwreck Reveals Splendors of the Bronze Age', *National Geographic* 172/6 (December 1987), pp. 693–733

图坦卡蒙的号角

Bellinger, John, *Ancient Egyptian Gardens*. Sheffield: Amarna Publishing, 2008

Berdik, Chris, 'Sahara's Largest Crater Revealed', *BU Today*, 13 March 2006. https://www.bu.edu/articles/2006/saharas-largest-crater-revealed/, accessed 28 September 2021

Bleiberg, Edward, 'State and private enterprise', in Toby Wilkinson (ed.), *The Egyptian World*, pp. 175–84. Abingdon: Routledge, 2007

Breasted, Charles, *Pioneer to the Past. The Story of James Henry Breasted, Archaeologist*. London: Herbert Jenkins, 1948

Brewer, Douglas J., *Ancient Egypt: Foundations of a Civilization*. Harlow: Pearson, 2005

Brewer, Douglas J., Donald B. Redford and Susan Redford, *Domestic Plants and Animals: The Egyptian Origins*, pp. 125–9. Warminster: Aris and Phillips, 1994

Bryan, Betsy M., 'The 18th Dynasty before the Amarna Period (*c.* 1550–1352 BC)', in Ian Shaw (ed.), *The Oxford History of Ancient* Egypt, pp. 207–64. Oxford: Oxford University Press, 2000

Bryce, Trevor R., 'The death of Niphururiya and its aftermath', *Journal of Egyptian Archaeology* 76 (1990), pp. 97–105

Budge, Sir E. A. Wallis, *By Nile and Tigris. A Narrative of Journeys in Egypt and Mesopotamia on Behalf of the British Museum Between the Years 1886 and 1913*. 2 vols. London: John Murray, 1920

Burton, Sir Richard, 'Giovanni Battista Belzoni', *Cornhill Magazine* 42 (July 1880), pp. 39–40

Butzer, Karl W., *Early Hydraulic Civilization in Egypt*. Chicago: University of Chicago Press, 1976

Carter, Howard, *The Tomb of Tut.ankh.Amen*, volume 2. London: Cassell, 1927 (reissued by Bloomsbury, 2014)

Carter, Howard, *The Tomb of Tut.ankh.Amen*, volume 3. London: Cassell, 1933 (reissued by Bloomsbury, 2014)

Carter, Howard and A. C. Mace, *The Tomb of Tut.ankh.Amen*, volume 1. London: Cassell, 1923 (reissued by Bloomsbury, 2014)

Carter, Howard and Percy White, 'The Tomb of the Bird', in Howard Carter and A. C. Mace, *The Tomb of Tut.ankh.Amen*, volume 1. London: Cassell, 1923 (reissued by Bloomsbury, 2014), pp. vii–xii

Caton-Thompson, Gertrude and E. W. Gardner, *The Desert Fayum*. 2 vols. London: Royal Anthropological Institute of Great Britain and Ireland, 1934

Černý, Jaroslav, 'Consanguineous marriages in pharaonic Egypt', *Journal of Egyptian Archaeology* 40 (1954), pp. 23–9

Champollion, Jean-François, ed. H. Hartleben, *Lettres et journaux écrits pendant le voyage d'Égypte*. Paris: Christian Bourgois, 1986. English tr.

Martin Rynja, *The Code-Breaker's Secret Diaries. The Perilous Expedition through Plague-Ridden Egypt to Uncover the Ancient Mysteries of the Hieroglyphs*. London: Gibson Square, 2009

Churcher, C. S., 'Zoological study of the ivory knife handle from Abu Zaidan', in Winifred Needler, *Predynastic and Archaic Egypt in The Brooklyn Museum*, pp. 152–68. New York: The Brooklyn Museum, 1984

Cohen, Raymond and Raymond Westbrook, *Amarna Diplomacy*. Baltimore and London: The Johns Hopkins University Press, 2000

Colla, Elliott, *Conflicted Antiquities: Egyptology, Egyptomania, Egyptian Modernity*. Durham NC and London: Duke University Press, 2007

Collins, Paul and Liam McNamara, *Discovering Tutankhamun*. Oxford: Ashmolean Museum, 2014

Curl, James Stevens, *The Egyptian Revival*. London and New York: Routledge, 2005

D'Auria, S., P. Lacovara and C. H. Roehrig (eds), *Mummies and Magic*. Boston: Museum of Fine Arts, 1988

Darnell, John Coleman and Colleen Manassa, *Tutankhamun's Armies: Battle and Conquest During Ancient Egypt's Late Eighteenth Dynasty*. Hoboken, NJ: John Wiley & Sons, 2007

Davies, N. de G., *The Rock Tombs of El Amarna, Part III: The Tombs of Huya and Ahmes*. London: Egypt Exploration Fund, 1905

Davies, N. M. and A. H. Gardiner, *Tutankhamun's Painted Box*. Oxford: Griffith Institute, 1962

Davies, Vivian and Renée Friedman, *Egypt*. London: British Museum Press, 1998

Davies, W. Vivian, 'Sobeknakht of Elkab and the coming of Kush', *Egyptian Archaeology* 23 (2003), pp. 3–6

Davis, Theodore M., *The Tomb of Hâtshopsitû*. London: Constable & Co., 1906

Davis, Theodore M., *The Tombs of Harmhabi and Touatânkhamanou*. London: Constable & Co., 1912

Davis, Whitney, *The Canonical Tradition in Ancient Egyptian Art*. Cambridge: Cambridge University Press, 1989

de Michele, Vincenzo, 'The "Libyan Desert Glass" scarab in Tutankhamen's pectoral', *Sahara* 10 (1999), pp. 107–9

de Michele, Vincenzo (ed.), *SILICA '96: Meeting on Libyan Desert Glass and Related Desert Events*. Milan: Pyramids, Segrate, 1997

de Verninac Saint-Maur, E., *Voyage du Luxor en Égypte: enterpris par ordre du roi pour transporter, de Thèbes à Paris, l'un des obélisques de Sésostris*. Paris: Arthus Bertrand, 1835

Dodson, Aidan and Dyan Hilton, *The Complete Royal Families of Ancient Egypt*. London: Thames and Hudson, 2004

　　　　　　　　　　　　　　　图坦卡蒙的号角

Doxey, Denise M., 'Priesthood', in Donald B. Redford (ed.), *The Oxford Encyclopedia of Ancient Egypt*, vol. 3, pp. 68–73. New York: Oxford University Press, 2000

Eaton-Krauss, Marianne, *The Sarcophagus in the Tomb of Tutankhamun*. Oxford: Griffith Institute, 1993

Eaton-Krauss, Marianne, *The Thrones, Chairs, Stools, and Footstools from the Tomb of Tutankhamun*. Oxford: Griffith Institute, 2008

Eaton-Krauss, Marianne, *The Unknown Tutankhamun*. London: Bloomsbury, 2016

Elshakry, Marwa, 'Histories of Egyptology in Egypt. Some Thoughts', in William Carruthers (ed.), *Histories of Egyptology. Interdisciplinary Measures*, pp. 185–97. New York and London: Routledge, 2015

Emery, W. B., *A Funerary Repast in an Egyptian Tomb of the Archaic Period*. Leiden: Nederlands Instituut voor het Nabije Oosten, 1962

Englund, Gertie, 'Offerings: an overview', in Donald B. Redford (ed.), *The Oxford Encyclopedia of Ancient Egypt*, vol. 2, pp. 564–9. New York: Oxford University Press, 2000

Eyre, C. J., 'Crime and adultery in ancient Egypt', *Journal of Egyptian Archaeology* 70 (1984), pp. 92–105

Eyre, C. J., 'The water regime for orchards and plantations in pharaonic Egypt', *Journal of Egyptian Archaeology* 80 (1994), pp. 57–80

Faulkner, Raymond O., ed. Carol Andrews, *The Ancient Egyptian Book of the Dead*. London: British Museum Publications, 1985

Feucht, Erika, 'Family', in Donald B. Redford (ed.), *The Oxford Encyclopedia of Ancient Egypt*, vol. 1, pp. 501–4. New York: Oxford University Press, 2001

Filce Leek, F., *The Human Remains from the Tomb of Tutankhamun*. Oxford: Griffith Institute, 1972

Filer, Joyce, *Disease*. London: British Museum Press, 1995

Filer, Joyce, 'Hygiene', in Donald B. Redford (ed.), *The Oxford Encyclopedia of Ancient Egypt*, vol. 2, pp. 133–6. New York: Oxford University Press, 2001

Fletcher, Joann, *Egypt's Sun King: Amenhotep III. An Intimate Chronicle of Ancient Egypt's Most Glorious Pharaoh*. London: Duncan Baird Publishers, 2000

Freed, Rita E., Yvonne J. Markowitz and Sue H. D'Auria (eds), *Pharaohs of the Sun: Akhenaten, Nefertiti, Tutankhamun*. London: Thames and Hudson, 1999

Friedman, Renée, 'The Ceremonial Centre at Hierakonpolis Locality HK29A', in Jeffrey Spencer (ed.), *Aspects of Early Egypt*, pp. 16–35. London: British Museum Press, 1996

Friedman, Renée, 'Predynastic Kilns at HK11C: One Side of the Story', *Nekhen News* 16 (2004), pp. 18–19

Friedman, Renée (ed.), *Egypt and Nubia: Gifts of the Desert*. London: British Museum Press, 2002

Gahlin, Lucia, 'Creation myths', in Toby Wilkinson (ed.), *The Egyptian World*, pp. 296–309. Abingdon: Routledge, 2007

Gardiner, Alan, *Egyptian Grammar*, third edition. Oxford: Griffith Institute, 1957

Gardiner, Alan H., 'The House of Life', *Journal of Egyptian Archaeology* 24 (1938), pp. 157–79

Gaudet, John, *Papyrus: The Plant that Changed the World – From Ancient Egypt to Today's Water Wars*. New York: Pegasus Books, 2014

Geller, Jeremy, 'From Prehistory to History: Beer in Egypt', in Renée Friedman and Barbara Adams (eds), *The Followers of Horus*, pp. 19–26. Oxford: Oxbow Books, 1992

Germer, Renate, 'Flora', in Donald B. Redford (ed.), *The Oxford Encyclopedia of Ancient Egypt*, vol. 1, pp. 535–41. New York: Oxford University Press, 2001a

Germer, Renate, 'Flowers', in Donald B. Redford (ed.), *The Oxford Encyclopedia of Ancient Egypt*, vol. 1, pp. 541–4. New York: Oxford University Press, 2001b

Gliddon, George, *An Appeal to the Antiquaries of Europe on the Destruction of the Monuments of Egypt*. London: James Madden, 1841

Goebs, Katja, 'Kingship', in Toby Wilkinson (ed.), *The Egyptian World*, pp. 275–95. Abingdon: Routledge, 2007

Greaves, R. H. and O. H. Little, 'The gold resources of Egypt', *Report of the Fifteenth International Geological Congress*, pp. 123–7. South Africa, 1929

Green, Lyn, 'Hairstyles', in Donald B. Redford (ed.), *The Oxford Encyclopedia of Ancient Egypt*, vol. 2, pp. 73–6. New York: Oxford University Press, 2000

Gregory, Andy, 'Ancient royal tombs dating back more than 3,000 years uncovered in Greece', *Independent*, 18 December 2019. http://www.independent.co.uk, accessed 2 January 2020

Gundlach, Rolf, 'Temples', in Donald B. Redford (ed.), *The Oxford Encyclopedia of Ancient Egypt*, vol. 3, pp. 363–79. New York: Oxford University Press, 2000

Güterbock, Hans G., 'The Deeds of Suppiluliumas as Told by his Son, Mursili II', *Journal of Cuneiform Studies* 10 (1956), pp. 41–68, 75–98, 107–30

Hagen, Fredrik, 'Local identities', in Toby Wilkinson (ed.), *The Egyptian World*, pp. 242–51. Abingdon: Routledge, 2007

Harer, W. B., 'Pharmacological and biological properties of the Egyptian lotus', *Journal of the American Research Center in Egypt* 22 (1985), pp. 49–54

Harvey, Stephen, 'Monuments of Ahmose at Abydos', *Egyptian Archaeology* 4 (1994), pp. 3–5

Hawass, Zahi, *Life in Paradise: The Noble Tombs of Thebes*. Cairo: The American University in Cairo Press, 2009

Hawass, Zahi, *Tutankhamun: Treasures of the Golden Pharaoh*. New York: Melcher Media, 2018

Helck, Wolfgang, *Urkunden des ägyptischen Altertums, Abteilung IV: Urkunden der 18. Dynastie. Heft 19: Historische Inschriften Thutmosis' IV. und biographische Inschriften zeiner Zeitgenossen*. Berlin: Akademie-Verlag, 1957

Helck, Wolfgang, *Urkunden des ägyptischen Altertums, Abteilung IV: Urkunden der 18. Dynastie. Heft 21: Inschriften von Zeitgenossen Amenophis' III*. Berlin: Akademie-Verlag, 1958

Helck, Wolfgang 'Die Weihinschrift Sesostris' I. am Satet-Tempel von Elephantine', *Mitteilungen des Deutschen Archäologischen Instituts Abteilung Kairo* 34 (1978), pp. 69–78

Henniker, Sir Frederick, Bt., *Notes During a Visit to Egypt, Nubia, the Oasis, Mount Sinai, and Jerusalem*. London: John Murray, 1823

Herodotus, tr. A. D. Godley, *The Persian Wars, Books I–II*. Cambridge, MA and London: Harvard University Press, 2004

Hickmann, Hans, *La trompette dans l'Egypte ancienne*. Cairo: Institut Français d'Archéologie Orientale, 1946

Hoffman, Michael A., *Egypt Before the Pharaohs*. London: ARK, 1980

Houlihan, Patrick H., *The Birds of Ancient Egypt*. Warminster: Aris & Phillips, 1986

Huyge, Dirk, 'Cosmology, Ideology and Personal Religious Practice in Ancient Egyptian Rock Art', in Renée Friedman (ed.), *Egypt and Nubia: Gifts of the Desert*, pp. 192–206. London: British Museum Press, 2002

Ikram, Salima, 'Meat Processing', in Paul T. Nicholson and Ian Shaw (eds), *Ancient Egyptian Materials and Technology*, pp. 656–71. Cambridge: Cambridge University Press, 2000

Janssen, Jac J., *Commodity Prices from the Ramesside Period*. Leiden: Brill, 1975

Janssen, Rosalind M. and Jac J. Janssen, *Growing Up and Getting Old in Ancient Egypt*. London: Golden House Publications, 2007

Jones, Dilwyn, *Model Boats from the Tomb of Tut'ankhamun*. Oxford: Griffith Institute, 1990

Jones, Dilwyn, *Boats*. London: British Museum Press, 1995

Kaczmarczyk, Alexander, 'The source of cobalt in ancient Egyptian pigments', in Jacqueline S. Olin and M. James Blackman (eds), *Proceedings of the 24th International Archaeometry Symposium*, pp. 369–76. Washington, DC: Smithsonian Institution Press, 1986

Kaczmarczyk, Alexander, 'The identity of wsbt alum', *Journal of Egyptian Archaeology* 77 (1991), 195

Keimer, L., *Quelques représentations rarissimes de Mustélides conservées sur des bas-reliefs de l'Ancien Empire*. Cairo: Institut Français d'Archéologie Orientale, 1942

Kemp, Barry, *The City of Akhenaten and Nefertiti: Amarna and its People*. London: Thames and Hudson, 2012

Kemp, Barry J., *Ancient Egypt: Anatomy of a Civilization*, first edition. London: Routledge, 1989

Kemp, Barry J., 'How Religious were the Ancient Egyptians?', *Cambridge Archaeological Journal* 5/1 (1995), pp. 25–54

Kemp, Barry J., *Ancient Egypt: Anatomy of a Civilization*, second edition. Abingdon: Routledge, 2006

Kleinmann, Barbara, Peter Horn and Falko Langenhorst, 'Evidence for shock metamorphism in sandstones from the Libyan Desert Glass strewn field', *Meteorics and Planetary Science* 36 (2001), pp. 1277–82

Knell, Yolande, 'Egyptian Museum: Cairo's looted treasure', *BBC News*, 13 February 2011. http://www.bbc.co.uk/news/world-middle-east-12442863, accessed 15 July 2020

Kozloff, Arielle, 'Bubonic plague during the reign of Amenhotep III?', *KMT* 17/3 (2006), pp. 36–46

Kuckens, Kathleen, *The Children of Amarna: Disease and Famine in the Time of Akhenaten*, Master of Arts thesis, University of Arkansas, Fayetteville, 2013

Lapp, Günther and Andrzej Niwiński, 'Coffins, sarcophagi, and carton-nages', in Donald B. Redford (ed.), *The Oxford Encyclopedia of Ancient Egypt*, vol. 1, pp, 279–87. New York: Oxford University Press, 2001

Lawergren, Bo, 'Music', in Donald B. Redford (ed.), *The Oxford Encyclopedia of Ancient Egypt*, vol. 1, pp. 450–4. New York: Oxford University Press, 2001

Lehner, Mark and Zahi Hawass, *Giza and the Pyramids*. London: Thames and Hudson, 2017

Leprohon, Ronald J., *The Great Name: Ancient Egyptian Royal Titulary*. Atlanta: Society of Biblical Literature, 2013

Lesko, Leonard H., 'Ancient Egyptian cosmogonies and cosmology', in Byron E. Shafer (ed.), *Religion in Ancient Egypt: Gods, Myths, and Personal Practice*, pp. 88–122. London: Routledge, 1991

Lesko, Leonard H., 'Book of Going Forth by Day', in Donald B. Redford (ed.), *The Oxford Encyclopedia of Ancient Egypt*, vol. 1, pp. 193–5. New York: Oxford University Press, 2001

Lesko, Leonard L., *King Tut's Wine Cellar*. Berkeley: BC Scribe, 1977

Lichtheim, Miriam, *Ancient Egyptian Literature, Volume II: The New*

Kingdom. Berkeley, Los Angeles and London: University of California Press, 1976

Lilyquist, Christine, 'Egypt and the Near East: Evidence of Contact in the Material Record', in Catharine H. Roehrig (ed.), *Hatshepsut: From Queen to Pharaoh*, pp. 60–7. New York/New Haven and London: The Metropolitan Museum of Art/Yale University Press, 2005

Littauer, M. A. and J. H. Crouwel, *Chariots and Related Equipment from the Tomb of Tut'ankhamun*. Oxford: Griffith Institute, 1985

Lurker, Manfred, *The Gods and Symbols of Ancient Egypt*. London: Thames and Hudson, 1980

Manley, Deborah and Sahar Abdel-Hakim (eds), *Traveling Through Egypt from 450 BC to the Twentieth Century*. Cairo and New York: The American University in Cairo Press, 2004

Manniche, Lise, *Musical Instruments from the Tomb of Tutankhamun*. Oxford: Griffith Institute, 1976

Manniche, Lise, *Sexual Life in Ancient Egypt*. London: Kegan Paul International, 1987

Manniche, Lise, *An Ancient Egyptian Herbal*. London: British Museum Press, 1989

Manniche, Lise, *Music and Musicians in Ancient Egypt*. London: British Museum Press, 1991

Mariette, Auguste, *Notice des principaux monuments exposés dans les galeries provisoires du Musée d'Antiquités Égyptiennes de S.A. le Vice-Roi à Boulaq*. Alexandria: Mourès, Rey & Cie, third edition. Paris: A. Franck, 1868

Martin, Geoffrey T., *The Hidden Tombs of Memphis*. London: Thames and Hudson, 1991

McDowell, A. G., *Village Life in Ancient Egypt: Laundry Lists and Love Songs*. Oxford: Oxford University Press, 1999

McGovern, Patrick E., Ulrich Hartung, Virginia R. Badler, Donald L. Glusker and Lawrence J. Exner, 'The beginnings of winemaking and viniculture in the ancient Near East and Egypt', *Expedition* 39/1 (1997), pp. 3–21

McGreal, Chris, 'Tutankhamun statues among priceless items stolen from Cairo museum', *Guardian*, 13 February 2011. http://www.theguardian.com/culture/2011/feb/13/tutankhamun-statues-cairo-museum-looted, accessed 15 July 2020

McLeod, W., *Composite Bows from the Tomb of Tut'ankhamun*. Oxford: Griffith Institute, 1970

McLeod, W., *Self Bows and Other Archery Tackle from the Tomb of Tut'ankhamun*. Oxford: Griffith Institute, 1982

Meskell, Lynn, *Private Life in New Kingdom Egypt*. Princeton and Oxford: Princeton University Press, 2002

Metropolitan Museum of Art, *Egyptian Art in the Age of the Pyramids*. New York: Metropolitan Museum of Art, 1999

Midant-Reynes, Béatrix, tr. I. Shaw, *The Prehistory of Egypt: From the First Egyptians to the First Pharaohs*. Oxford: Blackwell, 2000

Montagu, Jeremy, 'One of Tutankhamun's Trumpets', *Journal of Egyptian Archaeology* 64 (1978), pp. 133–4

Montserrat, Dominic, *Akhenaten: History, Fantasy and Ancient Egypt*. London and New York: Routledge, 2000

Moran, William L., *The Amarna Letters*. Baltimore and London: The Johns Hopkins University Press, 1992

Morrison, Richard, 'How *The Times* caused the curse of King Tut', *The Times*, 22 July 2014, pp. 8–9

Murnane, William J., 'The Return to Orthodoxy', in Rita E. Freed, Yvonne J. Markovitz and Sue D'Auria (eds), *Pharaohs of the Sun: Akhenaten, Nefertiti, Tutankhamen*, pp. 177–85. London: Thames and Hudson, 1999

Murray, Mary Anne, 'Cereal production and processing', in Paul T. Nicholson and Ian Shaw (eds), *Ancient Egyptian Materials and Technology*, pp. 505–36. Cambridge: Cambridge University Press, 2000a

Murray, Mary Anne, 'Fruits, vegetables, pulses and condiments', in Paul T. Nicholson and Ian Shaw (eds), *Ancient Egyptian Materials and Technology*, pp. 609–55. Cambridge: Cambridge University Press, 2000b

Murray, Mary Anne, Neil Bolton and Carl Heron, 'Viticulture and wine production', in Paul T. Nicholson and Ian Shaw (eds), *Ancient Egyptian Materials and Technology*, pp. 577–608. Cambridge: Cambridge University Press, 2000

Nicholson, Paul T. and Julian Henderson, 'Glass', in Paul T. Nicholson and Ian Shaw (eds), *Ancient Egyptian Materials and Technology*, pp. 195–224. Cambridge: Cambridge University Press, 2000

Nicholson, Paul T., Caroline M. Jackson and Katharine M. Trott, 'The Ulu Burun Glass Ingots, Cylindrical Vessels and Egyptian Glass', *Journal of Egyptian Archaeology* 83 (1997), pp. 143–53

Norrie, Philip, *An Account of Diseases in the Near East During the Bronze Age – An Historical View*, Doctor of Medicine thesis, University of New South Wales, 2014

Nunn, John F., *Ancient Egyptian Medicine*. London: British Museum Press, 1996

Nunn, John F., 'Disease', in Donald B. Redford (ed.), *The Oxford Encyclopedia of Ancient Egypt*, vol. 1, pp. 396–401. New York: Oxford University Press, 2001

O'Connor, David, 'New Kingdom and Third Intermediate Period, 1552–664 BC', in B. G. Trigger, B. J. Kemp, D. O'Connor and A. B. Lloyd,

Ancient Egypt: A Social History, pp. 183–278. Cambridge: Cambridge University Press, 1983

O'Connor, David and D. Silverman (eds), *Ancient Egyptian Kingship*. Leiden: Brill, 1995

Ockinga, Boyo, 'Piety', in Donald B. Redford (ed.), *The Oxford Encyclopedia of Ancient Egypt*, vol. 3, pp. 44–7. New York: Oxford University Press, 2000

Ockinga, Boyo G., 'Morality and ethics', in Toby Wilkinson (ed.), *The Egyptian World*, pp. 252–62. Abingdon: Routledge, 2007

Ogden, Jack, 'Metals', in Paul T. Nicholson and Ian Shaw (eds), *Ancient Egyptian Materials and Technology*, pp. 148–76. Cambridge: Cambridge University Press, 2000

Osman, Ahmed, *Moses Pharaoh of Egypt: The Mystery of Akhenaten Resolved*. London: Grafton Books, 1990

Otto, Eberhard, 'Der Gebrauch des Königstitels *bjtj*', *Zeitschrift für Ägyptische Sprache und Altertumskunde* 85 (1960), pp. 143–52

Parkinson, Richard, *Voices from Ancient Egypt: An Anthology of Middle Kingdom Writings*. Norman, OK: University of Oklahoma Press, 1991

Parkinson, Richard, '"Homosexual" desire and Middle Kingdom literature', *Journal of Egyptian Archaeology* 81 (1995), pp. 57–76

Parkinson, Richard and Louise Schofield, 'Akhenaten's Army?', *Egyptian Archaeology* 3 (1993), pp. 34–5

Peden, A. J., *The Reign of Ramesses IV*. Warminster: Aris & Phillips, 1994

Petrie, W. M. F., *Koptos*. London: Quaritch, 1896

Pinch, Geraldine, *Egyptian Myth: A Very Short Introduction*. Oxford: Oxford University Press, 2004

Poo, Mu-Chou, *Wine and Wine Offering in the Religion of Ancient Egypt*. London and New York: Kegan Paul International, 1995

Postgate, Nicholas, Tao Wang and Toby Wilkinson, 'The evidence for early writing: utilitarian or ceremonial?', *Antiquity* 69 (1995), pp. 459–80

Quirke, Stephen, *Who Were the Pharaohs?* London: British Museum Press, 1990

Quirke, Stephen, *Ancient Egyptian Religion*. London: British Museum Press, 1992

Redford, Donald B., 'The Beginning of the Heresy', in Rita E. Freed, Yvonne J. Markovitz and Sue D'Auria (eds), *Pharaohs of the Sun: Akhenaten, Nefertiti, Tutankhamen*, pp. 50–9. London: Thames and Hudson, 1999

Reeves, Carole, *Egyptian Medicine*. Princes Risborough: Shire Publications, 1992

Reeves, Nicholas, *The Complete Tutankhamun*. London: Thames and Hudson, 1990

Reeves, Nicholas and Richard H. Wilkinson, *The Complete Valley of the Kings*. London: Thames and Hudson, 1996

Reid, Donald M., *Whose Pharaohs? Archaeology, Museums, and Egyptian National Identity from Napoleon to World War I*. Berkeley, Los Angeles and London: University of California Press, 2002

Reid, Donald M., 'Remembering and Forgetting Tutankhamun. Imperial and National Rhythms of Archaeology, 1922–1972', in William Carruthers (ed.), *Histories of Egyptology. Interdisciplinary Measures*, pp. 157–73. New York and London: Routledge, 2015

Ritner, Robert K., 'Medicine', in Donald B. Redford (ed.), *The Oxford Encyclopedia of Ancient Egypt*, vol. 2, pp. 353–6. New York: Oxford University Press, 2001

Roaf, Michael, *Cultural Atlas of Mesopotamia and the Ancient Near East*. Oxford: Andromeda, 1990

Robins, Gay, 'Gender Roles', in Donald B. Redford (ed.), *The Oxford Encyclopedia of Ancient Egypt*, vol. 2, pp. 12–16. New York: Oxford University Press, 2000

Roehrig, Catharine H., 'Glass', in Catharine H. Roehrig (ed.), *Hatshepsut: From Queen to Pharaoh*, p. 67. New York/New Haven and London: The Metropolitan Museum of Art/Yale University Press, 2005

Roehrig, Catharine H. (ed.), *Hatshepsut: From Queen to Pharaoh*. New York/New Haven and London: The Metropolitan Museum of Art/ Yale University Press, 2005

Roth, Ann Macy, 'The *pss-kf* and the "opening of the mouth" ceremony: a ritual of birth and rebirth', *Journal of Egyptian Archaeology* 78 (1992), pp. 113–47

Roth, Ann Macy, 'Fingers, stars, and the "opening of the mouth": the nature and function of the *ntrwj*-blades', *Journal of Egyptian Archaeology* 79 (1993), pp. 57–79

Roth, Ann Macy, 'Funerary ritual', in Donald B. Redford (ed.), *The Oxford Encyclopedia of Ancient Egypt*, vol. 1, pp. 575–80. New York: Oxford University Press, 2001a

Roth, Ann Macy, 'Opening of the Mouth', in Donald B. Redford (ed.), *The Oxford Encyclopedia of Ancient Egypt*, vol. 2, pp. 605–9. New York: Oxford University Press, 2001b

Sagrillo, Troy Leiland, 'Bees and honey', in Donald B. Redford (ed.), *The Oxford Encyclopedia of Ancient Egypt*, vol. 1, pp. 172–4. New York: Oxford University Press, 2001

Samuel, Delwen, 'Brewing and baking', in Paul T. Nicholson and Ian Shaw (eds), *Ancient Egyptian Materials and Technology*, pp. 537–76. Cambridge: Cambridge University Press, 2000

Samuel, Delwen, 'Beer', in Donald B. Redford (ed.), *The Oxford Encyclopedia of Ancient Egypt*, vol. 1, pp. 171–2. New York: Oxford University Press, 2001a

Samuel, Delwen, 'Bread', in Donald B. Redford (ed.), *The Oxford Encyclopedia of Ancient Egypt*, vol. 1, pp. 196–8. New York: Oxford University Press, 2001b

Sattin, Anthony, *Lifting the Veil: British Society in Egypt 1768–1956*. London: J. M. Dent & Sons, 1988

Satzinger, Helmut, 'Zwei Wiener Objekte mit bemerkenswerten Inschriften', in *Melanges Gamal Eddin Mokhtar*, vol. 2, pp. 249–59. Cairo: Institut Français d'Archéologie Orientale, 1985

Saulnier, M., fils, *A Journey in Egypt, by M. Lelorrain; And Observations on the Circular Zodiac of Denderah*, in *New Voyages and Travels: Consisting of Originals and Translations*, vol. 3, pp. 75–96. London: Sir Richard Phillips & Co. (English translation of *Notice sur le voyage de M. Lelorrain en Egypte; et observations sur le zodiaque circulaire de Denderah*. Paris: Chez l'Auteur), 1822

Serpico, Margaret and Raymond White, 'Oil, fat and wax', in Paul T. Nicholson and Ian Shaw (eds), *Ancient Egyptian Materials and Technology*, pp. 390–429. Cambridge: Cambridge University Press, 2000

Shafer, Byron E., 'Introduction', in Byron E. Shafer (ed.), *Religion in Ancient Egypt: Gods, Myths, and Personal Practice*, pp. 1–6. London: Routledge, 1991

Silverman, David P., 'Divinity and deities in ancient Egypt', in Byron E. Shafer (ed.), *Religion in Ancient Egypt: Gods, Myths, and Personal Practice*, pp. 7–87. London: Routledge, 1991

Sleigh, Sophia, 'Rosetta Stone will never return to Egypt, says expert at £1bn museum in Cairo', *Evening Standard*, 25 February 2020. http://www.standard.co.uk/london/arts/rosetta-stone-return-egypt-museum-a4370731.html, accessed 15 July 2020

Smith, H. S., *The Fortress of Buhen: The Inscriptions*. London: Egypt Exploration Society, 1976

Smith, Stuart Tyson, 'Ethnicity and culture', in Toby Wilkinson (ed.), *The Egyptian World*, pp. 218–41. Abingdon: Routledge, 2007

Smythe, Jane, 'Moments in Mud', *Nekhen News* 17 (2005), pp. 21–3

Stevens, Anna and Mark Eccleston, 'Craft production and technology', in Toby Wilkinson (ed.), *The Egyptian World*, pp. 146–59. Abingdon: Routledge, 2007

Strabo, tr. Horace Leonard Jones, *Geography*, Book 17. Cambridge, MA and London: Harvard University Press, 1949

Strouhal, Eugen, 'Deformity', in Donald B. Redford (ed.), *The Oxford Encyclopedia of Ancient Egypt*, vol. 1, pp. 364–6. New York: Oxford University Press, 2001

Tait, W. John, *Game Boxes and Accessories from the Tomb of Tutankhamun*. Oxford: Griffith Institute, 1982

Tallet, Pierre, 'Les étiquettes de jarres à vin de Nouvel Empire', in C. J. Eyre (ed.), *Proceedings of the Seventh International Congress of Egyptologists*. Leuven: Peeters, 1998

Tallet, Pierre, *Les Papyrus de la Mer Rouge I: 'Le Journal de Merer' (Papyrus Jarf A et B)*, MIFAO 136. Cairo: Institut Français d'Archéologie Orientale, 2017

Taylor, John H., *Egyptian Coffins*. Princes Risborough: Shire Publications, 1989

Taylor, John H., *Sir John Soane's Greatest Treasure: The Sarcophagus of Seti I*. London: Pimpernel Press, 2017

Taylor, John H. and Daniel Antoine, *Ancient Lives, New Discoveries: Eight Mummies, Eight Stories*. London: The British Museum Press, 2014

Tyldesley, Joyce, *Tutankhamen's Curse: The Developing History of an Egyptian King*. London: Profile Books, 2012

Vivian, Cassandra, *The Western Desert of Egypt*. Cairo: The American University in Cairo Press, 2000

Vogelsang-Eastwood, Gillian, 'Textiles', in Paul T. Nicholson and Ian Shaw (eds), *Ancient Egyptian Materials and Technology*, pp. 268–98. Cambridge: Cambridge University Press, 2000

Wegner, Josef, 'A decorated birth-brick from South Abydos', *Egyptian Archaeology* 21 (2002), pp. 3–4

Weigall, Arthur, *The Glory of the Pharaohs*. London: Thornton Butterworth, 1923

Wells, Ronald A., 'Horoscopes', in Donald B. Redford (ed.), *The Oxford Encyclopedia of Ancient Egypt*, vol. 2, pp. 117–19. New York: Oxford University Press, 2000

Wendrich, Willeke and René Cappers, 'Egypt's earliest granaries: evidence from the Fayum', *Egyptian Archaeology* 27 (2005), pp. 12–15

Wendrich, Willemina Z., 'Basketry', in Paul T. Nicholson and Ian Shaw (eds), *Ancient Egyptian Materials and Technology*, pp. 254–67. Cambridge: Cambridge University Press, 2000

Wengrow, David, 'Rethinking "cattle cults" in early Egypt: towards a prehistoric perspective on the Narmer Palette', *Cambridge Archaeological Journal* 11 (2001), pp. 91–104

Wente, E., *Letters from Ancient Egypt*. Atlanta: Scholars Press, 1990

Wilfong, Terry G., 'Gender and sexuality', in Toby Wilkinson (ed.), *The Egyptian World*, pp. 205–17. Abingdon: Routledge, 2007

Wilkinson, John Gardner, *Modern Egypt and Thebes. Being a Description of Egypt, Including the Information Required for Travellers in That Country*. 2 vols. London: John Murray, 1843

Wilkinson, Richard H., *The Complete Temples of Ancient Egypt*. London: Thames and Hudson, 2000

Wilkinson, Richard H., *The Complete Gods and Goddesses of Ancient Egypt*. London: Thames and Hudson, 2003

Wilkinson, Toby, *Early Dynastic Egypt*. London: Routledge, 1999a

Wilkinson, Toby, 'Ostriches, elephants and aardvarks', *Shemu*, 3.3 (July 1999b), pp. 3–5

Wilkinson, Toby, 'What a king is this: Narmer and the concept of the ruler', *Journal of Egyptian Archaeology* 86 (2000), pp. 23–32

Wilkinson, Toby, 'Reality versus ideology: the evidence for "Asiatics" in Predynastic and Early Dynastic Egypt', in Edwin C. M. van den Brink and Thomas E. Levy (eds), *Egypt and the Levant: Interrelations from the 4th Through the Early 3rd Millennium BCE*, pp. 514–20. London and New York: Leicester University Press, 2002

Wilkinson, Toby, *Genesis of the Pharaohs: Dramatic New Discoveries That Rewrite the Origins of Ancient Egypt*. London: Thames and Hudson, 2003a

Wilkinson, Toby, 'Did the Egyptians invent writing?', in Bill Manley (ed.), *The Seventy Great Mysteries of Ancient Egypt*, pp. 24–7. London: Thames and Hudson, 2003b

Wilkinson, Toby, *Lives of the Ancient Egyptians*. London and New York: Thames and Hudson, 2007

Wilkinson, Toby, *The Rise and Fall of Ancient Egypt*. London: Bloomsbury, 2010

Wilkinson, Toby, *The Nile: Downriver through Egypt's Past and Present*. London: Bloomsbury, 2014

Wilkinson, Toby, *Writings from Ancient Egypt*. Harmondsworth: Penguin, 2016

Wilkinson, Toby, *A World Beneath the Sands: Adventurers and Archaeologists in the Golden Age of Egyptology*. London: Picador, 2020

Yoyotte, Jean, 'Les pelerinages dans l'Egypte ancienne', in Jean Yoyotte *et al.*, *Les pelerinages*, pp. 17–74. Paris: Seuil, 1960

Zeuner, F. E., *A History of Domesticated Animals*. London: Hutchinson & Co., 1963

Zivie, Alain, 'The tomb of the lady Maïa, wet-nurse of Tutankhamun', *Egyptian Archaeology* 13 (1998), pp. 7–8